"文化·技术·市场"丛书

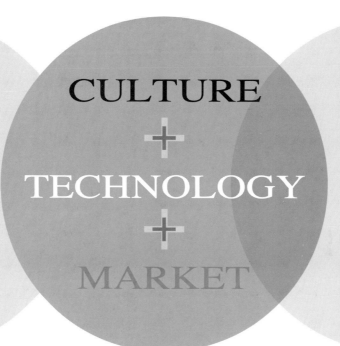

CULTURE

+

TECHNOLOGY

+

MARKET

文化·技术·市场

"互联网+"视阈下的文化品牌塑造与传播

于孟晨 刘磊 陈红 著

中国社会科学出版社

图书在版编目(CIP)数据

文化·技术·市场:"互联网+"视阈下的文化品牌塑造与传播/
于孟晨,刘磊,陈红著. —北京:中国社会科学出版社,2017.8
ISBN 978 - 7 - 5203 - 0700 - 0

Ⅰ.①文…　Ⅱ.①于…②刘…③陈…　Ⅲ.①互联网络—应用—文化
产业—产业发展—研究—中国　Ⅳ.①G124

中国版本图书馆 CIP 数据核字(2017)第 160376 号

出 版 人	赵剑英	
责任编辑	王莎莎	
责任校对	张爱华	
责任印制	张雪娇	

出　　版	中国社会科学出版社	
社　　址	北京鼓楼西大街甲 158 号	
邮　　编	100720	
网　　址	http://www.csspw.cn	
发 行 部	010 - 84083685	
门 市 部	010 - 84029450	
经　　销	新华书店及其他书店	

印　　刷	北京君升印刷有限公司	
装　　订	廊坊市广阳区广增装订厂	
版　　次	2017 年 8 月第 1 版	
印　　次	2017 年 8 月第 1 次印刷	

开　　本	710×1000　1/16	
印　　张	19	
插　　页	2	
字　　数	261 千字	
定　　价	78.00 元	

"文化·技术·市场"丛书编委会

主　　编：于孟晨

副 主 编：李红岩　敬晓庆　雷晓青

总　序

当今科技以网络为代表的新媒体的崛起，重组了传媒的生态空间，技术知识与经济效益的互动日益加剧，媒介形式日趋多样，内容影响日趋丰富、复杂。在此态势下，需要从"文化自信"的高度来审视新时代高等教育应秉承的责任。

1941年，梅贻琦在《大学一解》中指出"大学者，非谓有大楼之谓也，有大师之谓也"；而大学所培养的学生需满足"对于人文科学、社会科学、自然科学"应有"相当准备"的共同要求。1943年由梅贻琦草拟提纲、潘光旦执笔完成的《工业化的前途与人才问题》，对相关思想也进行了类似的表述："使教育于适当的技术化外，应取得充分的社会化和人文化。"以梅氏看来，技术化对大学固不可少，但只占有"适当的"位置；社会化和人文化更加重要，在大学应有"充分的"发展。有了社会、人文与技术三者相互渗透的大学，才能为工业化的中国培养出优秀人才。这无疑已著西安工业大学新闻传播学科"文化·技术·市场"丛书之先鞭。

显见，大学应当是时代精神的"折光镜"，是人文精神和科学精神的统一体。科技、经济与人文社会学科的联系与渗透，人文精神与科学精神的相结合，是当代大学应当承担的任务，并要在理论上和实践上做出的现实贡献。这也正是此套丛书编撰出版之初衷。

用"文化·技术·市场"三个关键词，既能映照当今社会的热点部位，又能自然带入大学在新媒体时代的工作重心。与之适应，本丛书体现三个特点：

其一，情与理的统一。

《中庸》曰："善怒哀乐之未发谓之中；发而皆中节，谓之和。"而"中和"被认为是高尚的精神境界。其基点即认为人皆有情，感情的发抒必须与道德规范相吻合。这是我国古代教育理论关于情与理的简洁说明。本丛书中《文化传播的媒介景观》《旗袍：身体与权力的播撒》二作品，前者以媒介变迁为经，文化传播为纬，探讨新媒体传播环境下媒介形式变化的特征与后果，以及媒介文化的批判与反思；后者以近代《月份牌》《良友》杂志中出现的旗袍为对象，梳理了其变迁的脉络，并深入探讨旗袍与身体、权力之间的关系。另一作品《镜像·光影·产业：新世纪以来陕西电影产业发展态势研究》旨在研究西部电影的范式创新，确立全新的电影伦理，为陕西电影产业的创新性发展提供智力支持。以上著作力争做到客观与主观的统一，科学与艺术的统一。

其二，具象与抽象的统一。

我们日常惯于"具象"的思维方式，不过不能忘记科学的"抽象"。抽象从具体出发又高于客体对象，带有普遍性。《文化·技术·市场——"互联网"视阈下的文化品牌塑造与传播》从文化建设的实体案例入手，集中探讨了新时期相关行业产业的发展问题；《品牌·传播·文化》则从畅销书角度切入，思考阐发产业变局中的传播现象。《定位·错位·移位》以1912—1949年西安易俗社在戏曲改良进程中的文化传播为研究对象，通过主体、受众、渠道、内容、效果等方面的社会传播分析，探讨易俗社在改良传播中的得失。

其三，科学精神与人文精神的统一。

从人类科学史来看，其大体可以描述为：人文精神和科学精神不断分离与不断融合的过程，而每一次的新融合，就出现了科学上和人文上的双重繁荣景象。人们得出结论：只有科学技术是不够的，还必须要以体现正确价值取向的人文精神为依托。到 20 世纪末，科学技术渐渐出现了脱离人文精神的趋势，即在最新的信息网络世界也出现了许多令人担忧的现象。这就再一次告诫人们：科技必须要有人文精神的浸润，由此提出了科技伦理的再建问题。科技伦理是以本国和人类优秀文化作为所籍的，科学家需有了这方面的修养，在他们身上才能体现出可亲可爱的人文浪漫和严谨求实的科学精神。

凡举各位著作者，执事孜孜以求，非穷其思、尽其力而不能停也，有感于大家在做一件弘扬优秀文化、守正学术业绩的好事，仅以寥寥数语，表示赞同！希望《文化·技术·市场》这类的图书出现得越多越好！

于孟晨

于未央湖畔

2017 年 7 月仲夏

目　　录

市场篇 "品牌＋"：文化引领与技术创新下的市场策略

前　言

《易经》有云："文明以止，人文也。观乎人文，以化成天下。"文化，是人类生活的反映，人类活动的记录与沉淀，是人类的高级精神生活。文化包含了人们在认识世界和改造世界过程中形成的一些思想和理论，是人们生存生活的方式方法和准则。中国文化作为世界上最为古老且持续时间最长的文化，源远流长，博大精深。习近平总书记曾谈道："在漫长的历史进程中，中国人民依靠自己的勤劳、勇敢、智慧，开创了各民族和睦共处的美好家园，培育了历久弥新的优秀文化"，"在5000多年文明发展中孕育的中华优秀传统文化，在党和人民伟大斗争中孕育的革命文化和社会主义先进文化，积淀着中华民族最深层的精神追求，代表着中华民族独特的精神标识。"作为国家软实力的重要体现，文化建设与文化的影响力与引领作用至关重要，关系"两个一百年"奋斗目标和中华民族伟大复兴中国梦的实现。为此，习近平总书记指出："要弘扬社会主义先进文化，深化文化体制改革，推动社会主义文化大发展大繁荣，增强全民族文化创造活力，推动文化事业全面繁荣、文化产业快速发展，不断丰富人民精神世界、增强人民精神力量，不断增强文化整体实力和竞争力，朝着建设社会主义文化强国的目标不断前进。"

技术是人类在长期认识和改造世界过程中积累下来的知识体系和生产工具。马克思用生产工具为标志来区分人类不同的历史时期，技

1

术不断突破革新也正是人类生产力不断提高的历程。在人类所拥有的诸多技术中，用来驾驭信息传播、提高信息生产与传播效率的媒介技术，占据十分重要的地位。从语言、文字到印刷术、无线电波的使用，从报纸杂志的广泛传播到广播电视的深远影响，媒介技术的每一次进步都给人类社会发展带来重大的变革。而在今天，以"数字化""移动化""大数据"为核心的新媒介技术，给社会带来颠覆性的冲击，也带来极具活力的创新与创造。李克强总理提出的"互联网＋"概念，正是应对新媒介技术发展带来的挑战与机遇的路径所在。实现"互联网＋各个传统行业"，即利用信息通信技术及互联网平台，让互联网与传统行业进行深度融合，创造新的发展生态。它代表着一种新的社会形态，利用新媒介技术，充分发挥互联网在社会资源配置中的优化和集成作用，将互联网的创新成果深度融合于文化建设、经济发展与社会各领域之中，提升全社会的创新力和生产力，形成更广泛的以互联网为基础设施和实现工具的经济发展新形态。

市场是有效配置社会资源的机制。市场的概念古已有之，《周易·系辞》记载："神农日中为市，致天下之民，聚天下之货，交易而退，各得其所。"在西方，不同的经济学研究阶段中对于"市场"的理解逐步深入。在我国当前的社会主义市场经济体制下，市场在国家宏观调控下对资源配置起决定性作用，它使经济活动遵循价值规律的要求，适应供求关系的变化；通过价格杠杆和竞争机制，把资源配置到效益最好的环节中去，并使企业实行优胜劣汰；运用市场对各种经济信号反应灵敏的特点，促进生产和需求的及时协调。在市场中，品牌是最具价值的无形资产，是市场中利用抽象化的、特有的、能识别的心智概念来表现其差异性，从而在人们的意识当中占据一定位置的综合反映。品牌是市场综合品质的体现，它代表着人们市场文化价值的评价、认知和信任。2016 年国务院办公厅发布《国务院办公厅关于发挥品牌引领作用推动供需结构升级的意见》明确说明："品牌是企业乃至国家竞争力的综合体现，代表着供给结构和需求结构的升级方向。"品牌的构建过程，正是不断地利用媒介技术创造文化附加值，向开发优势、质量优势、文化创新优势的高层次转变。

文化、技术、市场相互依存、彼此交融、协同发展。文化为技术提供精神动力和智力支持，技术为文化提供物质基础和发展手段；文化实现了市场的价值补偿和资产增值，市场构建出文化的发展沃土与创新源泉；市场是技术的试金石，技术则是市场的发动机。三者之间，文化是引领技术创新与市场发展的核心，技术是促进文化创新与市场进步的手段，市场是文化影响力持续发挥、技术不断创新发展的驱动。

当今社会，在全球化语境之下，国家与社会的发展越来越倚重文化，文化的发展成为推动技术进步和市场改革发展的内生动力，也成为国家精神的核心内涵。与此同时，伴随着技术几何倍数的发展速度，市场的生命力和创造力得到极大的彰显和激发，文化产业和媒体产业迅速发展，并发挥着重要的作用。

近年来，习近平总书记提出的共建丝绸之路经济带和 21 世纪海上丝绸之路的"一带一路"倡议、李克强总理提出"互联网＋"行动计划，以及以"创新驱动、质量为先、绿色发展、结构优化"为基本方针的"中国制造 2025"战略，正是基于对文化、技术、市场相互关系的充分重视与深入研究提出的国家发展战略。在"一带一路"背景和新媒体技术勃兴的语境下，发掘和阐扬优秀中国文化，用"文化＋"理念打造秉承包容、和谐的气质，传播中国正能量，引领人类文化发展新方向；以"互联网＋"为核心，界定媒介技术的"边界"与"规矩"，打造新媒体的良性生态，更好地宣传中国文化与中国品牌；将"品牌＋"为目标，驱动中国制造转向中国"智造"，塑造市场与品牌"智造"的中国性格与中国气派。

本书将以不同视角，考察不同领域中文化、技术、市场的核心作用与相互关系。"文化篇"将以中国文化的宏观视角，在国家层面和新媒体语境下，考察中国文化性格与品牌的塑造与国家形象、政府形象的传播策略；"技术篇"将以地域文化的中观视角，分析"互联网＋"

给地方文化产业发展，广告等媒介产业发展带来的机遇与挑战；"市场篇"将从微观视角出发，以高校校报、学报为代表的校园媒体，以及以户外广告、移动电视、地铁传媒、畅销书、农产品品牌等为研究对象，探讨其文化建设、技术融合与品牌推广的路径与策略。

本书希望通过研究，为各个领域在不同层面上的文化、技术、市场更好地融合与发展提供建议，从而通过以文化为核心、以技术为手段、以市场为目的的道路，推动文化产业、媒体产业的不断深入发展。

文 化 篇

"文化＋":引领技术创新
驱动品牌创造

习近平总书记提出的"共建丝绸之路经济带"和"21 世纪海上丝绸之路"的"一带一路"重大倡议在国际社会上引起强烈反响。在"一带一路"倡议背景和新媒体勃兴的语境下，要更好地做好意识形态传播，引领技术创新发展，驱动市场品牌创造，就一定要树立文化核心地位，用"文化＋"理念指导各项工作，塑造秉承包容、和谐的文化气质，从而传播中国正能量。

　　在本篇章中，我们将以不同视角，考察不同领域中文化的核心作用以及其与技术、市场的相互关系和影响。在国家层面上，《论"一带一路"背景下意识形态传播的新要求和新作为》《网络环境中的社会主义意识形态传播研究》与《新媒体时代社会常态下我国政府形象的塑造路径》以"文化＋"理念为核心，论述了在"中国制造 2025""一带一路"等背景下中国性格与品牌的传播策略；在地域层面上，《广告中地域文化诉求的心理学解析》与《陕西关中方言在影视剧中流行的传播学解读》以地方文化切入，分别关注在不同媒介、不同市场中文化的地位与作用；在高校层面上，《弘扬大学精神　厚植大学文化》《高校文化建设的守正与传承》与《高校学报文化特色与品牌建设的思考与实践》从校园文化入手，分析了以学报、校报为核心的校园媒体在新媒体环境下如何创新发展并积极发挥影响的方法策略。

论"一带一路"背景下意识形态
传播的新要求与新作为

习近平总书记指出"经济建设是党的中心工作,意识形态工作是党的一项极端重要的工作,能否做好意识形态工作,事关党的前途命运,事关国家长治久安,事关民族凝聚力和向心力"。"一带一路"背景下的意识形态传播面临着新形势与新任务,新闻宣传工作要把握互联网思维,用好新媒体,以赢得赞同为目标,积极构建对外传播新的话语形态。

一 一带一路:意识形态传播的新背景

"一带一路"是党中央、国务院的战略决策。中国的改革开放走过了从东南沿海向内陆地区梯度推进的过程,在创造世界奇迹的同时,也形成了地区经济社会的差序格局。由于国力进一步增强,以及其所走出的一条独特发展之路,也让我国进一步的发展面临着来自各方面的牵绊。破解发展约束,既需要内部深化改革也需要外部争取空间,"一带一路"就是要从另一个通道与方向架起中国与其他国家紧密合作交流的桥梁。

现在来看,"一带一路"是经济、政治、文化交流的大通道,是实现利益共享、合作共赢、共同发展的大平台;内在而言,"一带一路"也是意识形态传播、对话与碰撞的动态过程,新闻宣传、对外传播工作在这一战略构想的成功实现中具有非比寻常的重要性和紧迫性。利益的共同增进依托于价值观念的趋近，有了共识、信任与理解，中国发展的问题、成长的烦恼与转型的痛苦才会有妥善解决的基础和环境，有关中国"威胁论"、中国"崩溃论"等充满误读和敌意的论调就会不攻自破，才能树立正面的国家形象和国家品牌，显示具有感染力和可输出的软实力。

意识形态属于上层建筑，是人们有关世界和社会的总体看法、见解、信仰和追求，一切新闻宣传、对外传播工作的本质都是意识形态传播。古今中外，不同国家、不同民族、不同历史时期，具有不同的主流意识形态。在经济全球化、世界多极化的今天，在国际形势纷繁复杂的今天，在各种思想文化交流、交汇、交融、交锋的今天，无论观察、思考、处理国际问题，还是国内问题，试图不加分析地"去意识形态化"的做法，都是一厢情愿的。这样做的结果，安抚不了别人，只能麻痹自己。① 当下中国的意识形态传播面对着"一带一路"新背景和新局面。

党的十八大以来，意识形态传播的声势和态势进一步向好，新闻宣传工作贴近实际、贴近生活、贴近受众，讲好中国故事、传播好中国声音、树立好中国形象的水平和能力不断提高。但是，必须清醒认识到，意识形态领域仍然存在一些应该商榷的观点。

以互联网和移动互联网为代表的新媒体崛起之后，以其海量信息、长于互动、重组时空的特点促进了话语权的分化和下移，这对意识形态传播的吸引力和凝聚力形成了挑战。新媒体具有双刃剑作用，既可以壮大正能量的传播声势，也会成为一些错误思潮和观念发酵的温床，释放出不可小觑的负能量。科学认识新媒体传播形态，深刻把握新媒体传播规律，充分发挥新媒体促推作用，对于促进主流意识形态传播具有重要作用。

---

① 张国祚：《怎样看待意识形态问题》，《红旗文稿》2015 年第 8 期。

2015年9月3日，纪念抗日战争胜利暨世界反法西斯战争胜利70周年的阅兵仪式在天安门广场举行。阅兵是一场重要的国家仪式，这次阅兵既有国际风范又有中国气派，是对中国特色和中国风格的彰显，在国际社会树立了中国爱好和平的大国正面形象，也是对现阶段我国发展态势的定位、定调和定向，这次阅兵的一个亮点是有数十位国际政要出席参与，一些发达和发展中国家的积极性被充分调动了起来，对内凝聚了人心、对外显示了力量，是一次精彩的主场外交。阅兵之所以能产生正面效果，一个是活动本身的重要性；另一个就是新闻宣传、对外传播工作做得有声有色、非常出彩，全方位立体化地展现了国家形象，赢得了全世界关注的目光。可以说，阅兵的新闻宣传工作与每一位国人和世界上一切爱好和平公义的人们的内心需求是互相吻合的，满足了人们的期待，赢得了赞同。

一个国家在构筑其国家形象，向国际社会传播其价值理念及文化输出时，新媒体已经成为建构与传播国家软实力的重要平台与全新渠道。有网友如是表达观看感受："当严整的方阵迎面逼近，你能感受到方阵整齐的步点撼动着脚下的大地，接着又传递到周身，仿佛五脏六腑都被这节奏牵动，给人以全方位的震撼。"通过新媒体，成千上万的外国民众、华侨华人观看了阅兵，扩大了阅兵的影响力。

"一带一路"沿线经过数十个国家和地区，政治制度不同、风土民情各异、文化传统有别，特别是进入新媒体时代之后，意识形态传播面临更为复杂的局面，新闻宣传、对外传播工作中的渠道问题、话语问题、策略问题、姿态问题变得日益重要。正如习近平总书记所强调的，面对改革发展稳定复杂局面和社会思想意识多元多样、媒体格局深刻变化，在集中精力进行经济建设的同时，一刻也不能放松和削弱意识形态工作，必须把意识形态工作的领导权、管理权、话语权牢牢掌握在手中，任何时候都不能旁落，否则就要犯无可挽回的历史性错误。

二 赢得赞同：新闻宣传工作的总归宿

"九三"阅兵是国家动作，"一带一路"是国家战略，对于它们的新闻宣传工作、对外传播工作从形式和内容上需要总体规划设计，而从核心诉求上讲就是要赢得赞同。赢得了赞同，才会入心入脑，得到理解关注，收获信任回报。观念的问题、思想的问题解决了，战略意图才会得到最大限度的实现，国家利益就会得到确切维护。从这个意义出发，可以说，一切新闻宣传工作的最终目的就是要赢得赞同。没有赞同的传播是浅层次的，没有赞同的传播是低效率的，没有赞同的传播也是与当下的发展目标和发展阶段不相匹配的。

赞同是理性思考和感性亲近交织的结果，是利益趋同与观念趋近的结晶，也是双方或多边的相互调适和认可。赢得赞同的前提是以我为主，有原则、有坚持、有底线，这个原则、坚持和底线就是意识形态的领导权。新闻宣传、对外传播活动是在党和政府的领导之下展开的，发挥着为经济社会发展保驾护航的作用，特别需要在意识形态传播中站稳脚跟、守住底线，这样才能创造一个有利于发展的良好舆论环境，也才能在国际格局中最大限度地维护国家利益。

现在一些错误思潮和观点借助互联网炒作、放大和扩散，让意识形态传播面临的形势更加复杂化。[1] 越是面临选择，就越需要智慧；越是形势复杂，就越需要勇气；越是声音嘈杂，就越需要定力。"为了谁，依靠谁"的问题非常重要，如果大方向迷失了、错了，那么由"一带一路"倡议实施所带来的一切利益势必就会如镜花水月。在大是大非的重要问题上表明态度、站稳脚跟、展现自信是所有新闻宣传工作的基本遵循，中国是这样，西方也是这样，世界各个国家都是这样。一切的表达和讲述、一切的报道与传播归根结底是一种立场、一种态度、一种选择。

---

[1] 《人民日报》评论部：《筑牢主流，摈弃"虚无主义"》，《人民日报》2015 年 8 月 10 日头版。

必须牢牢抓住新闻宣传和对外传播中的意识形态领导权。意识形态内在而言是观念系统,外在来说则有形式载体,内在的意识形态观念需要通过外化的意识形态形式来表达,做好"一带一路"的对外传播需要不断丰富意识形态的外化形式,这其中,媒体是主角,学校、各种会议论坛发挥着重要作用;这个意识形态外化的过程需要党和政府、各种社会组织和个体民众的共同参与,这样才能形成交响;一些重要仪式庆典活动、节庆文化活动的举办,重要场所和展馆的建设,形象化、可视化的符号的推出都是这个意识形态外化过程中可以凭借的形式。

做好"一带一路"的对外传播,传统媒体是主力军,新媒体是生力军。新媒体环境下,政府、社会组织与个体公众等都可以分享话语权,这种对话方式不同于科层制下的垂直对话,具有显著的通达性和鲜活性。"活"表现着强烈的生命力,"活"不可避免会带来嘈杂和多元,这就特别需要意识形态传播的判断力和控制力(判断力和控制力有时比想象力还重要),保持新媒体舆论场的活而不乱、活而有序。

要用互联网思维来推动新闻宣传工作跟上时代步伐。互联网思维的核心逻辑是"互联互通",这与"一带一路"核心理念是一致的,平等、开放、协作、分享是其中要义,互联网思维从低层次到高层次可以划分为依托互联网进行的传播,依托互联网进行的营销,供应链的再造与价值链的再造四个层面,而现在多数的互联网思维方式还停留在第一和第二个层面,亟需向更高层面提升、推广和深化。

"一带一路"背景下的意识形态传播需要把不同类型的主体吸引到这一事关中国命运的战略命题上来,在议程设置上、兴趣点引爆上、互动方式上应站在网民与用户的角度来考虑和设计,围绕主旋律发出多声部的复式腔调。新闻宣传和对外传播赢得了赞同,才能赢得世界其他国家人民的理解、信任与支持。

　　媒介本身是一种尺度和塑造，① 媒体上的内容泥沙俱下，缺乏必要的媒介素养和信息素养，处于价值观形成期的年轻人就容易被边缘和负面的内容所影响，导致一些社会心理问题的出现。新闻宣传工作应多报道一些弘扬正气和主流价值观念的内容和人物，做到不空泛、不虚饰、不抽象就能感染影响引导人们的社会行为，凝聚在共同的旗帜下，向着共同的方向前进。

　　习近平总书记指出，"我们正在进行具有许多新的历史特点的伟大斗争，面临的挑战和困难前所未有，必须坚持巩固壮大主流思想舆论，弘扬主旋律，传播正能量，激发全社会团结奋进的强大力量。关键是要提高质量和水平，把握好时、度、效，增强吸引力和感染力，让群众爱听爱看、产生共鸣，充分发挥正面宣传鼓舞人、激励人的作用"。

　　现在每天很多人使用的微博和微信就在情感联络上表现出了独特作用，朋友或者相对熟悉人之间的交际容易取得互信与认同，情感近了，吸引力就大，教化和灌输的意味就淡，谈心和聊天的方式易于深入人心。"一带一路"的对外传播要以理服人也要以情感人，这是赢得赞同的诀窍。

　　中国发展进入新常态，对突发事件、重大问题、热点话题等处置稍有不慎，就会通过网络舆论把个别问题扩大化、简单问题复杂化、一般问题政治化。以"命运共同体"为旨归，"一带一路"背景下的意识形态传播要以互联网思维为引领，发挥好新媒体的正面作用，主动作为，赢得赞同。

三　话语构建：对外传播活动的着力点

　　有一种看法认为，中国是把新闻做成了宣传，而美国是把宣传做成了新闻，这要引起重视，同时也提醒人们，"一带一路"背景下的意识形态传播需要在话语概念、方式方法、手段策略上不断完善改进，

---

　　① ［加］马歇尔·麦克卢汉：《理解媒介：论人的延伸》，何道宽译，商务印书馆2000年版。

新闻宣传和对外传播工作需要破解一系列问题，比如提升设置全球议程设置的能力，增加多渠道、多样貌传播的能力，建构与输出具有国家软实力的能力等，在把握好意识形态领导权这个总开关总阀门的立场和前提下，加强"一带一路"传播话语体系建设。

从国际舆论环境上说，对于"一带一路"倡议，真心支持的有，游移不定的有，反对的也有，对于不同的态度应该有不同的传播应对策略，但从主导观念上讲，"一带一路"强调的"互联互通"和互联网思维核心的"互联互通"是一致的，降低对抗的调门，强调合作共赢，"命运共同体"的提法显然已经得到了更多回应；官方民间与社会组织一起发声；构建以新媒体及传统媒体为核心的大媒体、泛媒体的传播平台，是做好新闻宣传和对外传播工作基本要求；要精心做好对外宣传工作，创新对外宣传方式，着力打造融通中外的新概念新范畴新表述，讲好中国故事，传播好中国声音。①"一带一路"背景下的意识形态传播要特别注意以下几点。

第一，讲自己能说清楚的话。自己能说清楚是一切沟通、传播的基础，自己能说清楚看似是个体表达但蕴含通向普遍接受的可能。思考到什么程度，话才能说到什么程度。人往往会被外在的、抽象的、既有的话语和概念所束缚，这在面对迅速变动的现实面前有时就显得吃力。结合世情和我国国情民情社情，紧紧围绕全面建成小康社会、全面深化改革、全面推进依法治国、全面从严治党的重大任务，用自己的话清楚深入报道发展中的全局性、前瞻性、战略性事件，以及国内外普遍关注的热点焦点难点事件，才能在话语构建上赢得信任。

习近平总书记的语言风格堪为表率，他的每一次讲话，都讲群众听得懂的话，他善于用大实话和群众语言深入浅出、解惑释疑。民众普遍感到，他的讲话最鲜明的一个语言特色是口语化、接地气。他经

---

① 蔡名照：《讲好中国故事，传播好中国声音——深入学习贯彻习近平同志在全国宣传思想工作会议上的重要讲话精神》，2013 年 10 月 10 日，人民网（http：//politics. people. com. cn/n/2013/1010/c1001-23144775. html）。

常用一些很质朴、很简单的语言，特别是一些普通干部群众听得懂、记得住，有浓郁生活气息的话来表达思想。①

第二，讲别人能听懂的话。以我为主，同时讲别人都能听懂的话，要有倾听的意识和姿态。中国的先哲说，东海西海心同理同。要相信不同的背景总能找到沟通理解的接口。别人能听懂也才是检验自己的话有没有说清楚的一个标准。新媒体应该发挥其连接党和人民群众的桥梁作用，将政府的工作重点和人民群众的关注点联系起来，把政府的心和民众的心联系在一起，增强社会凝聚力。

第三，用大家都能接受的方式讲。新闻宣传是沟通的工作、交心的工作。意识形态的传播要形象、生动，可感、可知，有倾听的姿态，帮助解决问题的意识。新闻工作者要寻找与读者沟通交流上的"最大公约数"，普通之中显特色，特色体现要常规。具体到"一带一路"倡议而言，新闻宣传工作必须加大对丝路沿线国家和地区文化、历史、思维方式的研究力度，用大家都能接受的方式来讲。在这方面，高校可以发挥更为重要的作用。

第四，发挥大宣传工作格局在话语构建上的作用。以大宣传理念为引领，结合实际，积极构建大宣传工作格局，形成党委统一领导，党政工团齐抓共管，党委宣传部门牵头协调，有关部门共同参与的工作机制。要进一步明确党委宣传部门在统筹意识形态传播，统筹推进培育和践行社会主义核心价值观，统筹推进高校校园文化建设，统筹新闻宣传舆论引导，统筹网络文化建设和管理，统筹教师思想政治工作等方面的职能，将党委宣传部门牵头抓总的职能要求落到实处。

空谈误国，实干兴邦。和平不是仅靠呼唤就能到来，大国尊严更不是仅靠怒吼就能生成的。在全球竞争日渐加剧的今天，要守护大国尊严需要真抓实干的同时，也离不开新闻宣传工作的舆论氛围的营造。

---

① 景玥：《当代新闻工作者需要哪些素质，看习近平怎么说》，2015年1月8日，人民网——中国共产党新闻网（http://cpc.people.com.cn/xuexi/n/2015/0108/c385474-26347600.html）。

习近平总书记认为，一定要把围绕中心、服务大局作为基本职责，胸怀大局、把握大势、着眼大事，找准工作切入点和着力点，做到因势而谋、应势而动、顺势而为。随着"一带一路"倡议的深入推进，新闻宣传工作要主动作为，赢得赞同，再创辉煌。

（作者：于孟晨）

网络环境中的社会主义意识
形态传播研究

一　网络环境的形成及网络信息传播方式的改变

1. 网络环境的形成

环境是围绕在人们周围的客观存在，并且这种客观存在会对人们的生活产生一定的影响。网络技术是人们在互联网时代认识世界和改造世界的新手段，是一种新的生产力。网络为人们提供了一个独特的平台，它的存在和发展直接引起社会的变革，并将创造全新的生产方式和生活方式。"网络环境是指以信息高速公路为基础而构筑的集信息的生产、传播、利用为一体的社会环境"①。即人们通过控制计算机的"输入—输出"装置进行交流活动的场景或经验。网络影响社会主义意识形态是通过一个载体工具到环境的过程，这种影响的主要原因在于网络本身就是一种信息交换的系统，并具有发展扩散的特点。网络环境则是人们在进行交往活动时的场景，网络环境在社会主义意识形态中相当于环体，环绕在人们周围。网络环境由物质设施、网络信息文化、网络行为、网络心理、网络伦理、网络规范等组成，是网络

---

① 李雪松、张丽萍：《网络环境下作品传播方式的改变及其对合理使用的影响》，《科技信息》2009 年第 8 期。

环境的主要内容。

"随着新生产力的获得，人们改变自己的生产方式，随着生产方式即保证自己生活方式的改变，人们也就改变自己的一切社会关系"①。人类在社会发展的过程中，为了获得更好的生活就需要不断地发展生产力。生产力的发展，将带来生产工具的改进，生产工具的改进将使社会生产发生根本性的变革，从而带来全新的生产环境。网络环境的形成也是如此，网络信息技术最初应用于国防事业，而后扩散到工业领域，最后渗入人们的生产生活当中并影响人们的意识形态。

2. 传统信息传播方式的改变

（1）缩短了信息传播的时间

有学者将信息传播时间分为异步和同步。异步传播是指传统的信息传播所需的时间，信息发布者需要将所要表达的内容先上传到传播载体，再通过传播载体发布信息，最后受众通过传播载体获得信息。随着网络科学技术的飞速发展，信息传播达到了同步传播，信息发布者与受众同时在线的情况下，信息发布者通过网络发布信息，受众就能及时收到消息，并立即反馈信息给信息发布者，缩短了信息传播的时间，增强了信息传播的及时性。

（2）丰富了信息传播的途径

互联网技术逐渐影响人们的生活方式，产生了以主流网络媒体、电子公告板系统和微信为代表的个性化应用。主流网络媒体代表社会最具影响力的阶层的话语权，吸引有一定影响力的受众作为自己市场诉求的传媒。"百度网络媒体影响力指数显示，影响力大的网络仍然是一些门户网站以及一些著名的媒体集团"②。主流媒体具有强大的资源和力量，能够整合网络信息，及时准确地传播给受众，控制社会的主流意识形态。电子公告板系统作为一个信息交换的场所，传播者与

---

① 《马克思恩格斯选集》第 2 卷，人民出版社 1992 年版，第 108 页。
② 王子蕲：《网络时代社会主义核心价值体系教育传播方式创新》，《思想理论教育》2010年第 23 期。

受众都可利用电子公告系统接收和发布信息，拥有相同的话语权，加速了信息的传播。个性化应用包括微信、微博、博客等，是人们在网络环境中发布文字、图片、视频等内容的途径。这些即时快捷的传播途径加速了信息传播的速度，有利于受众全方位多角度地接收信息。

（3）融合了传播者与受众的角色

传统的单向度的传播方式，是传播者向受众传播信息，受众被动接受，无法选择信息的内容，无法反馈个人的意见和看法。"互联网传播改变了传统传播观念中的'传播者'与'受众'之间的界限，使传播主体发生了变化"①。随着互联网的应用，网络技术迅猛发展，传播者可以将信息及时有效地传播给受众，而受众不仅可以通过多种媒介获取知识，还可以向发布者及时反馈自己的意见和看法。因此，传播者既是网络信息的发布者，又是反馈信息的受众；而受众既是网络信息的受众，又是反馈信息的发布者。网络掌握在每一个个体手中，人们可以在第一时间利用网络将自己掌握的信息发布出去，作为信息的传播者，克服了以前单靠相关部门掌握传播工具的狭隘局面。打破了角色的固定模式，使人们不论身处何地都可以既作为传播者又作为受众。因此，发布者与受众的角色在某种程度上可以融合，这样有利于双方更好地理解相互的需要，促进网络信息传播的发展。

二 网络环境对社会主义意识形态教育的冲击

互联网时代的到来，虽然使我国意识形态的发展取得了新的进展，呈现出许多积极向上的特点，但由于我国目前的网络技术不是特别发达。在全球化的新背景下，西方资本主义国家通过网络媒介向我国渗透西方资本主义的意识形态信息，冲击着马克思主义在我国社会主义意识形态中的主导地位。因此，各阶层民众应给予重视并采取有效措施来抗击西方意识形态对社会主义意识形态教育的冲击。

---

① 常庆：《网络媒体对传统传播方式的转变》，《当代传播》2002 年第 3 期。

1. 网络秩序维护者的管理能力受到冲击

网络环境具有开放性和自由性的特点，使人们可以随时出入网络环境，每个人都可以在网络环境下通过传播媒介来发布信息。网络环境这个自由的场所在为社会主义意识形态教育提供丰富内容的同时，也潜伏着许多不良信息。"民主输出与反输出已成为西方国家与中国进行意识形态斗争，抢占意识形态主导权的重要手段"[①]。在全球化的新背景下，世界各国之间的文化传播与交往越来越密切，一些西方国家有意识通过网络媒体西化受众的社会主义意识形态，模糊了受众的社会主义意识形态。一些虚假、西化的思想在网络环境中传播，冲击着网络舆论环境的安全与稳定，影响着受众的社会主义意识形态的形成和发展，降低了网络信息受众对社会主义意识形态的认可程度，无形中加大了社会主义意识形态教育的难度。

2. 网络信息发布者的综合能力受到冲击

网络信息发布者的素质状况直接关系到受众社会主义意识形态教育的成效。在网络环境下，信息传播的对象、环境和内容时时发生着新的变化，这不仅对信息发布者的专业素质提出了更高的要求，还对他们的综合素质提出了新要求。网络环境下的社会主义意识形态教育早已不是传统的对受众单纯的灌输，受众被动接受。如今受众可通过微信、微博等多种渠道来获取信息，并且接触的信息内容也越来越丰富，对事物的看法和态度也比较多样化，这使信息发布者明显感到自身能力的有限和权威性受到质疑。所以在面对各种不同意识形态的入侵时，要充分掌握不同意识形态的主要思想，取其精华，去其糟粕，正确筛选信息。

3. 网络信息受众的鉴别能力受到冲击

在网络环境下网络信息受众的鉴别能力同样受到冲击，这种冲击

---

① 唐世刚、许苏明、王学俭：《论西方民主输出图景下的我国意识形态安全建设》，《社会科学论坛》2016年第10期。

来自对自我的把控能力。"当前的西方各种非马克思主义意识形态是以一种'隐性'的方式来在国内意识形态领域实现传播泛滥,对受众具有迷惑性与欺骗性,其本质是传输西方抽象人性论、民主自由论和具有一系列虚假性的西方价值意识形态"①。网络环境下的信息传递更加快捷与便利,信息内容也更为纷繁复杂,这虽然为受众提供了一个获取信息的便利渠道,但网络环境中的信息包罗万象,干扰人们的思考和价值取向,有些自我控制力较差的受教育者甚至会沉迷于虚拟的网络世界而不能自拔。受众若是对网络环境中传播的信息没有正确的鉴别能力,将会被一些不良信息所误导,最终将使自身的社会主义意识形态教育陷入困境。

三 网络环境下加强社会主义意识形态教育的对策

"建构我国意识形态安全的保障体系,是中华民族处于伟大复兴历史关键时期思想文化领域渗透和反渗透、扩张与反扩张博弈必须应对的时代课题"②。面对网络环境中西方意识形态的渗透,应该正确引导、找到正确合理的措施来促进社会主义意识形态教育的发展。在此提出以下四点建议。

1. 提高网络信息发布者的素质

信息发布者要树立正确的社会主义核心价值观,发挥主观能动性去接受新生事物,学习新鲜事物,知晓当今社会的热点,不断扩充自己的知识储备,建立终身学习的观念。科学掌控网络舆论导向并且主动出击、正面宣传,面对网络舆情做出快速反应和准确判断。力争及时发布信息,将党和国家的政策主张、态度做法最早最快最准确地传达给信息受众,造成首因效应,抵制负面消息的侵袭,遏制谣言的传播。通过网络媒介进行社会主义意识形态教育,要将正面信息及时准

---

① 孙洲:《社会主义意识形态教育阻抗现象及其对策研究》,《兵团党校学报》2016 年第 5 期。
② 唐世刚、许苏明、王学俭:《论西方民主输出图景下的我国意识形态安全建设》,《社会科学论坛》2016 年第 10 期。

确地传播到受众头脑当中，引导受众树立正确的价值取向，并内化为自觉行动，掌握意识形态在网络环境中的话语主导权。在网络环境中进行社会主义意识形态的教育时，网络信息发布者还应善于和网络环境的特征相结合，让信息内容以文字、声音、视频动画等形式体现出来。引导受众，激发受众求知的兴趣，更好地进行社会主义意识形态的教育工作，坚持网络技术的创新与发展，严把信息推送的关卡。

2. 提高受众信息鉴别与选择能力

受众在接受网络环境信息的过程中处于主体地位，要充分发挥其主观能动性，自觉树立马克思主义的指导地位，树立正确的世界观、人生观、价值观，自觉抵制网络环境中不良信息对个人社会主义意识形态的侵蚀。网络环境中的信息纷繁复杂、种类繁多，"各式各样并存的信息良莠不齐，有人不加辨别地传播与接受，不利于意识形态教育的展开"①。网络信息受众要有效鉴别筛选正确的、积极向上的网络信息来促进自身社会主义意识形态教育水平的提高，多了解学习网络知识，通过网络课堂和网络知识讲座的自觉学习增加对网络知识的理解，有意识地识别垃圾信息，提高处理信息、分析信息、选择信息、综合利用信息的能力。发现落后的、腐朽的，并且与社会主义意识形态相悖的网络信息就应该坚决抵制，拒绝不良信息的入侵。

3. 利用新兴媒体进行社会主义意识形态教育

新兴媒体是网络技术迅猛发展的产物，对社会主义意识形态教育产生了巨大的影响，将社会主义意识形态教育与新兴媒体相融合，为人们的社会主义意识形态教育营造良好的环境。应重视网络技术，抢占网络阵地。网络已经成为当今世界意识形态争夺的"主要领地"。

---

① 代洪宝、张立新、刘永生、张佰儒：《浅谈新媒体对意识形态教育的影响》，《新西部》2016 年第 12 期。

网络成为人们接受社会主义意识形态的方式和载体，也是人们拓宽对其他社会意识形态了解的渠道。新兴媒体应组织思想、学术、娱乐相结合的社会文化活动，推出思想性、理论性、德育性相结合的教育学习网站。树立马克思主义的指导地位，建立以社会主义核心价值体系为主导的网站，确立社会主义主流意识形态在网络阵地中的主导地位，推动社会主义核心价值体系在全社会的传播，增强社会主义意识形态的凝聚力。

4. 加强网络立法管理与网络生态伦理建设

"加强意识形态安全性教育与研究，构建信息时代的新型社会主义意识形态安全观"①。加强对意识形态安全教育的重视力度是维护我国意识形态安全的思想基础，这不仅是时代的要求，也是发展的要求。当今世界各国的联系日益紧密，信息技术与网络技术不仅在各国之间核心能力的竞争方面起着越来越大的作用，也在我国防御西方国家意识形态侵袭方面有着重要的地位。网络环境具有自由性和开放性的特征，是一个可以发表自由言论的地方。所以要提高信息推送的门槛，严把信息推送的关卡，公共信息平台的文字内容必须经过严格审核才能被大众所阅读。加快网络立法进程，健全网络管理机制。社会主义意识形态的法律体系应当与时俱进，保障网络环境的稳定与安全。网络立法不应该是孤军奋战，还要建立健全一套行之有效的网络普法机制，大力普及网络法制意识。完善立法机制，依法上网，严格执法，查处不良的网络行为。健全网络管理机制，建立意识形态的安全预警机制。"网络具有虚拟隐蔽性，西方国家培植了网络水军、网络推手，利用其在各论坛上发布一些不利的敌对消息和反动言论"②。由于网络意识形态安全的隐匿性与复杂性，意识形态的侵袭与反侵袭已成为网络环境下国家利益争夺的重要内容。

---

① 高宇璇、王锐：《互联网时代对我国社会主义意识形态建设的影响》，《课程教育研究》2014 年第 12 期。

② 郭擎擎：《网络时代加强社会主义意识教育的思考》，《人民论坛》2013 年第 17 期。

当发现与社会主义意识形态相悖的信息时，要及时上报给政府，然后配合相关部门的工作，采取措施将不良的社会意识形态清除出去，净化网络环境。

（作者：于孟晨）

新媒体时代社会常态下我国政府形象的塑造路径

——从对被动式危机公关转向在社会常态中主动塑造

伴随以互联网为代表的数字新媒体的迅猛发展，政府形象的传播环境发生着巨大变化，大多传播层面的政府研究集中于政府形象危机公关与危机管理的研究。事实上，突发型事件和危机事件只属于少数的非常态情况。大多数情况下，政府都处于常态状况中。因此除了研究政府如何应对突发事件，进行危机公关与管理以外，更应关注在常态社会下，如何更好处理政府与网络新媒体、社会大众之间的关系，从而进一步提升政府公信力、增进政府形象塑造的主动性。

一 数字新媒体具有导致政府形象危机事件常态化的能力

1. 数字新媒体时代的传播特点分析

互联网作为一种超越疆土、全球通达的传播媒介，是国际传播的重要组成部分。放眼全球，以互联网为代表的新媒体正在成长为政府形象塑造过程中不可或缺的重要力量。新媒体使政府形象传播环境发生了以下重大变化。

（1）信息传播的即时性挑战政府应对突发事件的传播反应能力

任何信息在互联网上可以更加自由地在第一时间传播出去，这为公众了解相关政府资讯创造便捷条件，同时也对政府及时应对突发事件的反应能力和公关能力发起挑战：能否及时公开相关危机事件的信息，能否及时对该事件做出反应和回答。

（2）海量资讯储备挑战政府相关信息透明化

"网络媒体独特的超级链接功能可以将一条新闻与事件的背景、相关信息以及网友评论链接起来，形成事件全貌，随着时间推移，相关信息越来越多，网络信息具有无限的扩展性和丰富性"。任何政府相关信息都能够通过搜索获得，庞大的信息平台带给公众平等享受信息的权利，实现信息无国界，公众享有资讯获取资讯的主动权。同时，任何人又都不可能独享信息，这也意味着政府对其相关信息（包括正面和负面的）能否做到透明化提出挑战。

（3）数字新媒体的互动性促使政府形象相关舆论多元化

伴随数字媒体传播渠道的多元化，公众有机会通过多种渠道表达自己观点，并可能在一定范围内形成舆论。公众关于政府的态度言论呈现多元化的状态，"任何人只要'有话说'，均可将自己的思想、观点传播出去"。对政府形象塑造而言，能否积极有效地对应此类多元化的舆论，积极对应舆论引导，将是又一挑战。

（4）公众被数字新媒体高度赋权，成为信息传播主体

数字新媒体技术提供给公众表达自己言论的技术平台，从而公众被高度赋权，传播的主体也从少数转变为公众，传播呈现"去中心化"的趋势。随着 We Media（自媒体）的高速发展，我国的公共舆论格局已经发生很大变化，进入"大众麦克风时代"。每个人都有可能成为信息源，新媒体赋予每个人创造与分享信息内容的力量，它让每个社会个体都有都能发挥过去只有媒体才能发挥的作用。越来越多的民众会通过互联网参与公共和政治事务。如何有效引导、利用公众参与并使之成为传播主体的力量，贡献于政府形象的塑造，是政府形象建设适应新媒体环境时需要考虑的问题。

（5）病毒式传播和核裂变效应形成信息的高速大范围传播

病毒式传播和核裂变效应是数字新媒体强大传播功能的主要体现，

信息传播以几何级数的形式增长，加快信息扩散速度、扩展信息影响范围。这种传播特点，对政府处理危机事件、负面信息等资讯的能力要求很高。面对危机事件如何最大程度控制事件的传播形态，对正面信息如何利用病毒式传播扩大影响，都是未来政府在新媒体环境中塑造形象时需要控制使用的传播力量。

（6）移动互联网大发展促进资讯的快速透明化与公众舆论的快速兴起与扩散

随着智能手机的普及和3G技术的应用普及，庞大的智能手机网民规模为移动互联网的爆发提供了基础。根据中国互联网络信息中心（CNNIC）于2012年3月公布的《中国移动互联网发展状况调查报告》显示，截至2012年6月底，中国网民数量达到5.38亿，互联网普及率为39.9%，手机网民规模达到3.88亿，增幅较大。与此同时，2012年上半年使用台式电脑上网的网民比例为70.7%，相比2011年下半年下降了2.7%，手机上网比例增长至72.2%，超过台式电脑。移动互联网时代的来到，意味着互联网应用的随时随地化，在任何时间与任何地点，只要网络畅通，任何人都能在第一时间接收信息与发布信息，这将进一步促进政府相关信息的透明化速度，使政府相关信息的传播速度进一步加快，这种变化，一方面有利于政府网络政务的执行；另一方面也加大了政府形象危机事件的发生概率并加快了其扩散速度。

2. 新媒体的传播特点给政府形象塑造带来的新问题与新要求

（1）危机事件可能变得常态化，随时会发生

数字新媒体催生出的We Media（自媒体）高速发展，使我国的公共舆论格局已经发生很大变化，进入众声喧哗的"大众麦克风时代"。当前，我国正处于从传统社会向现代化社会转型的时期，在传播形态方面，从传统向现代，从有线向无线传播过渡。这两种转型叠加起来，就决定了未来的互联网信息成为舆论源头的比例将越来越高。

政府面临的危机事件增多，一方面是由于当前我国社会发展所处的阶段性特征导致的矛盾凸显；另一方面网络新媒体可以产生信息的

核裂变效应，形成信息的高速大范围传播，它可以让每个人发挥过去只有媒体才能发挥的作用，公众被高度赋权，传播的主体也从少数转变为公众，呈现"去中心化"的趋势。每个人都有可能成为信息源，新媒体赋予每个人创造与分享信息内容的力量，信息会以病毒式传播加快扩散速度与影响范围，这些特性共同决定了新媒体具有导致政府形象危机事件常态化的可能。为了避免在新媒体时代政府形象危机事件的常态化，加强政府形象在社会常态中的塑造传播势在必行。

（2）网络舆论与现实社会的舆情不完全对应

除去数字新媒体提高了政府形象危机事件出现的概率，在政府形象相关的传播生态中，存在网络舆论与现实社会的舆情不完全对应的问题。由于数字新媒体的民主性，每位社会成员都能随时随地与他人分享信息或表达态度意见，这使信息的扩散速度大幅提高。与此同时，由于消息来源、信息扩散渠道和信息扩散速度的差异，经常会出现网络舆论与现实社会舆情的不完全对应。当网络舆论与现实社会舆情的不对应性超出一定程度时，网络舆论势必会对政府形象的塑造形成影响。

（3）移动互联网时代，对政府形象的塑造应该落实到常态中来

伴随互联网技术的扩散应用，信息流动模式与分配结构发生了变化，这种变化又引发了政治权力结构的变化，进而对政府的治理能力提出全新挑战。在以网络为代表的数字新媒体环境中，政府及政府官员的一言一行在公众面前变得比以往任何时候都更加透明和公开，政府的点滴细节都处于被监视或监督之中。因此，政府形象的塑造也不再仅限于重大事件，而应该转化成为一种日常化的工作。

伴随智能手机的普及与3G通信技术的扩散应用，中国开始步入移动互联网时代，任何民众都能随时通过手机拍摄、描述、上传分享自己所看的任何事件情境。在此环境中，政府的一切行为呈现出透明化的趋势，政府及政府官员要习惯"被围观"，其形象塑造正是在这样一种被围观的状态下进行的。被围观已经成为一种常态，因此对政

府形象塑造的关注也要落实到社会常态中来。

二 政府形象塑造应该从被动式的危机公关应对转向在社会常态中主动塑造

将政府形象塑造渗透到社会常态中，符合我国政府在形象塑造方面的基础性、经常性和根本性的特点。我国目前所处的经济社会发展水平和特殊阶段决定了社会管理领域中存在一些需要解决的突出问题，尤其是西部地区正处于国家西部开发的重要建设时期，不仅面临发展的重要战略机遇期，也处于社会矛盾凸显期。将政府形象的塑造由被动式的危机公关转向在社会常态中主动塑造，一方面有助于从源头上解决社会矛盾、维护社会稳定、促进社会和谐氛围；另一方面亦有利于建立社会大众与政府之间的良性互动，适应我国政府向服务型政府转变的需要，提升我国政府的社会管理创新能力，提高政府形象的亲民程度。

1. 危机公关只是被动的事后应对措施

危机公关作为政府形象危机事件出现后的一种传播措施，在政府形象危机事件发生后，及时启动危机公关措施，对维护政府形象起着非常重要的作用。但是危机公关毕竟还是属于事后修复的传播范畴，其作用与影响力仅限于危机事件发生之后，比较被动。就政府形象的塑造与传播而言，特殊事件发生后的危机公关很重要，但是如果能够注重在常态社会中主动积极维护政府形象，有效降低政府形象危机事件发生的概率，政府形象的塑造也能从被动式的危机公关修复转向积极主动的常态维护。

2. 不应单独看待政府形象危机事件

政府形象危机事件的出现，不能当作简单的单独事件看待。每一次政府形象危机事件的爆发都经历过一定的时间累积，当矛盾冲突累积到一定程度时，才会以爆发的形式凸显出来。

同时，数字新媒体所具有的放大、催化作用在影响事态发展的过程中发挥了一定程度上推波助澜的作用。因此，政府形象危机事件的控制与管理应该延伸至危机爆发之前，通过加强社会常态中对政府形象可能造成危机影响的事件提早进行舆论监控，并及时与民众沟通解决矛盾冲突，以此维持正常的社会秩序，推动社会的健康发展。

三　对策建议：建立常态化与制度化的网络社交媒体管理机制

对政府形象的塑造传播，除了在危机时期予以高度重视，更应从常态管理中入手，通过新媒体应用的角度，加强网络社交媒体的管理，将其建设成为一种常态化与制度化的管理机制，进一步提高我国政府形象的塑造能力与成效。

1. 加强网络社交媒体管理的必要性

（1）降低严重威胁政府形象的危机事件的发生概率

通过在社会常态中增强对社交媒体管理的方式，及时发现了解与政府形象相关的问题隐患，并及时向民众做出合理解释，提出解决办法。通过日常工作中积极与民众沟通维护关系的途径，及时实现民众与政府之间的资讯畅通与互动沟通，从而降低严重威胁政府形象的危机事件的发生概率。

（2）从日常行为中提升政府应对危机事件的公关能力

在常态化进行网络社交媒体管理的过程中，累积政府通过网络平台处理危机事件的危机公关能力与处理经验，一旦有政府形象危机事件爆发时，政府能够及时、正确地进行危机公关，阻止政府形象危机事件的扩散蔓延，将危机事件对政府形象的影响降至最低。

（3）一旦危机事件发生，为政府形象公关争取更好的舆论环境

在社会常态中，通过实施网络社交媒体管理，建立形成政府与民众之间的良性互动沟通关系，为政府累积更加亲和的舆论口碑。一旦政府形象危机事件爆发，利用常态社会中累积的民众支持，能够为政府在危机公关中争取更好的舆论环境，便于政府危机公关的顺利进行。

（4）助力实现我国政府向服务型政府的转变

推进政府自身建设和改革，是全面建设小康社会、完善社会主义市场经济体制、加强我国政府执政能力建设的重大任务。在党的十六大报告中第一次把政府职能归结为四个方面：经济调节、市场监管、社会管理和公共服务；提出要"进一步转变政府职能，改进管理方式，推行电子政务，提高行政效率，降低行政成本，形成行为规范、运转协调、公正透明、廉洁高效的行政管理体制"。服务型政府，是一个能够公正、透明、高效地为公众和全社会提供优质公共产品和服务的政府。

以互联网为代表的数字新媒体已经以无法逆转的趋势，深刻影响着中国社会的各个层面，并成为越来越重要的推动社会进步的积极因素，有助于促进政府的透明公开、提升政府的公共服务职能……对政府而言，如何从技术、观念、制度等方面完成相应的发展、改变和创新，探索能够适应数字新媒体发展需求的管理模式，日渐成为政府的重要工作内容。

2. 建立常态化与制度化的网络社交媒体管理机制

建立网络社交媒体管理机制并不是说要从政府管理层面实施对网络社交媒体平台的人为限制干预，而是需要政府亲近了解网络社交媒体平台的传播方式与传播特征，学会如何在网络社交媒体平台上与民众进行沟通对话，并在此基础上实现即时监测与政府形象相关的网络舆情，形成民众与政府之间的良性沟通互动。一旦政府形象危机事件爆发，能够立即启动网络社交媒体平台危机公关措施，配合控制化解政府形象危机事件的影响。主要包括以下内容。

（1）建立网络社交媒体平台上的政府形象舆情监控机制

借助网络社交媒体管理软件建立全方位的网络社交媒体舆情监控系统，时监测政府形象相关舆论动向。对于问题事件及时给予回馈解决，并积极引导网络舆论方向。

（2）建立网络社交媒体平台上的政府民众互动沟通机制

结合网络社交媒体的传播特点、媒体消费时间特点、沟通语言特征等，建立长效的政府与民众之间基于网络社交媒体平台的互动沟通机制，及时沟通解决矛盾问题，促进政府执政的公开透明，提升政府的公共服务能力。

（3）建立网络社交媒体上的政府形象危机公关机制

结合网络社交媒体"制造信息""放大信息"的传播特点，建立专门的政府形象危机公关应对机制，一旦政府形象危机事件爆发，能够及时启动有效的应对措施，并配合线下媒体及时展开危机公关，保证网络舆情与社会现实舆情的一致性。

四　小结

政府形象的维护与塑造需要长时间的累积，在数字新媒体环境中，更要求政府形象的维护与塑造必须要落实到社会的常态化中去，因此这种基于政府形象维护与塑造的网络社交媒体管理机制也需要落实到政府常态化管理作业的过程中，真正形成一种制度化的管理建设机制。

（作者：王佳炜）

广告中地域文化诉求的心理学解析

地域文化是一个区域的人们在特定的地理生态环境下创造出来的并适宜这种生态环境特点的物质文明与精神文明。[①] 地域文化具有生态性、习俗性和稳定性等特征，它是一定地区范围的人们在相同的生态环境下，随着历史的发展不断传承，形成的相对稳定的、相似的行为习惯、风俗民情、精神品格等。不同地域的居民在特定的地域文化熏陶下形成的消费行为、消费习惯、消费心理等方面的差异很大，因此针对不同地域消费者的广告，尤其是地方性产品广告，更应该充分把握和利用地域文化元素进行诉求，以更好地感染说服目标消费者。

一 广告中的地域文化诉求

地域文化诉求，可以理解为在广告中运用地域文化内容和元素来表现产品特色，进行广告说服。现代广告中常见的地域文化诉求主要表现为以下几种方式。

1. 地域自然生态环境诉求

地域自然生态环境诉求主要是运用地方特有的自然生态景观来表现产品。如济南的"锦绣泉城"房地产系列广告就很好地利用了济南特有的自然生态资源对产品进行定位和表现。济南素以泉水众多、风

---

① 宋玉书、王纯菲：《广告文化学》，中南大学出版社 2004 年版，第 167 页。

景秀丽而闻名天下，据统计有四大泉域，十大泉群，733 个天然泉，在国内外城市中罕见，是举世无双的天然岩溶泉水博物馆，除"泉城"外济南也常被称为"泉都"，因"家家泉水、户户垂柳"，有著名的七十二泉，一派江南风光而得名。该广告就以"住在济南的理由"为主题，描绘了"泉水洗衣、泉水做饭、泉水泡茶、卧床听泉、清泉石上流"等生活方式和状态，运用济南特有的泉水自然生态环境，表现了济南人与泉水之间的密切关系，将该楼盘"重现依守泉边的生活"的定位表现得淋漓尽致。

2. 地域历史文化资源诉求

地域历史文化资源主要指特定地域的人文景观、历史名人、文艺作品等，这些都体现了一个地域一代代人创造的物质和精神文明成果，具有较强的地域独特性。运用地域文化资源进行广告诉求，能更好地表现地方产品特色，或者使产品更好地"入乡随俗"，提高广告的传播效果。

3. 地域风俗习惯诉求

风俗习惯反映着一个地域的人们的精神面貌和心理情绪，既是地域文化特色的鲜明体现，也是地域文化之间差异性最直观的表现。风俗习惯在日常生活中随处可见，如饮食习俗、语言习俗、婚礼习俗、居住习俗、礼仪习俗等，因此将广告产品与特定习俗结合起来能唤起地方消费者的熟悉感和亲切感，增强广告的说服力。如吉林金士百纯生啤酒的系列广告就恰当利用了东北的地方习俗，广告画面以剪纸的形式，分别刻画了"大姑娘叼烟袋，要的就是这股呛劲儿""窗户纸糊在外，要的就是这股新鲜劲儿""冬包豆包讲古怪，要的就是这股团圆劲儿""先上四个压桌菜，要的就是这股热闹劲儿"的东北行为、饮食和居住习俗，充分表现金士百纯生啤酒的口感和文化内涵。

地域文化诉求的具体表现形式多种多样，每一种能体现地域文化特色的元素都可以通过巧妙运用来传播产品信息，增强广告的文化艺术性和感染力，从多个角度提高消费者对广告信息的认知和接受程度，引发消费者的心理共鸣，提高广告传播效果，这也是现代广告创作尤为重视地域文化的开掘和利用的原因之一。

二 广告中地域文化诉求的心理基础

在广告中进行地域文化诉求并非仅源于广告的艺术性考虑，更是广告科学性的体现，是对目标受众心理需求的挖掘和表现，也是对受众广告信息接收过程中心理规律的科学把握。

1. 地域文化诉求有利于吸引消费者的注意

广告界流行一句话："让人注意到你的广告，就等于你的产品推销出去一半。"① 广告信息只有被注意到，才可能被加工、接受，进而产生广告效力。因此，吸引注意成为广告成功的必要条件。一般而言，新异的、具有艺术性和趣味性的广告往往能让消费者从其他对象上转移到该广告信息上来，使其在接触广告信息时产生美的感受，激起消费者的情绪反应，增强对广告信息的感知度，从而吸引消费者的注意。

特定地域历史形成的文化具有其他文化所没有的独特性和新奇感，在广告中进行地域文化诉求，将富有地方特性的元素融入广告信息中，由地域文化的差异性使广告具有区别于其他的新颖性，而新颖的文化符号及其蕴含的文化意义又增强了广告的艺术性和趣味性，从而使广告脱颖而出，引人注意。比如香港汇丰银行的一则形象广告中，画面由摔碎的盘子、瓦片和酒杯三幅图片组成，分别代表希腊、中国台湾地区、俄罗斯三个不同地域婚礼习俗中表示好运的祝福，来诠释广告"我们向来尊重视地方智慧"的主题。与众多表现银行产品或服务广告不同的是，该广告巧妙运用了不同地方的特色文化符号，破碎的盘子、瓦片和酒杯却代表了圆满好运的祝福，充满了新颖性，其背后所蕴含的婚礼文化和故事对异域消费者来说又是一种艺术和趣味的体验，

---

① 丁家永：《广告心理学——理论与策划》，暨南大学出版社2003年版，第53页。

这些都有力地吸引了消费者对广告的注意，传播了汇丰银行"环球金融，地方智慧"的定位。

2. 地域文化诉求符合消费者对广告信息的选择性理解和记忆

广告主总是希望消费者能留意其发布的广告信息，了解其内容，并作出符合广告主期望的理解。但信息的传播过程是难以预料的，消费者不仅会回避他不喜欢的信息，即使注意到广告信息，也可能在理解时发生偏离传播者目的的解读，进而产生遗忘。尤其是当消费者面对数量众多的各类广告信息时，并非全部接受，而是有选择性地理解和记忆，即消费者在对信息的理解过程中，对感受到的信息加以选择、组织和解释，并凭借以往的情感、经验等作出价值和意识评判，① 在理解的基础上受愿望、需要、态度及其他心理因素影响记忆信息的倾向。广告信息只有进入消费者理解的选择范围才可能被正确解读和记忆，而影响消费者选择和记忆的因素很多，其中文化期待就是消费者自身方面的主要因素之一。

所谓文化期待，即客体的不同文化背景对信息理解和记忆有一定影响，一般倾向于理解自己文化背景的信息。② 消费者对自己文化背景的信息有较强的熟悉感，消费者对任何广告信息的理解都是基于与此有关的熟悉事物及其相关经验之上。在广告中运用地域文化诉求，选择目标消费者熟悉的地域文化元素和形式表现产品，有利于使广告进入消费者选择性理解范围，开展积极的理解活动，增加目标受众对广告的亲切感和认同感。如前所述金士百啤酒广告就是针对东北地区市场和目标消费者，运用"大姑娘叼烟袋""豆包""窗户纸糊在外""压桌菜"等东北习俗元素，建立消费者对广告语句、人物、情境等方面的熟悉感，增强消费者对广告的理解和记忆，从而达到消费者与广告产品之间的认同和接受。

---

① 胡申生等：《传播社会学导论》，上海大学出版社 2002 年版，第 183 页。
② 同上。

3. 地域文化诉求的情感认同影响消费者态度的形成与改变

人们在消费过程中，不仅会对某种产品或服务产生认知和理解，也会在认知的基础上对其产生一定的态度。消费者的态度是消费者在购买过程中对商品或服务等表现出的心理反应倾向，由认知、情感和行为三种成分构成，与消费行为之间具有高度的一致性。① 认知是构成消费者态度的基石，消费者对产品的认知往往来自对产品的直接经验或其他相关的信息来源；情感是构成消费者态度的动力，决定着消费者态度的持久性和强度，在态度的改变上起着重要作用；而行为成分是消费者的购买意向，影响其购买行为。

广告传播的过程也是广告说服的过程，旨在通过给予目标消费者一定的诉求，促进其对特定的产品产生积极的或肯定的态度和购买行为。广告说服可通过以情动人的方式实现，消费者购买某产品，并不一定都是先认知产品的功能特性，而是从情感上对其产生好感和愉快的体验，发生态度方向或强度的改变，因此，广告若能充分利用和调动消费者的情感，往往能提高广告的说服效果。广告中的地域文化诉求正是将产品信息与地域文化相关内容相结合，利用目标消费者对所属地域文化的正确认知和积极的情感，影响其对广告信息的注意和理解，促进消费者有关过去经验的回忆，或引起有关该情感新的想象，进而对产品产生亲和与喜欢倾向，最终形成肯定态度和购买意向。例如在康师傅"油泼辣子"系列方便面广告中，画面表现了又一季辣椒丰收时，青春热情的年轻人驾车郊游，唱着现代又融合西北腔调、畅快嘹亮的油辣子歌"油泼辣子香喷喷，香喷喷，香喷喷，油泼辣子那个红，那个红呐……"的场景，最后以旁白"康师傅'油泼辣子'，这个味儿嘹咋咧！"结束。西北油泼辣子看着红、闻着香、吃着辣，带着西北人特有的爽快劲，这则广告用亲切而详尽的语气陈述了康师傅油泼辣子方便面所代表的地方特色和口味，再以一句当地的方言赞

---

① 江林：《消费者心理与行为》，中国人民大学出版社 2002 年版，第 105 页。

叹句做结尾，加深印象同时拉近与受众的距离，想象一下当一个西北人看到"这个味儿嘹咋咧"时候的心情，那种对西北地域饮食和语言习俗的情感体验和认同，促使消费者对该产品形成积极的肯定的态度。事实证明，该广告及产品都受到了西北地区消费者的喜欢。

总之，无论在广告中运用何种元素和形式进行地域文化诉求，都可通过对目标消费者信息加工心理规律的有效把握，提高广告的说服力和传播效果，但在实际运用中还需注意几个问题。

三　地域文化诉求中需注意的问题

1. 地域文化元素的典型性和代表性

地域文化是具有空间意义的文化形态，其划分是多层次的，相近地域的文化在某些方面具有一定的相似性，因此在进行地域文化诉求时，一定要提炼出能体现特定地域文化特色的典型的代表性的文化元素或符号，才能突出广告的差异性，满足受众的文化认同心理，增强其对广告的注意和兴趣，实现传播目的。

2. 地域文化元素与产品的关联性

如前所述，地域文化资源无比丰富，选择何种文化资源表现产品，不仅要注意其典型性，更要注重其与产品的相关性。广告大师威廉·伯恩巴克的 ROI 创意理论指出优秀的广告必须具备关联性、原创性和震撼力三个基本特征。所谓关联性就是说广告创意的主题必须与商品、消费者密切相关。"你写在纸上的所有内容，每个字，每个图形标记，每一笔阴影都必须用来表达你所想要表达的东西"[1]。

为了强调商品的特点，生动形象地表达商品的个性特征，广告常常需要为产品找一个关联体，把产品的有关特征从关联体身上反映出来。关联体可以是生活中人们所熟悉的具体的人、物、事，也可以是

---

① ［美］丹尼斯·希金斯：《广告文案名人堂》，顾奕译，中国财政经济出版社 2003 年版，第 19 页。

为消费者广为认同的道理、观念。关联体与产品特性的关联性越强，消费者就越能够理解，广告效果就越好。选用地域文化资源进行广告创意表现就是将自然景观、人文景观及习俗等元素符号作为关联体来表现产品，因此，地域文化元素与产品一定要具有强有力的关联性才能清晰准确地传达广告主旨，传播产品信息。

3. 切勿喧宾夺主

广告的基本功能是传播信息，无论采取什么诉求方式，产品或服务都是广告的主角。地域文化诉求同样也是为表现产品服务的，产品信息是核心，文化符号是载体，切不可一味追求广告的文化艺术性而颠倒主次，喧宾夺主，忽略了广告促销产品的终极目标。

（作者：陈红）

陕西关中方言在影视剧中
流行的传播学解读

近年来，陕西方言，尤其是关中方言在电影、电视剧中出现的情况极其常见，甚至已经成为最时尚的元素和表达方式广泛流行于影视剧作品之中。

陕西方言大致可分为陕北方言、关中方言和陕南方言，其中关中方言主要指的是陕西关中地区所说的方言。陕西关中方言区基本与关中地区相重合即陕西省中部谷地，使用主体主要包括"西安市、宝鸡市、咸阳市、渭南市和铜川市及其所辖市县地区等"①。在整个陕西地区无论从使用人数、区域还是重要性上，关中方言都是占主导地位的，在很多场合关中方言几乎成了陕西话的代名词，即影视剧作品中出现陕西方言热主要指的是关中方言的流行。

我国方言在文化艺术领域的运用除戏曲外最早出现于各种曲艺形式中，小品在这些形式中最具影响力。二十年前陕西籍演员郭达在小品《换大米》中用地道的陕派表演揭开了关中方言通过电视展示自身的大幕。随后关中方言凭借自身的特点，以及一些导演和演员的偏爱，人们时不时会在影视剧中看到它的痕迹，其中最具代表性和影响力的当属张艺谋在他自己执导的电影《有话好好说》中的客串表演，方言的运用很

---

① 张维佳：《关中方言的形成及新时期关中方言研究现状》，《榆林高等专科学校学报》2002 年第 3 期。

好地配合了影片的剧情,台词"安红,我爱你!"被很多人模仿。

陕西方言是我国历史最悠久的方言之一,它极具乡土气息和生活化的特征,使很多电影为了体现作品及表演的真实性最终都选择了陕西方言作为语言符号,而关中方言尤其具有代表性。如:郭达在战争喜剧《举起手来》中的表演就选择了关中方言。即便是倪萍这样的非陕籍演员也借用关中话演绎了《美丽的大脚》中乡村女教师一角。

秦风秦韵是体现悠久文化的重要手段。在开中国商业大片先河的电影《英雄》里,多次出现千万将士齐吼"大风"的场面,而这采用的就是关中方言的发音,虽然除本地的观众外大都很难明白其意,但雄浑的气势和古秦地厚重文化风采却得以彰显。

喜剧电影电视剧广泛使用关中方言最终将这一表现风格推进为一种流行。《武林外传》中风情万种的佟掌柜吟唱出了原本粗犷有余的关中方言中温婉的一面,那句西安味十足的"我的神啊!",随之成为传诵率极高的时尚流行语。2008年,根据陕西著名作家贾平凹小说《高兴》改编的同名电影选用了一大批陕西专业演员和业余票友,一水儿的西安话将原著悲悯的结局彻底变为了喜剧收场。接踵而来的宁浩作品——《疯狂的赛车》中原本两个戏份并不多的"毛贼"也操着关中方言抢尽了观众的眼球。

2009年,这股关中方言流行风似乎并未减退,电影《夜店》《斗牛》,电视剧《我们的八十年代》中均特意将其作为突出的卖点。关中方言在电影电视剧中的大量使用正渐渐从一种流行蜕变为常规的表现样态。

从传播学角度来看,"流行是指新的行为或思维方式在社会群体成员中,逐渐普及形成的集合现象",① 具有一时性和现实性的特征。众多电影自发的使用关中方言正是在不断地向受众演示其行为和思想特征以及其所代表的文化,一时间形成了具有规模效应的流行现象。

---

① 丁俊杰:《现代广告通论》,中国物价出版社1997年版,第90页。

那么影视剧中为何会如此频繁和广泛地使用关中方言，具体说来可以归结为以下六点原因。

一 分众传播的选择

"分众"一词由美国未来学家、《第三次浪潮》的作者托夫勒最先提出。"分众传播是指传媒在传播过程中，针对不同年龄、职业、教育层次、兴趣爱好和生活环境等人群提供特定的信息和服务，使之满足该类人群需求的传播方式"①。因为大众传播带来的同质化、标准化信息越来越不能满足分众时代受众对信息的多元化需求，所以伴随着媒介技术的进步，以及受众媒介素养的不断提高，传统媒体开始寻求能满足不同需要的异质化、碎片化的信息表达。

方言热的出现正是以影视剧为代表的文艺作品在寻求分众传播效果过程中形成的传播现象。一部影视作品不可能让所有观众都拿来追捧，那么就需要吸引一部分观众的注意，方言带有的"本土化"特性在一定程度上满足了分众传播的目标。它既是老百姓喜闻乐见的文艺表现形式，又善于演绎老百姓身边的故事，化解了大众传播不易与受众接近的困难。关中方言正是适应了以本土受众为代表的分众人群的需求，巧妙地附着于影视作品之上，鉴于其不俗的艺术表现效果，才得以形成如此之流行。

二 北方方言易于辨识

从符号及意义学的角度看，传播及交流符号或意义的双方，必须要有共通的意义空间。共通意义空间的基础即是对传播中所使用的语言、文字等符号含义的共通理解。关中方言属北方方言，普通话即是在北方方言的基础上以北京话为标准音形成的，关中方言具有典型的北方方言特性，这对于能熟练掌握普通话的观众来说，完全满足传受

---

① 张莹：《从方言节目看分众传播的兴起》，《今日南国》2008 年第 3 期。

双方对共通意义空间的要求。

影视剧中可以普遍使用关中方言在很大程度上也正是基于其容易辨识的特性，因为这样做并不需要冒太大的风险。绝大多数的观众都能通过关中方言理解作品要表达的基本含义，这与南方地区方言相比是有明显优势的。即便同属南方，不同地区的方言却分属于多个方言区，且在同一方言区内不同地方的方言也有显著的差异，所以南方各地方言的使用总是在特定区域内进行的，很难在大范围传播中起到作用。

此外，影视剧作品为了获得最大程度上的理解，大都在保留语音语调不变的基础上对方言进行了或多或少的改良，去掉了很多生僻难懂的表达，采用"关中腔说普通话"的方式，从而进一步提高了传播内容的辨识度。

三　与生俱来的喜剧性

美国学者 C. R. 赖特在《大众传播：功能的探讨》中创造性地继承了拉斯韦尔的"三功能说"理论，提出了大众传播的四项基本社会功能，"即环境监视、解释与规定、社会化功能以及提供娱乐"①。其中提供娱乐的功能是赖特的创新与拉斯韦尔观点最大的不同。而观赏影视作品的大部分受众都是为了获得娱乐。

幽默是最容易于使人轻松的一种表达，影视剧中"关中方言热"的出现在很大程度上是因为陕西关中方言与生俱来的喜剧效果。所谓的"与生俱来"主要源于关中方言夸张和易于与喜剧结合的艺术特点。一般情况下，关中人说话时口型开合较大，声音洪亮，表情夸张，还连带丰富的肢体动作，投入时会口沫横飞、张牙舞爪。影视表演，特别是喜剧表演中常需要借夸张的演绎来调动观众的笑神经，关中方言夸张性的特点正是关中人直爽的性格特点所赋予的。另外，关中方言集雅俗元素于一身，为传达幽默提供了足够的延展空间。

---

① 郭庆光：《传播学教程》，中国人民大学出版社 1999 年版，第 114 页。

在剧情的设计上，操关中方言的角色无论主角还是配角大多数都是喜剧性角色，方言台词也多为刺激发笑或"抖包袱"之用，长此以往观众几乎已养成了听到关中话就嘴角上扬的习惯。关中方言带来了普通话和其他地方方言所不能企及的喜剧效果，它也成为"搞笑方言"的代名词。在大众娱乐影视剧中，关中方言频频出现，适应并满足了观众的观赏习惯与传统趣味，全国的观众借此也了解了陕西人、关中腔和地域风情。

四 关中方言易于营造有真实感的"拟态环境"

由于人们接触的信息数量与实际活动范围、精力限制间差距被不断拉大，受众不可能对现实社会环境的所有信息都产生经验性接触，他们只能通过大众信息的传播对现实社会进行认识。李普曼认为，"媒介提供给受众的不是现实环境的'镜子'式的再现，而是传播媒介通过对信息选择、加工和重新结构化后再向人们提示的环境"[1]，这种环境被称为"拟态环境"。大众传播媒介要通过营造"拟态环境"影响受众，首先必须让受众相信"拟态环境"是真实的，是客观现实的反映和再现。

伴随着受众文化品位与媒介素养的提高，要想在激烈的竞争中取胜，影视剧作品需要做到从心底触动观众，而真实、平民化的表达更接近生活，也更易于突破受众的心理防线。影视剧中广泛使用关中方言，一方面是看重其喜剧功效；另一方面则是认识到其善于表现农村、历史和生活题材的优势。关中方言带有平实的乡土气息和浓浓的生活味道，易于树立鲜明的关中人形象，也衍生出人物粗犷、憨厚、直率的性格特征。大众媒体通过关中方言的运用，拉近了与观众的距离，将影视作品人物置于特定的关中地理及文化背景之下，这是文艺作品民族性与本土性的有效体现，为观众营造了极具真实感的传播环境，

① 郭庆光：《传播学教程》，中国人民大学出版社1999年版，第127页。

39

更易于受众对传达信息的理解和传播效果的达成。

五 陕西名人作为"把关人"和陕西受众担当"舆论领袖"

"把关人"理论认为,把关人很大程度上决定了信息是否能顺利进入流通环节。影视剧作品中,导演、编剧、演员都扮演着把关人的角色。近年来,陕西籍的导演、编剧和演员在影视圈的地位和影响力越来越高,如导演张艺谋、顾长卫,演员郭涛、闫妮、苗圃,以及很多知名的作家编剧都是地地道道的关中人,他们在影视剧创作和再创作过程中起着主导作用,或至少掌握了一定的话语权。因为他们与关中方言的天然关系,所以他们切身了解其特色,也善于运用它,也就很自然地通过作品将其展演出来。这些陕西名人因为自身的力量和优势在客观上降低了关中方言进入电影、电视剧作品的门槛,确保了传播渠道的通畅,增加了关中方言在影视剧中出现的频率。

从受众角度来看,陕西及周边受其影响较大的区域有近五千万人口,他们对出现关中方言的影视剧极易产生亲近感。同时,其也为外乡陕西人所津津乐道。随着出现频率的增高,关中方言被更多的人所熟悉和喜爱,有调查显示,陕西话被评为最好听的地方方言之一,这里的陕西话其实就是关中方言。因为这些陕西"乡党们"更了解关中方言及其更深层的文化内涵,所以他们会经常被外地人问及影视剧中某句方言流行语的含义以及其他文化内涵,这些外乡的陕西人直接或间接地扮演了"舆论领袖"的角色。他们在译码方言符号的同时,也将自己了解的关中文化和背景主动传播出去,深化了观众对影视作品内容的理解。

陕西的名人和本土受众在传、受两端都扮演了重要的角色,保证了关中方言通过影视作品传播渠道的畅通。

六 关中文化影响力的提升

传播学四大先驱之一的 H. 拉斯韦尔在 1948 年发表的《传播在社

会中的结构与功能》一文中，将传播的基本社会功能概括为环境监视、社会协调，以及社会遗产传承三大功能。传播作为一种社会机制，拥有将前人的经验、智慧、知识加以保存并传给后代的历史使命。

从传播学角度来看，语言的产生，是完成从动物传播到人类传播巨大飞跃的根本标志。方言是语言最自然的形态，作为人类在一定地域内最基本、最常用和最灵活的传播手段，世代相传并经历变革，最终流传至今。在某种程度上，语言是最能体现地域文化的亮点。八百里秦川的腹地西安是关中文化集中体现之地，作为十三朝古都，也是中国历史上繁盛时代的古长安之地，有着悠久的历史文化。而关中方言，贯穿古今，引导人们追忆汉唐的辉煌，见证深厚的关中文化底蕴。

影视剧中关中方言的流行是陕西及关中文化影响力提升的必然结果和集中体现。多年来，伴随陕西经济的振兴和旅游等产业的发展，体现陕西关中文化的戏曲、曲艺，以及电影、电视剧等文艺形态越来越多地为世人所熟悉和关注，受众对陕西关中文化的理解加深了，误读也明显减少了。影视剧对关中方言的广泛使用和大众对它的追捧本身就证明观众对这样的表达方式是有需求的，是可以接受的，并对其所代表的地域文化存在兴趣。

国务院于2009年9月26日出台了《文化产业振兴规划》，这是在世界金融危机背景下，中国继钢铁、汽车、纺织等十大产业振兴规划后，出台的第11个产业振兴规划，这一规划的出台，明确了文化创意产业的重要地位和发展方向。陕西作为拥有众多历史文化资源的省份，文化产业的发展战略备受国内外的关注。陕西省文化产业的发展势必会推动陕西文化在全国乃至世界的传播。

作为一种流行，影视剧中的"关中方言热"现象也许会规律性的消退和降温，但作为陕西历史文化的"名片"——关中方言则需要更好地扮演文化互动交流载体这样的重要角色。

（作者：刘磊、李亦宁）

弘扬大学精神　厚植大学文化

一　大学精神与大学文化的内涵

1. 大学精神催生大学文化

毛泽东同志在党的八届二中全会中提出："人总是要有一点精神的。"大学同样也需要精神，它来源于文化，一切都寄托于每一个肌体里人的实践与创造。作为高等院校，我们就是要贯彻落实党的教育方针，为社会经济的发展，培养合格的建设者和可靠的接班人。不但把知识技能、创新意识传授给他们，更为其成长成才打上精神烙印，让学生成为大学文化的代言、大学精神的细胞。

精神是一种无形的资源，它与物质的有形资源紧密关联，因难以具象，方显弥足珍贵。但也正因如此，则其具有化为无限与永恒的可能。在这个意义上说，大学精神并不只在大学之中，它可随着分布在五湖四海的、深受其塑造的学子的流动而广为传播，从而成为整个社会文化的重要组成部分。

2. 大学文化聚合发展动力

为顺应世界多极化、经济全球化、文化多样化、社会信息化的潮流，中国提出"一带一路"倡议。以古丝路为依托，借助其悠久丰厚的文化内涵，致力于沿线国家的共同繁荣。这一国家级顶层战略具有浓厚的文化气息和诗性气质，似乎是对千载以前诗歌丝路的召唤。

我们处在丝绸之路的起点，有丰富的文化遗存，秦篆汉赋，瑰丽唐诗，都需要认真汲取应用，同时也要倚仗媒体大力宣传。宋人严羽在《沧浪诗话》中云："唐人好诗，多是征戍、迁谪、行旅、离别之作，往往能感动激发人意。"有唐一代路网密集，逵衢纵横，唐人或游牧边塞，或漫游内域，形成一个诗意郁勃的文人行旅圈。文人在道路上把酒言欢，挥泪送别，触景生情，抒怀言志，无不形诸文咏，正如刘禹锡所言："两京大道多游客，每遇词人战一场。"诗篇络绎，丝绸之路堪称是诗歌之路。就当下传媒场景而言，充分聚合媒体之力，既能够传承大学精神，也可以发扬浓郁"诗性"般的大学文化。

因此，我们顺应国家顶级战略机遇，致力于工业化和信息化的融合，依托于独特军工优势背景，做好民参军、军寓民的军民融合。厚植大学精神，应用媒体之力，把握宣传工作的主旋律，培养广大学生的文化话语权的论述能力。

二 大学精神的培育途径

1. 加强道德教育

习近平总书记与北京大学师生座谈时明确指出：一个人只有明大德、守公德、严私德，其才方能用得其所。道德教育涉及学生的心灵塑造、品格培育、行为养成。要发挥多种媒体作用，突出对"公序良俗"媒体报道的考量。通过教育促使学生踏踏实实修好道德，学会劳动、勤俭；学会感恩、助人；学会谦让、宽容；学会自省、自律。

2. 加强包容教育

人类社会的发展就是物流和信息流的共生发展。当下是互联网的"春秋战国"时期，"互联网＋"是"新经济"腾飞的羽翼。网络天下，包罗万象，"观古今于须臾，抚四海于一瞬"，节奏快，效率高。

面对多元复杂的现象，我们更应该展现一种格局和胸襟，借助媒体之力，加强包容教育。

3. 加强感恩教育

一个心存感激的人，往往是最快乐的人。这就必须要改进和加强大学的思想政治教育。感谢师长，感念社会，感恩天地。聚合媒体之力加强教育，就是要让大学生继承中华民族的优良传统，养成谦虚进取、积极乐观的心态，拥有一颗充满阳光的心灵，从而与人、与社会和谐相处。感恩教育需要以现代人乐于接受的方式表达出来，"润物无声"，用微博、微信、微电影等媒介充分展示"微时代"的力量。

4. 加强勇气教育

勇气能使压在石下的嫩苗破土而出，勇气能使雏鹰翱翔天空，勇气更能演绎教育的真谛。公元前221年，秦国在广袤的西北，在纷乱的战国时代，用敢为天下先的勇气，励精图治，建立我国历史上第一个"大一统"的国家，彰显了气吞山河的气势。"天行健，君子以自强不息；地势坤，君子以厚德载物"。今天，在竞争不断加剧的语境中，媒体更应调动各方面的积极性，弱化对所谓"高富帅"的聚焦，客观报道平凡者的拼搏和成长，加强勇气教育，再谱"追赶超越"的新篇章。

5. 加强传承教育

文化是根，文化是魂，文化是力，文化是效，文化是一个民族发展的精气神。中华文明之所以源远流长，历经五千多年而不衰，在于我们没有抛弃传统，没有割断精神之脉。"落其实者思其树，饮其流者怀其源"。只有扎根脚下这块生于斯、长于斯的土地，文化才能接住地气、增加底气、灌注生气，在世界文化激荡中站稳脚跟。中华民族优秀传统文化是我们最深厚的"软实力"，也是中国特色社会主义根植的沃土。利用传统优秀文化引导和培育公众涵养、传统美德，能够不断滋润我们的道德精神，进而充盈我们的精神家园。运用现代媒体手段大力弘扬，也是在塑造中华民族的文化与身份认同，是在打造最持久、最深沉的文化自觉与文化自信。

6. 加强技能教育

大学是思想活跃的地方，也是创造力充沛的地方，济济多士，英才辈出。习近平总书记明确指出："事业要实现繁荣发展，就必须培养人才、发现人才、珍惜人才、凝聚人才。"对大学而言，学生技能教育可以借力媒体形态多样、内容丰富、形象生动的特点，确保起到实效。

"路漫漫其修远兮，吾将上下而求索"。借助报纸杂志、新闻网络、广播电视等媒体平台，传播事实的同时传播一种价值高标、文化力量，来引导大学生从正确的方向思考社会现状和政治格局，发挥感染人、鼓舞人、塑造人的作用。聚合媒体之力，弘扬大学精神，厚植大学文化，努力实现陕西高校文化建设的"追赶超越"。

（作者：于孟晨）

高校文化建设的守正与传承

在不久前召开的全国高校思想政治工作会议上，习近平总书记在发表重要讲话时强调，高校思想政治工作关系到高校培养什么样的人、如何培养人，以及为谁培养人这个根本问题。要坚持把立德树人作为中心环节，把思想政治工作贯穿到教育教学全过程，实现全程育人、全方位育人，努力开创我国高等教育事业发展新局面。

在早期大学发展中，受古典人文主义影响，大学教育强调独立人格的塑造和"通才"培育。进入工业社会以来，扩增知识、发现真理作为发展文化的主责，其诉求日益得到强化，因而科学精神成为大学的基本精神。现代中国大学在吸收和融合西方大学精神的同时，也继承发展了中国古典国学传统的优秀内容，以实事求是、独立和自由为基本内容的科学精神与以正义信仰、人格修养为核心内容的人文精神的完美融合，构成了其基本精神。

以互联网和移动互联网为代表的新媒体崛起后，其海量信息、长于互动、重组时空的特点，促进了话语权的分化和下移。这种对话方式不同于科层制下的垂直对话，具有显著的通达性和鲜活性。习近平总书记强调："要运用新媒体新技术使工作活起来。""活"就意味着强烈的生命力，同时不可避免会带来嘈杂和多元，因此，特别需要通过大学精神的塑造来增强判断力和控制力，以保持新媒体舆论场的活而不乱、活而有序。

一 大学精神要有道德支撑

《大学》中曰："大学之道,在明明德,在亲民,在止于至善。"精神的力量是无穷的,道德的力量也是无穷的。中华文明源远流长,孕育了中华民族的宝贵精神品格,培育了中国人民的崇高价值追求。自强不息、厚德载物的思想,支撑着中华民族生生不息、薪火相传,今天依然是我们推进改革开放和社会主义现代化建设的强大精神力量。道德是社会关系的基石,是人际和谐的基础,要始终把弘扬中华民族传统美德、加强社会主义思想道德建设作为极为重要的战略任务来抓,为实现中华民族伟大复兴的中国梦提供强大精神力量和有力道德支撑。要把道德建设融入大学教育的各个方面,引导广大青年学子做社会主义道德的示范者、引领者,以优良道德风貌推动形成良好社会风气。

二 大学精神要有家国情怀

中国历代知识分子都以"格物、致知、诚意、正心、修身、齐家、治国、平天下"的次第修养自己,以"穷则独善其身,达则兼济天下"为理想,既具有"居庙堂之高则忧其民,处江湖之远则忧其君""先天下之忧而忧,后天下之乐而乐"的家国情怀,更具有"风声雨声读书声,声声入耳,家事国事天下事,事事关心"的使命感和责任感。这些也构成了中国大学的精、气、神,是中国大学的精神和灵魂。也正是在这种气质的激励下,中国大学一直发挥着孕育和传播思想、引领社会变革和前进的作用。当下,大学更应积极探索形成实现中国梦的有利文化道德体系和氛围,引领社会思潮,凝聚社会人心,为实现中国梦贡献自己的力量。

三 大学精神要有书香沉蕴

古人云:读《书经》取其正,读《周易》取其变,读《离骚》取其幽，读《庄子》取其达，读汉文取其坚。一个人文化功底的锤炼、文化素养的提高，大都来自阅读和对书籍的理解感悟、思考提升。孔子曰："学而不思则罔，思而不学则殆。"勤思考，就会有"玄窗一悟""拈花了悟"。阅读是一种生活方式，也是一种人生态度。大学精神的塑造与培植，离不开阅读。腹有诗书气自华。通过阅读，每个个体学生的精气神才能得到滋养；而每个个体学生的向上与觉悟的苏醒，才能提升大学文化、积淀大学精神。让阅读成为生活习惯，让校园书香四溢，是大学文化的集中展现。

四　大学精神要有技能筑基

20世纪90年代中期，国际21世纪教育委员会向联合国教科文组织提出了名为《教育——财富蕴藏其中》的报告。在以"教育——必要的乌托邦"为题的序言中，强调当代大学应具有"作为在更高的层次上将知识与技能结合起来，按照不断适应经济需要的课程和内容获得专业资格的工具"之功能。有扎实的课堂知识学习，再通过实践，把知识变成分析问题、解决问题的能力。在数字时代，大学更应打好基础性的理科之基、文化之翼，以适应时代对人才的各种需求。

五　大学精神要有创新引领

卡尔·威廉·冯·洪堡在1819年创办柏林大学时指出，大学应当充分利用文化资源优势，通过对学生创造性思维的开发，培养具有创造力的新人。创新、开拓，是大学精神气质的重要特征之一。当前，中国经济供给侧改革强调加强内涵建设，把文化创意融入其中，以促进制造业的转型升级。大学教育在诸多能力的培养中，创意能力是基础。而创意能力的培养，既来自文化的浸润，也来自人才的应用。"立德树人""教书育人"是高等教育的责任与使命。作为大学，应坚持建设以书为伴的书香校园，以能为友的创意校园，形成有文化共识的品质校园。

吸收优秀传统文化，厚植大学精神，既能推动文化创新走向高峰，也将推动大学文化再上台阶，进而达至"各美其美、美人之美、美美与共、天下大同"之盛景。

（作者：于孟晨）

高校学报文化特色与品牌建设的思考与实践

　　我国高等学校学报肇始于 1906 年 6 月东吴大学创办的《东吴月报》，1915 年《清华学报》、1917 年《复旦》、1919 年《北京大学月刊》又相继创刊，标志着高校学报开始逐渐走入人们的视野。而后随着教育事业和科学技术的发展，我国一些综合性大学的学报开始实行文理分刊：1930 年，武汉大学《社会科学季刊》和《理科季刊》、上海交通大学《交大季刊》、北平大学农学院《农学月刊》分别面世。如今高校学报林林总总，已呈繁花似锦之势。

　　在历史的长河中，高校学报始终与社会脉搏同跳动，始终与教育事业相维系，始终与文化繁荣共命运，已经成为发表理论研究成果、开展学术交流、推动知识创新、提供精神食粮、服务中心工作的重要园地。

　　在新的历史条件下，如何办好高校学报？如何使高校学报的功能更加突出、特色进一步彰显？笔者拟从理论与实践的结合上作一探讨。

一　高校学报基本任务及面临的主要问题

　　1998 年 4 月教育部颁布的《高等学校学报管理办法》中明确规定："高等学校学报是高等学校主办的，以反映本校科研和教学成果为主的学术理论刊物，是开展国内外学术交流的重要园地。""高等学校学报必须坚持为社会主义服务的方向，坚持以马克思列宁主义、毛泽东思想和邓小平理论为指导，为教学和科研服务，传播文化知识和科学技术，弘扬民族优秀科技文化，促进国际科技文化交流，贯彻'百花齐放、百家争鸣'和'古为今用、洋为中用'的方针，坚持实事求是、理论与实际相结合的严谨学风和文风"。

一个时期以来，高校学报在办刊理念、办刊质量等方面取得了长足的进步，这一点不可否认。但是，当前学报亦面临一些困境和问题，主要表现在以下方面。

（1）同质化严重，特色不鲜明。一所高校的学报有无特色，由其开设的栏目、所编发的文章便可一目了然。栏目设置是学报的重要窗口，其不仅反映了学报的内容结构，甚至还具有明确的指导性与引导功能。"近千种刊物是同一个定位，对于每个刊物来说，就等于没有定位"。目前，一些高校的学报，由于办刊定位不准确、特色不鲜明，往往是栏目雷同，文章水平参差不齐。甚至在栏目设置上出现了严重的同质化倾向，导致学报成了一个你有我有全都有的"大杂烩"。

（2）采编队伍水平参差不齐。人手少、任务重、稿件涉及学科十分宽泛，这是许多高校学报编辑部面临的共性状况。在此情况下，一个编辑往往要负责从计划、选题、组稿、编稿、校对、发行等全部事务。如此繁重的工作任务，就使编辑深入系统地学习和研究的时间无法保证。长此以往，就会导致编辑人员自身业务水平难以提高，进而影响办刊质量。

（3）学报刊载内容过于局限。众所周知，大部分高校的专业性都比较强，在专业性与综合性之间，学报不能不有所偏颇，由此就导致在内容上容易变窄、单一，满足不了学校整体发展的需要和读者的需要，不利于学校学科生态环境建设。缺少精深的专业问题研究的支撑，综合性的选题必然变得空洞、浅薄，由此办出来的综合性期刊也必然是质量不高，难遂人意。

（4）大数据处理有待提升。当前数据类型繁多，多类型的数据对数据的处理能力提出了更高的要求，也给学报的办刊带来了一系列难题。如何通过强大的机器算法更迅速地完成数据的价值"提纯"，从而尽可能在不影响质量的前提下拓宽文章的数据含量，以及通过大数据技术拓展学报的传播效能，已经成为亟待解决的难题。

二 高校学报文化特色的确定与维护

1. 善用特色资源是高校学报传承和创新的关键

特色是学报的生命，品牌是学报的旗帜。我国著名编辑学家邹韬奋曾经说过："刊物的内容如果只是'人云亦云'，格式如果只是'亦步亦趋'，那是刊物的尾巴主义。这种尾巴主义的刊物便无所谓个性或特色；没有个性或特色的刊物，生存已成问题，发展更没有希望了。要造成刊物的个性或特色，非有创造的精神不可。"面向建设中国特色社会主义的伟大事业，聚焦国民经济建设主战场，充分汇聚并利用好特色资源，已经成为激发高校学报生机活力的一个重要途径。

以特色资源为高校学报品牌建设强筋壮骨。地域文化既是大学文化的重要载体，也是高校学报建设特色栏目的重要资源和切入点。就以陕西为例，其作为古丝绸之路起点，有着西部其他丝绸之路沿线地区无法比拟的历史传承、文化底蕴、产业基础和科技教育优势。并且，陕西还是全国红色文化资源最丰富的地区之一，红色文化既是陕西宝贵的精神财富，也是发展红色文化产业、推动陕西经济社会发展的重要资源。在革命战争时期所形成的以革命圣地——延安为代表的红色文化资源得天独厚，它和"陕西辉煌的历史文化、特色鲜明的民俗文化和一定实力的现代文化一起构成了今天的陕西文化"。再加上陕西还是我国的军工大省，拥有众多的军工企业和一些国防院校，形成了较强的国防工业综合实力，成果丰硕，带动、促进了地方经济社会的创新发展。充分利用好这些资源，无疑有助于塑造学报的办刊特色，从而增强陕西文化的影响力、凝聚力和感召力，提高陕西的文化软实力。

　　以特色资源为高校学报品牌建设注入新内涵。高校学报要善于挖掘特色资源,在特色资源上做好做足做透文章。在这方面,笔者所在的西安工业大学进行了有益的尝试。学校长期隶属兵工行业,兵工精神是学校的历史传承,是学校改革发展的强大动力。学校积淀了"忠诚进取,精工博艺"的办学传统,形成了"注重工程实践,突出制造技术"的办学特色。基于此,《西安工业大学学报》依托学校的兵工特色、学科优势和重大成果,选题聚焦国防工业和区域经济社会发展,开辟了"光电工程""机电工程与力学""材料科学与工程""思想政治理论研究"等特色栏目,学报质量迅速提升,入选"中国科技核心期刊"方阵,并入选波兰《哥白尼索引》,美国《乌利希期刊指南》,美国《化学文摘》,产生了较大的社会影响。

　　以特色资源为高校学报品牌建设增添新动力。哲学社会科学是认识和改造世界的重要工具,是推动社会进步的重要力量。发展和繁荣哲学社会科学,对于党和政府决策与管理的科学化、民主化水平的提高也有着直接的关系。而高校学报是哲学社会科学的重要组成部分,牢记社会责任,服务科学发展,也已经成为学报编辑者要担负的历史使命。深刻把握经济社会发展的重大需要,密切关注国计民生和社会热点难点问题,充分发挥高校学报思想库的作用。若能用好地方特色资源,无形中也能为高校学报品牌建设指明方向,从而为高校学报发展增添新的动力。

　　以特色资源为高校学报品牌建设拓展新效应。大数据时代,社会化媒体和电子阅读习惯的逐渐普及使各类数据唾手可得,这些海量的数据都可以作为影响高校学报内容走向的重要信息。再加上高校学报出版本来就是开放的,具备了大数据的一切要素。若能利用大数据盘活特色资源,高校学报就会爆发出更强的生命力。举个例子来说,随着各类数字化文化资源信息的不断产生,高校学报进一步利用大数据分析等先进的信息技术手段,就将为我们进一步加强对中华民族的社会、文化发展历史和特点的系统研究提供前所未有的基础和条件,从而大大提高我们的研究效率和质量。

2. "多措"并举办出高校学报特色品牌

当前,在全面建设中国特色社会主义、实施科教兴国战略和人才强国战略的新形势下,推动社会主义文化大繁荣大发展,高校学报就必须重视自身建设,努力提高学术水平,形成个性、特色与品牌,不断提高知名度与影响力,从而更好地为教学、科研和育人等工作服务。

准确把握学报定位,努力服务中心工作。学报的自身定位关系到刊物发展的走向,这就要求学报要做到开门办刊,走内涵发展之路。中共中央办公厅印发的《关于培育和践行社会主义核心价值观的意见》指出:"要加强学校报刊、广播电视、网络建设。要运用各类出版物传播社会主义核心价值观。"学报作为高校开展学术交流的平台,作为校园中的宣传文化载体,要紧紧围绕学校的教学、科研、管理、育人等诸方面的工作,为高校教育教学改革、科技创新和学生的成长成才提供良好的舆论环境,提供学术交流的园地。学报应立足于学术、学问、学者,"学"才是办刊的正路。一方面,要坚持"二为"方向,贯彻"双百"方针。弘扬主旋律,传播正能量。在办刊中要牢固树立"阵地"意识、"园地"意识,要把握好功能原则和效果原则;另一方面,要志存高远,办一流刊物。要有办一流刊物的目标与追求,要有办一流刊物的谋划与举措,要有办一流刊物的群体与稿源。并且,期刊产业化如今已是大势所趋,高校学报也不能例外。

加强采编队伍建设,提高专业人员素质。高校是一个高层次高素质人才的聚集地,有着高精尖的科学技术知识、高密度的信息资源和独特的文化环境,读者的文化水准相对较高。因此,学报要努力做到"四位一体,一体四位",融合聚力,自上而下、自下而上地接续贯通。一是由一定专业范围的知名专家组成编委会。编委会是学报的学术领导机构,具有学术权威性,发挥着运筹决策作用。同时,根据学报的宗旨和编辑方针,提出选题、组稿的原则性方案。编委会不是花瓶式的摆设,必须切实、充分地发挥其学术作用。二是建立强有力的编辑部。编辑部要在深刻理解办刊宗旨和编辑方针的基础上，进行栏目设计，构筑学报的整体框架，制订组稿计划，对稿件进行审改、编辑、版式设计、发排等。三是组建一支优秀的编辑队伍。要不断提高编辑的思想水平和业务水平，努力建设创新型、学者型和技术型兼备的编辑队伍。同时，大力加强外审稿件专家队伍的建设也是非常重要，合适条件下可以组建外审专家库。四是形成一支动态型的高水平的作者群。高校学报要做到开门办刊，吸引更多的高水平作者加盟，就要着力建立校内校外骨干作者队伍，聚拢并形成一支核心作者群。从而丰富稿源，好中选优，不断提升办刊质量。

下大气力拓宽稿源，精心打造特色栏目。学报是由栏目整体支撑架构起来的，而栏目整体又是由一个一个的专栏组成的。栏目是学报的支撑骨架，内容靠栏目体现。栏目的整体设置要彰显学科特色、地域文化特色和行业特色，从而体现出学报自有的风格。名栏目是学报的旗帜、制高点，应精心策划、重点培育。高校学报要认真策划好特色栏目，要根据栏目、内容设计版面。版面要具有现代气息，将现代美学意识渗透在版面上。既要观照现实、选择热点，又要开拓创新、引领未来。学报应充分利用地缘优势，善于挖掘优质资源，体现独特的地域文化优势。要积极主动聘请名家和学科带头人为栏目撰写稿件，以特色栏目吸引优质稿源，吸引广大读者，以优质稿源丰富特色栏目，进而以特色栏目提高学报的专业化水平和学术品位，突出学报的品牌效应，带动学报的整体发展。文章的选取和布局要能够体现出对学术发展方向的判断，从而引领学术潮流。同时，以特色栏目的"含金量"不断增强对知识创新与经济社会发展的贡献率。既要充分利用学报开展广泛深入的交流，促进工作、推动发展，又必须严格保守国家秘密，落实保密审查制度，确保国家安全。

营造浓郁学术氛围，铸造时代精神。近年来，提升文化软实力，建设文化强国、文化走出去、实现文化大发展大繁荣成为举国上下的共识。高校学报要形成特色，吸引读者和作者，关键在于不断提高学术水平、打造学术高地。要坚持学术至上、质量第一，以质量求生存，以特色求发展。以学术方式讨论国内外前沿科学技术和重大社会热点问题，通过致力于学术本身建设，提升理论思想的高度，在理论与实践之间，提升理论指导实践的智慧品格，彰显学术理论的锋芒。通过理论的梳理、争鸣，在认知层面努力形成良好的舆论氛围，在实践层面提供学理上的借鉴。要找准自己在同类学报乃至整个高校学报中的位置，通过自身的学术定位找到和培植发展和创新的生长点，使学报的学术特色更加浓郁，以高端的学术水平来提升学报的影响力和美誉度。

利用大数据技术，扩展学报价值链。随着科技的发展，数据已经渗透到当今每一个行业和业务职能领域，成为重要的生产因素。在这个影响深远的大数据时代，学术研究也正从过去的单一领域向全领域方向发展。这也就决定了高校学报再也不可能固守在旧有的"象牙塔"中，必须实行转型、延伸和发展，融入大数据的大学术中来。如今在拓宽稿源、提升编辑水平的同时，若能通过大数据技术盘活特色资源，突破研究成果与成果有效转化之间的壁垒等问题，这种新型的学术期刊共同体形式就能够实现学术资源的优化与共享，并产生叠加优势，从而扩展高校学报的价值链。

三 以人为本：完善学报编辑的素质与精品意识

1. 完善自我素质

高校学报是现代大学创新知识、教书育人和服务社会的重要手段，是高校之间、高校与社会之间联系的重要中间环节。高校学报的编辑工作对于科技知识在高校内部以及整个社会运行过程——生产、储存、传输和消费的正常进行具有重要作用。高校学报编辑的综合素质又深刻影响着学报的质量，并间接影响科技知识的社会运行过程。在新的时代条件下，高校学报编辑的综合素质主要包括以下内容。

（1）敏锐的政治和职业道德素质。高校学报既是知识信息的载体，也是精神文明建设的重要渠道，所负载的科学知识和思想文化信息会产生一定的政治、经济和文化作用。正确、有效地传播这些知识和信息要求高校学报编辑具有敏锐的政治素质、职业道德素质和做好本职工作的责任感。

作为科技知识的重要载体，高校学报将认识过程与实践过程（产业化）结合起来。错误的知识（数据、公式、原理、经验等）一旦传播开来，可能产生很大的社会经济损失。编辑必须确保校对过程的准确性。高校学报的社会运行是我国社会主义精神文明建设的重要组成部分，它将作者的创造性活动与读者的教育过程连接起来，具有重要的知识积累和文化传承作用。编辑在选稿中必须注意稿件的时效性和文化传播意义，避免出现政治性与政策性的失误。编辑往往是"为人作嫁"的角色，愿意默默地、兢兢业业地奉献。作为知识走向大众的"市场入口"，编辑工作又必须求真务实、一丝不苟、严格把关，尽可能消灭"不合格产品"。

（2）充分的主体意识。编辑工作的现代化关键是编辑人员主体意识的现代化。主要包括以下几个方面。

创新意识。目前国内外高校学报林立，学报编辑要使自己的刊物跻身于高校学报之林，必须具有创新意识和创新素质，不仅熟悉自身学报的特色和发展历程，而且要了解同类学报的长处所在，要在积极借鉴它们成功经验的基础上，努力形成自身特色，不断提升学报的学术档次和社会影响力。

超前意识。高校学报的编辑必须善于预测和把握学科的发展变化和期刊的生命周期，了解知识的演替规律，具有很强的时效意识和价值意识，具有独到的见解，把握事物的未来发展方向，预测知识的演变、媒体的演变和社会经济的演变三者之间的互动关系，力争走在时代变化的前面。

审美意识。高校学报的编辑必须从劳动的美、知识的美、创造的美的视角看待这一加工整理过程，从版面设计、文章编辑到整本刊物的印制都充满美的享受。通过把握美的时代变化、作者的审美情趣和读者的审美期望，制造整体上具有美感的刊物。

市场意识。学校学报编辑必须具有较强的市场意识，依照知识社会运行过程的波动规律，精心地组织栏目，积极地扩大稿源，合理地选择稿件；增加对高校学报市场波动的敏感性，了解科技知识的更新过程，熟悉社会文化的变化趋势，使刊物和稿件适应知识增长需要和读者教育需求，不断扩大学报在学术界和社会的影响。

（3）合理的知识结构。高校学报的编辑要完满地完成自己的编辑工作，不仅应有敬业精神，而且要有合理的知识结构。

专业知识。作为一个专业学报编辑，必须了解已有的该专业的基本知识，同时应密切注意该领域新知识的增长，习惯正在引进的比较陌生的术语。另外，随着世界范围内学报交换的加强和科技术语的标准化，编辑必须熟悉这些标准化的单位和术语，以便于使学报高标准、规范化地进行国际交流。

知识面。稿件来自针对现实问题的跨领域的研究，这就要求编辑应走出狭小的专业领域，具有比较宽阔的知识面，至少对邻近学科和交叉学科有相当的了解，尽力做到博览、多记、深思，掌握大量新的知识信息，避免成为学科综合化发展中的门外汉。

文字功底。即使再专门的数量化、符号化的专业文献，仍需要一定的母语自然语言的辅助说明，一些作者甚至会使用一些生僻的、古昧的字词，或者一些自然语言用法不太合乎规范，都需要编辑进行适当的矫正，以便易于读者理解和顺应刊物的风格。这就要求编辑必须具有较好的文字功底，有发音、拼写、遣词、造句、语法、逻辑等方面的较高修养。

出版业务知识。随着知识经济时代的到来和经济全球化的发展，高校学报的规范化和标准化越来越重要。编辑工作成为标准化知识的维护者、传播者，为保证知识传播的速度、质量和效益，便于读者的检查，向作者负责，高校学报的编辑必须在编排设计、刊物的信息密度、文字加工、发稿核样、报道时差、差错率、国家和国际标准的贯彻等方面具有比较娴熟的编辑业务知识，力争达到编辑工作优良要求。

（4）较强的交往能力。高校学报的编辑是科技知识传播媒体的守护人，仅在学报出版之前，就必须不断与作者、审稿人、编委打交道，进行一定的调查研究和学术研讨，所以，编辑必须具有较强的交往能力和社会活动能力，尽可能协调好各方面关系。

与作者交往。从作者投稿起，直到学报最终寄送作者，编辑都必须不断与作者打交道。但与作者交往又是编辑社会活动的主要对象和内容。学报编辑必须及时调整自己的心态，把握作者的心理变化，妥善处理一些可能会产生不愉快的事情，使作者对处理结果感到心服口服。

与审稿人交往。学报的审稿人往往是具有相当学术地位和个性的专家学者，他们是否认真负责，是否按时完成，是否愿意保持频繁的联系，这些都是编辑需要关心的事情。所以，处理好与审稿人的关系，对于保证学报质量，保证学报及时足额地出版，非常重要。

与编委联系。编委是学报专业指导委员会。作为一个群体，会在办刊、上专栏、学报宗旨、稿源面等方面存在一定的意见分歧。编辑在接受专业指导时，必须多方面了解编委的意见，并妥善处理好编委们的意见分歧，等距接触，避免内耗。

与编辑同行研讨。要提高高校学报的质量，编辑还必须经常与其他高校学报的编辑进行联系，吸收其办刊经验，并参加有关学术会议，扩大稿源，组织专题，及时了解学术动态，结识高水平的作者，提高专业水平。确定选题和组织作者是学报编辑的两项重要任务，同行联系和学术活动都非常有利于做好学报编辑工作。

2. 树立精品意识

高校学报是以反映高校教学科研成果为主的学术性理论期刊，是进行校内外学术交流的窗口，是衡量与评价高校办学质量高低的重要参照系。学报的生命在于质量，一所高校学报质量的高低，直接关系到该高校在社会上的地位和影响，也直接关系到学校的发展。学报编辑的精品意识正是在于以提高学报内在质量为中心，为此，探析编辑的精品意识很有必要。

（1）精品意识的必要性。所谓学报编辑的精品意识，是指学报编辑在其编辑活动中，以提高学报内在质量为中心，以取得最佳社会效益为目标的一种自觉的、积极的、不断追求的进取意识。以期达到精深、精湛与精美，即思想精深、学术精湛、制作精美。也就是说，学报编辑应始终自觉地把质量放在学报工作的第一位，高标准、严要求地认真组稿，并审阅和处理每一份来稿，从中精选出拟用稿件；对已采用的稿件精雕细琢地进行修改、加工、润色，使之更加完善、更具价值；精心编发，仔细校对，一丝不苟，精益求精，力求使学报达到最佳。学报编辑还将通过各种有效途径，努力扩大发行量，使学报的社会价值得到充分的实现。

学报编辑确立精品意识是提高学报办刊水平与质量的需要。创办高质量的、精品的高校学报，是时代的需要，是发展高等教育事业的需要。

高校学报是高校文化、学术的窗口。通过这个窗口把研究者的科研成果推广出去，向外界展示，促进高校与外界的学术交流与合作，加速科研成果的转化。因此如何展示高校学术窗口，编辑如何得到优秀稿件，让学报如何为高校服务，如何进入核心期刊，编辑如何执行行业规范等是我们应当特别关心的。与此同时，如何办出深受读者欢迎的特色期刊更是我们需要重视的。学报要想赢得读者，获得发展，就要在精品意识上下功夫，学报一旦值得利用并便于利用，才能得到利用并扩大利用，进而实现价值并创造效益，没有读者的学报是没有前途的。然而在实际的编辑工作中，往往精品难觅。

（2）学报精品难觅之主要原因，主要包括以下。

缺乏竞争意识。高校学报长期以来靠学校行政拨款来维持，学报大部分用于交流，这样学报就成了皇帝女儿不愁嫁，于是在办刊方式上，只管出版，不问或少问社会效益和经济效益，缺乏市场竞争意识和危机意识。

"关系稿""人情稿"难以避免。我们每个人都生活在现实中，食人间烟火，编辑也不例外，几乎所有的编辑无一例外地遇到过关系稿、人情稿。如职称评审关系稿最为普遍，晋升职称有论文数量的要求，而在质量上并没有要求每篇文章都要有相应的水平，只要有两三篇代表自己最高水平的论文，其余的论文只要达到一定数量即可。职称的评审多为每年10月进行，于是一些学报上半年忙于照顾一些中初级职称评审者的文章发表，难免出现"泡沫论文"，影响了学报的质量。但不管怎么说，"泡沫论文"是在编辑手上"出笼"的，学报编辑有不可推卸的责任。

专家审稿不严格。作者论文往往要通过三审，即初审、复审、终审，以此取舍稿件。审读是一个选择把关的过程，更是发现精品的过程。由于种种原因，有些学报由专家评审的稿件不能实现异地审稿，即作者和专家在相同的单位。实行非匿名审稿，作者与审稿专家之间相互透露姓名、单位及有关情况。甚至有的专家本是出于好心，在审稿中直接指导作者修改论文，待审稿意见返回编辑部，编辑通知作者按专家意见修改论文时，作者直接说："我的文章是×××审的，他已经让我修改好了。你们看登在哪一期？"这让编辑工作陷入十分被动尴尬和为难的境地。终审是把握稿件取舍的最后一关，主编、副主编在编辑初审、专家评审和编辑部领导提出的处理意见的基础上，通过终审的最后仲裁，取舍稿件，而不是只把专家评审意见作为取舍稿件的唯一依据，使稿件质量得到有效控制。

稿源凭经验，靠自然来稿。并不是所有的学报都是核心期刊，对于非核心学报稿源多为作者自发来稿，名家、权威撰写的高水平高质量的稿件一般投向了核心期刊，编辑向名人、权威有目的地组稿存在一定难度。编辑靠自然来稿，编辑从五花八门的来稿中挑选出比较好的稿件进行一番加工。但这是一种盲目、随意的办刊方式。

（3）精品意识对学报编辑的要求。要使学报成为精品，固然存在着这样那样的问题，但作为编辑，只要努力去做，就是向精品迈进。编辑应从以下几方面强化精品意识。

编辑的前瞻意识。学报不同于书，时效性非常强，信息传播具有前瞻性，这就要求学报编辑具备前瞻意识，紧紧跟踪学科前沿，将新理论、新发明、新创造、新技术、新方法等信息及时、准确地传播给读者，使学报更好地发挥记录、储存和传播新知识的作用。如果学报只满足于对现有科学文化知识的介绍，而不能及时捕捉国内外最新的学术成果和科研动态，正在进行中的重大课题，正在酝酿中的学术观点等，那么就不能体现学报应有的价值。

组稿中的精品意识。目前学报的稿件来源绝大部分是作者自行投稿。作为编辑不仅要处理好大量的作者自发来稿，还要能主动走出去，约请名家、权威撰写高水平高质量的稿件。用他们的重头稿件吸引更多的优秀稿件，特别是要主动联系并跟踪全国省、市及院校的立项基金赞助的科研项目。参加全国性的专业学术会议，从中了解信息，优化选题，组织稿源。关注研究立课题，争取使其研究论文投向学报。由于学报是一般是学校拨款，稿件的刊登在一定程度上要照顾到本校的广大师生，筛选稿件要做到优中选优还是有一定的困难，若适当扩大外来刊稿的比例，稿源丰富，筛选优秀稿件相对容易一些。

完善审读制度。审读是编辑工作流程的重要环节，既是对稿件选择和把关的过程，更是发现精品的过程。审读者应认真把关，在大量的来稿中筛选出观点新颖，有一定理论价值的精品文章，而不能走过场，流于形式，严把人情关。对于东摘西抄的稿件，坚决不予采用。编后应对期刊进行审读、检查、评定、总结。编后审读包括责任编辑自我检查，专家审读鉴定，读者作者信息反馈，编辑部集体评刊等。编后审读是学报精品的一个非常重要的程序，而往往在编辑工作中被忽略。

特色意识。特色是学报的生命和灵魂，学报如果没有特色或个性，也就失去了存在的价值。高校学报特色是指全国高校学报共性之外的，区别于其他学报所独有的特点。不同的高校在办学思路、专业定位、管理模式、科研方向、学风教风等方面特色不同，这些特色不仅体现在该校的学报，作为学报有责任去发展、充实和宣传本学校的特色，因为特色是一面旗帜、一种形象，学报正是通过其特色栏目稿件充分展示和体现该校的发展思路、发展方向和发展目标，同时也是办刊思路的体现，是编辑根据学科特点和办刊宗旨而精心策划的。一本好的学报必须有几个特色栏目支撑，这是构成学报品牌的骨架，更是学报吸引读者的亮点。

编稿中的规范意识。学报规范是指编辑在编发稿件时应遵循的原则、标准、方式，包括国际标准、国家标准、政策、法规、决定学报模式的规划等。如文章在语言、文字上规范，逻辑性强，表述完整，可读性强，标引各项不应残缺，版式和谐，同一本学报前后编排体例和格式应一致。一篇好的文章，其语言必须符合规范，用字准确，无错字、别字；用词恰当，准确地表情达意；句子通顺、简洁，无语法错误；文章结构完整，逻辑性强，标点符号正确；汉语拼音、书刊名称、地名、人名、专业术语和文章分类，作者介绍和外文翻译等必须符合有关标准化的规定；学报基本版式、论文格式、摘要和关键词编写、注释和参考文献著录，封面和封底版权标识，必须执行有关规范，应严格依据出版法规出刊。

装帧设计精美。学报的版式和封面设计应该高雅、庄重、美观、大方，充满活力，能给读者以耳目一新的感觉，纸张、印刷、装帧质量要好，要做到印刷墨色均匀，版面整洁，裁切端正，装订牢固，无粘连破页。

总之，高校学报编辑应树立精品意识，在日常的编辑工作中，刻苦、勤奋、努力、踏踏实实认真地去做每一个环节，那么编辑手中编发的每一期学报就能缩短与精品学报的距离。

综上所述，在新的历史条件下，进一步加强高校学报建设，不断优化其内循环与外循环，突出特色，形成品牌，努力提高刊物的学术影响力，不断推动理论创新与实践创新，为实现我国"两个一百年"的奋斗目标和中国梦提供智力支持，做出积极贡献，已经成为高校义不容辞的历史使命和光荣任务。我们要继续研究在新形势下高校学报的存在、管理和运营新模式，探索学报品牌建设新路径，以适应时代对高校学报的新要求。

（作者：于孟晨）

技 术 篇

"互联网＋":新媒体语境下
文化与市场的颠覆融合

自李克强总理在政府工作报告中首次提出"互联网+"行动计划以及《国务院关于积极推进"互联网+"行动的指导意见》印发之后，新媒体技术愈发被社会各界广泛关注。技术的不断革新给文化产业带来颠覆式的冲击；而利用互联网平台进行深度融合，创新发展生态，也成为文化与市场的出路所在。

　　正是基于这种颠覆与融合，本篇章从不同的角度出发，探索文化、市场在新媒体语境下的发展新思路与新路径。《颠覆与融合：论广告业的"互联网+"》《法律、伦理、技术：互联网治理的三重路径》《从"online"到"on-cloud"：在线精准投放广告的社会学批判》分别从技术、平台、理念等不同层面分析"互联网+"创造的新发展生态；《场景盛行下的新媒体人际传播》《移动互联网时代信息可视化的传播学意义及应用》《新媒介语境下戴维·莫利受众研究》分别从传播类型、媒介分析、受众研究的角度探讨新媒体语境中的传播理论与应用研究；《论多媒体环境下的畅销书传播》《期刊网站页面自适应分析及重构》则从文化产业的不同领域出发，研究应对与融合新媒体技术的策略；《大数据时代大学校园媒体影响力拓展刍议》回归校园文化建设，探索校园媒体创新融合，坚守舆论阵地，发挥校园媒体的影响力。

颠覆与融合:论广告业的"互联网+"

2015 年 3 月 5 日十二届全国人大三次会议上国务院总理李克强在政府工作报告中首次提出"互联网+"行动计划,"互联网+"概念瞬间成为中国最热门的关键语汇。7 月 4 日国务院进而印发了《关于积极推进"互联网+"行动的指导意见》,进一步推动互联网由使用消费领域拓展至生产服务领域。一时间"互联网+工业""互联网+农业""互联网+商贸""互联网+金融""互联网+医疗""互联网+通信""互联网+教育""互联网+旅游""互联网+政务"等具体化概念风起云涌,而以广告驱动的营销业作为对消费者在线化最敏感地带,已然成为"互联网+"时代的先行者。

一 "互联网+"

"互联网+"的意义绝不仅在于官方认证的互联网及其新技术与各行各业间的关系,更不是互联网与某个传统行业的简单物理组合。欲发挥"互联网+"的创新价值,促发联动效应,需要对其本质进行深入思考。

互联网诞生初期是作为一种共享巨型计算机数据信息和快速运算能力的新技术,仅限于研究和学术领域专业人员使用,后来逐渐转变成为较普遍的社会交流沟通与信息通信工具,至今发展为独立的媒体形态。就国内而言,2006 年中国网民普及率达到 10.5%,进入罗杰斯所说的快速扩散阶段，2008年网民人数逼近3亿，普及率22.6%，增长幅度达至顶峰，互联网日渐承担起中国主流社会媒体的角色。Web 2.0、移动互联网、物联网等信息技术的普及应用，进一步使人们获取和分享信息的渠道发生了重大变化，受众自主性被最大限度地激发，大众传媒主体地位开始消融，云计算、大数据等新技术在互联网思维催化下加剧了传统媒体与新媒体的融合。

互联网影响传媒业，也编织人类生活。它不仅带来文字、古登堡印刷术和电报之后的第四次传播革命，也当之无愧于继承蒸汽机发明与电力的广泛应用的"第三次工业革命"称号。伴随处理量级的增加，互联网不再止步于最初的数据存储、分析工具，以及传播渠道，它已然成为整个社会与国民经济的底层架构和标准配备，"互联网+"也由曾经的可选项转化为基础性模式影响着社会经济结构与人们的生活理念及思维方法。"互联网+"是整个社会的"操作系统"，是各行各业的"基础设施"，是产业升级的"前提条件"。

尽管学术界还没有明确的定义，但无可置疑"互联网+"是互联网技术渗透与扩散的历史过程，通过诸如在线化、数据化的外在方式，创造性地运用互联网技术工具，建立不同领域社会资源间的有效连接，加剧互联网与传统的融合，推进产业的转型升级，将以开创为核心的思考方式及所产生成果深度幻化于社会经济各阶层。"互联网+"作为先进生产力将营造出一番新生态，从感官上看是互联网化，从内涵上说是融合创新。

二 "互联网+广告"

十余年间，广告业对互联网的态度经历了从不以为然、假装无视、被迫尝试、无奈接受、积极迎合到奉若神明的过程，如今广告已经插上了互联网的翅膀，等待在"互联网+"的红光中涅槃重生。

1. "互联网+广告"是数字信息技术与广告业的结合

熊彼特认为一切创新均建立在技术创新基础之上，伊尼斯则将媒

介及其技术作为划分历史与文明的标尺。广告业的"互联网＋"首先
是技术层面的互联网化，体现为以互联网为代表的数字及信息通信技
术与广告的结合。以移动互联网、云计算、大数据、物联网等为代表
的现代信息技术与互联网工具对广告行业运作造成了巨大的影响。

大数据的分析运用替代市场调研成为甄别市场、了解用户、制定
策略的依据；云技术为数据分析、信息资料管理提效；移动互联技术
与物联网则建立全新的内部管理与行业合作模式及规范，而这一切都
源于互联网技术对广告对象即消费者自身及其生活的改变。

"任何媒介对个人和社会的任何影响，都是由于新的尺度产生的；
我们的任何一种新技术，都要在我们的事务中引进一种新的尺度"①。
成熟的搜索引擎技术方便消费者快速寻找到匹配需求的最佳信息内容，
而在社交媒体上这些信息则瞬间被分享，人们接触、获取、感知信息
的能力更强了，广告对象有了新的"延伸"。

移动互联技术创造了全新的"掌上生活"方式，人们自由往来于
实体与屏幕世界之间，寻求最佳的生活和消费体验。移动支付彻底粉
碎了终端拦截的可能，消费过程变得便捷而又人性化。据调查，时常
使用移动终端支付的用户占比达 74.1%；近三分之一用户表示，只要
手机能上网，移动端即为网购的首选方式；移动娱乐、网上购物与支
付已经成为普遍行为。身份认证和数字签名等技术的发展，有效地推
进了这一现象的普及，更为高数额支付和大宗交易创造了可能。技术
与思维的发展将彻底改变人类的消费习惯。

"互联网＋"时代，大众传媒的统治地位彻底崩塌，动辄数以亿
计的海量信息冲毁了原本规则有序的信息渠道网络。广告对象突破
"乌合之众"身份，自由发声成为常态，原先信息传播的客体逆袭为
与广告主、广告服务企业和媒体平行的主动一方。

用户接触、获取信息的方式，与品牌和商家产生交互、购买行为，

---

① ［加］马歇尔·麦克卢汉：《理解媒介》，何道宽译，译林出版社 2011 年版，第 18 页。

以及用户之间分享体验都在发生着全面而深刻的改变。广告营销的主战场已经反转，而不应在传统媒体与互联网之间徘徊不定。

2. "互联网+广告"是新媒体平台与广告业的联合

"一种新媒介的长处，将导致一种新文明的产生"①，移动互联网下的广告业处在不同于以往的新生态环境之中。广告业的"互联网+"也是平台层面的互联网化，它是建立在互联网化大众传媒与"新新媒介"②共筑平台之上的新型广告业。

数字技术、网络信息技术和现代通信技术的融合发展，不仅打破了传媒业和通信业的产业边界，带来了媒体形态的革新和演进，更加推动了广告平台双边（或多边）主体之间的互融互通。互联网最大的特点在于其内容、传输、服务归于"无限"状态，从而为广告构建了一个双向互动的、自由共享的行业平台。

以往依赖大众传播，以获取受众注意力为核心的广告营销模式中，广告信息是通过垂直的、线性的、分隔的通路或通路的集合从广告主传递到消费者的。互联网平台的出现，等于在一方主体和另一方主体之间搭建了一个扁平的、通用的交互场域，从而打通了联结双方的渠道，一方只要通过接口接入某个交互场域，就可以实现与另一方的实时联通。新媒体环境下，互联网平台呈现出传输的双向性、不确定性、多角度和去中心化。在这里，由所有人向所有人进行传播，生产者与消费者、传播者与接收者界限变得模糊。平台建设是为了更好地实现信息传播与沟通的自由、平等，是为了更好地开放与共享不同的产业领域，或通过技术实现，或通过物理空间实现，或通过无形网络和数据库实现资源的优化配置，在互融互通中推动广告行业的发展与转向。

以微信、微博（也包括国际流行的 Facebook、Twitter、YouTube

---

① ［加］哈罗德·英尼斯：《传播的偏向》，何道宽译，中国人民大学出版社 2003 年版，第 28 页。

② ［美］保罗·莱文森：《新新媒介》，何道宽译，复旦大学出版社 2014 年版，第 4 页。

等）为代表的社会化媒体与移动互联网的快速发展，创造了基于用户关系网络的全新传播营销生态环境，用户和消费者的信息触点、用户行为和消费路径发生了极大改变。由于 Web 2.0、移动互联网、物联网、电子商务、云计算等信息技术发展，人们获取和分享信息的渠道也随之变化了，受众自主性被最大程度地激发出来。社会化媒体的蓬勃发展不仅改变了话语权力结构，也改变着信息生产的方式，使每一个用户都成为独立的信息源和传播媒介，获得前所未有的存在感，社会信息的生产不再由专业的大众传媒机构所垄断。用户内容只要能够引发关注和情感共鸣，就可能在短时间内通过转发、评论以几何裂变的方式向公众扩散。然而对于用户而言，简单的获得和发布信息已经不能满足其体验需求，而基于位置的服务让更精确的搜索、更便利的服务成为可能。移动终端的普及让消费者充分利用碎片化时间，"无聊时光"变得不再无聊。调查显示，2014 年中国网络经济市场规模快速增长主要得益于移动网络经济贡献率的提升，其中移动网络经济贡献率为 25.6%。

3. "互联网＋广告"是互联网思维与广告业的融合

互联网不仅是一种技术，也是一种观念，更是一种思想，一种价值观，一种方法论。广告业的"互联网＋"最终体现为理念层面的互联网化，是创新整合、开放协作思想与广告的相濡以沫。

马化腾提出"互联网＋传统行业＝创新"。创新则是多种类型、多种层次、多种方式的整合，并有着与创新规律相一致的整合机制。当前的技术、平台、产业和理念融合正在向纵深方向发展，整合是移动互联网时代创新的显著特征，它把各部分的功能组合为一种新的功能，把各部分的效用结合为一种新的效用，整合催生了创新机制的强大效能。"互联网＋广告"的融合既是广告与其他行业的融合，也是广告行业内部资源、生产、产品、技术、市场、服务等要素的重组，需要放置在同一个框架即互联网战略思维下进行。

"互联网＋"时代，是一个共同参与、互动协作，分散重塑的时代，无论是创新还是整合，都需要大家的协同参与。在互联网化平台上，随着创新主体的空前扩大和创新协作的高度灵活性，出现了大众协作创新模式，通过打破空间界限，促进沟通效率，降低协作成本，信息和知识的瞬时流动，实现创新重塑。广告产业融合正是在这种大众协同模式之中为传媒创造出新价值的。

三 "互联网＋"时代广告营销新法则

传统媒体环境下，广告营销活动是以媒体为中心的，以引起注意（Attention）为首要任务，消费者行为模式呈现阶梯式的过程。广告营销效果常常被转化成"发行量""收视率"这些媒体指标。AIDMA 模式正是这一广告营销思想下的代表，其核心驱动力是广播式、单向传播的广告手段。在互联网开始改变人类之前，AIDMA 营销法则一直在指导着有效的广告创意和实效营销策划。Web 1.0 时代，传播环境和传播习惯的改变使消费者在购买决策过程中从被动接受信息逐步向主动获取、认知转变，受众作为信息的接受者和发布者承担双重角色。这一时期的广告营销理念在于肯定受众在注意商品并对其产生兴趣后，信息搜索与受众购买后信息分享的重要性。移动互联网和以微信、微博为代表的社会化媒体的日新月异，消费者的信息触点、行为和消费路径发生了重大变化，经历了从线性的广告、单向的营销到互动的对话的转变。基于社会化关系网络，通过分布在各个层级的实时触点、动态感知网络信息，建立自由、迅速连接，进行实时对话和深层交互的线上线下合作活动成为"互联网＋"时代广告营销法则的关键。

1. 以接触点为中心

海量信息和媒体泛化促发了媒介主体地位消融和受众注意力的扩散。如何在快速移动的碎片化环境中实时感知、发现、跟随、响应"人"的存在，成为全球数字化社会网络中的核心问题之一。

信息化社会，被感知的常常比事实本身更加重要，而感知又是对话的起点。大数据的应用打破了以媒介为信息终端的传播格局，遍布全网的实时接触点可以即时响应。用户也可以通过这些触点主动获取信息，充当消费源同时作为信息发布主体，随时与他人分享，并建立新的触点。任何关注、分享、定制、推送、自动匹配、位置服务都是有效的感知渠道，营销不再以广告内容和媒体传送为核心，用户获取信息也不再完全依靠主动搜索，而是关系匹配、兴趣耦合、应需而来的过程。以消费者为中心的营销理念应进化为以接触点为中心。

传统意义上讲，凡是消费者可以接触到企业产品和品牌信息的任何时空点，包括陈列、促销、广告、企业或产品的新闻、生活圈的口碑相传、企业员工等，都可以称为接触点。而在基于 LBS 精准定位服务、实时互动沟通网络和用户社会化关系网络的全新传播营销生态中，接触点遍及于用户社会化关系的纵深，包括：企业制造的接触点，如线上线下广告、现场活动等；消费者在品牌购买和使用过程中产生的接触点，如支付是否快捷、货物到达是否迅速、网络客服响应是否及时等；用户自己设置的接触点，如与微信朋友圈里家人、朋友间的品牌经验分享，BBS 上对某产品的讨论等。其中消费者对生活或经验的积极分享，是新媒介生态中最重要的感知通道。在品牌和用户互相感知的复杂环节中，对话过程无时无刻、随时随地，因此接触点管理变得极为重要。舒尔茨最早强调了接触点传播和建立感知网络的重要性，指出每一次与消费者的接触都会影响到消费者对品牌的认知，我们应该把消费者与企业的所有接触点作为信息传达渠道。

2. 以大数据为基础

随着互联网和信息技术的迅猛发展，社会化媒体、移动通信客户端和电子商务深入生活，数据比以往任何时候都更加直观易得，催生了无以用单位描述的巨量数据。全球每天大约 5 亿张照片被上传至互联网，每分钟有超过 200 小时的新增视频可被分享。当然除主动传播信息外，人们的社会生活、行为态度、交往过程和互动关系也被新科技记录存储下来，生活点滴、举手投足都成为数据，数据爆炸和深度挖掘正改变着市场及世界，正如维克托·舍恩伯格所洞见的那样，我们已经迈入了大数据时代。

在海量信息面前，依靠封闭的资料库和浅显调研产生的市场决策显得无力，无法实现悉心的用户洞察和精准的媒介推送。大数据的享有和运用替代传统信息库成为广告营销行为决策的基础，快捷有效的获取、筛选、分析、理解与生产信息成为从业人员新的胜任力标准。大数据带来的信息风暴彻底改变了人们的交流方式和行为模式，也变革了拘泥于就事论事的广告运作。

3. 重视社群营销

如果我们的目的是理解人类的行为而不是仅仅记录它，我们就需要了解凝聚群体、邻里、组织、社交圈、社区，以及互动、沟通、角色期望、社会控制。新媒介技术的迅速发展和普及，不仅在全球范围内重新定义了媒体与社会，而且也以其开放性、大众化、交互性、匿名性、时空跨越性与技术上的低门槛等优势，重新定义了人们的生存和交往方式。网络社群的出现改变了以地缘为划分的社区概念，也突破了朋友圈、熟人圈和陌生人的界限，社群交往正在以核心参与的身份重新建构各种社会关系。

"广告术中稳定的趋势，是把产品作为广阔的社会宗旨和社会过程的一部分来表现"①。网络社群的加入使社会关系更加复杂多样，基于社群关系的广告营销逻辑也发生了变化。规模经济时代，广告投入越高，曝光频次越密集，所产生的经济效益越大；而在社群经济中，话题是关键，平台是基础，对话是核心，用户是在与品牌一次次价值互动下完成体验、购买，以及两者相互之间的知识碰撞来提升价值的。在社群交往中，消费者不仅主动参与而且积极创造，投身于产品创新和品牌传播的环节。大互联时期的广告营销需要用户和企业共同创造价值，二者的关系也需由单向价值传递过渡到双向协同。

---

① ［加］马歇尔·麦克卢汉：《理解媒介》，何道宽译，译林出版社 2011 年版，第 258 页。

4. 基于连接的对话

与局限于深度卷入行为测量的传统法则不同，对话成为新环境生态下处理营销问题的新规则。Web 2.0 之后，沟通的重心从个人计算机（PC）走向了智能手机及其延伸服务，人们通过移动网络应用连接彼此，互联网的开放分享呈现出网络上下，不同通路间穿梭反复的虚拟情景，实现了对用户体验分享碎片式的自动分发和动态聚合，线上线下联动，移动端的消费闭环正在逐渐形成。消费不仅存在于电子商务网站，O2O、App、社交网络等都可能成为购买行为的发生地。这就意味着营销必须基于广告、内容、关系的数据库和业务网络，以OpenAPI、Network、分享、链接为基础将移动互联网和 PC 互联网相结合，打通企业运营商务平台和 Web、App 的界限，在 COWMALS 的互联网服务架构之下，建立与用户之间由弱到强的连接，而非链接。"品牌、用户、关系圈、物"的四维连接是未来"互联网＋"时代对话的基础性语境，将引发拥有更多圈层和融合关系的交叉、扩散与聚合。

"互联网＋"是数字时代基于社会化关系网络呈现的新形态，用户行为、消费轨迹在这样的环境中进行着多维度的互动。网络技术和信息科技不仅为广告业提供了时代性的通路、手段，而且成为生态网络和广告营销的全部，作为建构性的力量，促进行业各环节高效运作。广告业的"互联网＋"是传统广告业的重建，也是在借融合寻找出路中走向消亡的。

（作者：刘磊）

法律、伦理、技术:互联网治理的三重路径

互联网,即是计算机网络相互连接沟通而成的网络。1969 年,互联网的雏形——阿帕网在美国诞生。1987 年我国科学家钱天白教授向世界发出了我国第一封电子邮件,揭开了中国人使用互联网的序幕。时至今日,互联网已发展成为面向社会公众的全球性基础设施,同时,互联网也已成为我国国家战略基础设施,网络安全已构成国家安全的重要组成部分。目前,我国的互联网已经较为普及,宽带互联网和手机移动网络的用户规模都非常巨大。据中国互联网络信息中心(CNNIC)2016 年 8 月发布的《第 38 次中国互联网发展状况报告》显示,截至 2016 年 6 月,中国网民规模达到 7.10 亿人,而手机移动用户的规模也达 6.56 亿人。互联网在给我国的政治、经济、文化、社会生活带来巨大发展和便利的同时,也产生了网络病毒、网络犯罪、网络侵权、淫秽色情和垃圾信息等一系列危害国家、社会和个人利益的问题,而这些问题大体可分为法律、伦理、技术三个层面。为此,我国一方面大力促进信息技术的发展和应用;另一方面不断摸索对网络信息社会的治理方针、策略。本文拟通过分析现行互联网治理体制存在的问题,在借鉴国际经验的基础上,从法律、伦理、技术三个层面提出完善我国互联网治理体制的建议。

一　法制完善——互联网治理的基本价值之基

当前信息时代的快速发展使得以网络为基础的社会总体信息结构已逐步形成。[①] 互联网的快速发展极大地促进了社会发展的同时，互联网本身所具有的即时性、全球性、海量性、碎片性、互动性等特点使信息安全面临着巨大的挑战。因此，法律对互联网的规制已成为必然要求。由于科学技术的不断发展，云技术、物联网随之而来。诸多新形式的参与导致互联网法律问题更为复杂。同时，解决信息安全问题的能力、效率和效果是由法律在互联网中地位的高低所决定的。因此，互联网法治建设显得尤为重要。

1. 互联网治理的全球博弈及立法

互联网从产生到全球范围内被普遍应用的时间较短，加之互联网技术发展速度之快、更新时间之短，使得我们很难在短时期内形成一套完善的法律体系对其进行规范。总的来讲，全球范围内在互联网中的立法与实践都处于初期阶段。但由于各国之间的差异使起步相对较早的国家或组织，在互联网立法方面已取得一定的、值得我们研究和借鉴的成果。

西方国家十分注重完善互联网治理法制建设，监管机构严格依法设立，其监管权力的行使也严格依法进行。美国是互联网与互联网立法最为领先的国家，在网络安全方面制定了包括《伪造接入设备与计算机欺诈和滥用法》《电子通信隐私法》《计算机安全法》《网络安全研究与开发法》《儿童互联网保护法》《数字千年版权法》《反垃圾邮件法》《反域名抢注消费者保护法》《联邦信息安全管理法》等法律，内容涉及电子商务、网络侵权、网络消费者保护、网络隐私、网络犯罪、数据安全、内容管制、网络知识产权等互联网治理主要领域。此

---

① 高宏村、于正：《2010：感知国家话语下市场话语的脉动——我国网络新媒体管理政策的宏观思考》，《汉江大学学报》2010 年。

外，美国还有大量的行政法规和网络司法判例，不断地充实和更新传统法律法规和判例，形成较为完善的互联网治理法律体系。

在网络信息安全方面，欧盟先后制定了大量的网络法律，包括《网络犯罪公约》《隐私与电子通信指令》《电子商务指令》《远程合同消费者保护指令》《关于建立欧洲网络与信息安全局的条例》《数据库保护指令》《版权指令》《电子签名指令》《不公平商业行为指令》等，并要求成员国通过国内法落实欧盟指令。

新加坡对于互联网服务提供商采用事前许可体制，所有"从事与新加坡相关的政治或者宗教宣传、推广或者讨论的"接入服务商与内容提供商均需要在新加坡媒体发展署登记，并受《互联网行为规范》的约束。《互联网行为规范》对于"禁止内容"的定义非常广泛，包括违反公共利益、公共道德、公共秩序、公共安全、国家和谐等。一旦接到媒体发展署的指示，内容提供商就应阻止访问相关内容，否则会面临包括《广播法》所规定的罚款、暂停甚至撤销许可的处罚。

2. 互联网治理的区域法制建设

法律地位的高低决定了互联网相关法律的体系结构和内容，关系到这些解决互联网中的问题的能力、效率和效果。而且信息时代，社会信息化建设过程中出现的各种关系国家安全的信息安全问题在呼吁相关法律的制定，因此，对互联网相关法律的研究具有现实的重要意义。依据目前对法的分类和社会发展的实际情况，互联网的相关法律应该是区域性的特别法。

信息安全解决信息安全问题的能力、效率和效果是由法律在互联网中地位的高低所决定的，因此互联网相关法律的制定和完善是亟待解决的问题，也对整个互联网起着重要的现实作用。其中，由于各国的政治、经济、文化等方面的发展有着较大的差异，因此互联网治理的相关法律应该是具有区域性的。在互联网的区域法制建设过程中，应遵循以下原则。

第一，兼顾公法规范与私法规范。互联网法律关系主体的构成比其他任何一个法律部门都要复杂，既包括权利主体也包括权力主体。在互联网应用过程中既有平等的私法法律关系，如电子合同当事人双方的关系，也有非平等的公法法律关系，如互联网信息服务许可主管机关和申请人之间的关系。因此，互联网法律规范中同时包括私法规范和公法规范，互联网法是公法与私法的结合体。

第二，兼顾实体法规范与程序法规范。互联网应用的复杂性和互联网法律关系的构成决定了在互联网应用过程中既需要实体法明确互联网法律关系主体的权利（权力）、义务（责任）内容和行为规则，如应通过电子商务立法确定网上交易各方的权利、义务内容及其行为效力；也需要程序法保障相关权利的实现、规范有关权力的行使和确保对应义务、责任的履行，如应通过立法规定如何确定互联网纠纷诉讼的主体、互联网案件的管辖等。这就意味着在互联网基础立法过程中，实体法和程序法要兼顾，二者不可偏废。

第三，以成文法为基础，兼具判例法特点。互联网技术飞速发展，新型商业模式迭出，单单依靠成文立法已经很难满足实践的需要。各国为了促进互联网的有序发展，通过司法判例的方式充分发挥司法的能动作用，对互联网发展过程中出现的问题进行有效的规制。在互联网基础立法中，我们除了注重制定成文法外，还必须通过整理司法实践中的典型案例，在审慎研究分析的基础上，及时总结提炼法律规则，推动互联网法的动态发展。

第四，互联网单行法与其他法律中的互联网法律规范并举。互联网的发展历史还比较短，不可能完全脱离现有法律体系的框架。网络空间与现实空间虽然有很大差异，但在许多基本问题上仍有相通之处，既有法律的一些基本原则和基本制度通过法律解释技术可以适用于互联网应用中。这些原则和制度下的法律规范也属于互联网法。对于一些现有法律规则尚未预见的、相对系统化的互联网应用法律问题，可以通过制定互联网单行法解决。

二 伦理建设——互联网治理的道德关系逻辑

互联网的发展将人类社会带入了一个新的时代，它使人们的生产和生活都发生着革命性的变革，但是它的发展也带来了经济、社会、伦理方面的诸多问题。互联网信息网络时代的道德已呈现出新的特点，随之也带来了许多伦理道德问题。因此加强网络道德建设，才能使互联网更好地为社会发展服务。互联网发展的过程中，借助互联网中的道德已呈现出区别于现实社会的新的特点，同时产生了很多伦理道德问题。因此在重视互联网法治建设的同时，也要加强互联网道德建设，从而促使互联网能够更好地为社会发展服务。

1. 伦理建设的价值取向

互联网伦理建设的价值取向是互联网用户对一切网络价值和一切网络活动、网络行为进行评价、判断、选择的根本标准，它对一切网络价值和一切网络活动、网络行为具有较深层次基础性的决定和导向作用。互联网伦理建设的价值取向可以概括为以下几个方面。

第一，全面发展原则网络技术的发展是智力创新的结果，但人们在专注技术创新的同时，往往会忽略道德和审美的创新。道德和审美产生价值判断，其本质在于促进自身精神素质的提升，解决人生存的意义和目的，而技术的进步仅仅为解决这一问题提供了物质的前提和基础。网络技术的进步大大提高了社会生产效率，使人们有了更多的闲暇时间来发展自身的精神世界。所以，要通过全面提升人的智力素质、审美素质和道德素质，把握迅速发展的网络世界，努力使自身成为高科技革命的主人，而不是奴隶。通过道德创新和审美创新，能使人更好地把握和驾驭网络技术，使之更好地为人类服务。

第二，自由与责任统一原则。网络自身构成一个统一严密的体系，要求所有的参与者维护网络的正常运行；同时，网络也以现实社会为基础，与现实的社会利益存在方方面面的联系。尽管网络世界为人们提供了前所未有的自由空间，为人的主体性的发挥和个性的张扬创造了良好的条件。但任何自由都是相对的，网络社会的自由仍需道德规范的维系。个体在网络世界中的所作所为都具有一定目的。只有当这种目的与网络内部要求和外部现实要求不相违背时，其选择才能顺利实现。这种不违背恰恰也是一种责任要求。因此，网络世界既有极大的自由，同时也要求人以高度的自觉性担负起应有的道德责任。

第三，开放性与"和而不同"原则。在网络世界中要有一种开放、宽容、允许各种价值观共同存在、不断走向融合的道德价值导向。网络社会是一个开放的社会，对任何一个掌握了网络技术的人都不会拒之门外。各个国家、地区具有各种价值观的人通过互联网结合在一起，其中难免会有冲突和矛盾，这为建立统一的网络道德规范带来了一定的困难。因此，有必要积极寻求共同点，求同存异，寻求保障网络世界正常运行的底线。

第四，全民性与互惠原则。在开发和建设网络的过程中，要努力克服国家之间、地区之间、民族之间、行业之间的不平衡现象，建设全球化的网络信息系统，对落后地区进行支持。网络世界内部要反对信息垄断行为，反对依靠自身的技术优势，强力推行特殊的文化价值理论，一切行为必须服从网络发展的整体需要。对各个网络主体而言，有获取信息的权利，就有贡献信息的义务。坚决反对那些只享受网络利益和他人的信息，而不奉献和帮助他人。只有这样，才能够建立起一种平等友好的关系，促进网络的健康稳定有序运行。

2. 伦理建设的基本路径

在对互联网伦理建设的价值取向进行了较为全面客观的把握后，需要以此对互联网伦理建设的基本路径提出相应的方式方法。这其中包括以下几个方面。

首先，要培养网民的网络道德自律意识。要从根本上杜绝网络伦理失范现象，主要还是要靠道德力量。坚持遵守网络道德的基本原则，即无害原则、平等原则、尊重原则、公正原则、参与原则、允许原则、创新原则、可持续发展原则、自组织和他组织相统一的原则。必须引导网民对各种信息采取辩证的扬弃态度，强化网民的网络整体观念和群体意识。

其次，加强网民伦理道德约束，掀起全民抵制低俗之风。在进一步加强网络安全技术的同时，必须做到标本兼治，不仅要从技术上遏制引起伦理道德问题的行为，更要从道德主体的道德意识及其行为等根源入手，既要让网民进行自我伦理道德约束，也要充分做好技术准备；抵制低俗之风还需要全社会的共同努力。每一个网民都应该自觉遵守法律法规，提高道德操守，真正做到抵制低俗之风从我做起。不发布低俗信息，不登录低俗网站，不转载低俗信息，不给低俗之风以可乘之机。每一个网民都有净化网络空气、营造文明健康网络新风尚的义务，每一个网民都有利用网络资源宣传健康文化的权利。

最后，建立网络行为道德规范和法律规定，规范人们的网络行为。在信息网络时代，制定相应的道德规范来约束人们的行为，维持正常的网络秩序，是极为必要的。当前很多国家都意识到制定网络道德规范的重要性。信息网络技术最为发达的美国，从 20 世纪 90 年代起就制定了各种计算机伦理规范。我们应借鉴和学习一些发达国家的有益经验，根据我国的实际情况，制定出适合我国国情的计算机伦理规范体系，同时继续加强网络法律的研究，完善网络行业法规制度。

三 技术规约——互联网治理的技术价值负荷

任何技术的发展在给人们带来诸多方便的同时，也会带来一定消极的影响，即人们常说的科学技术是一把"双刃剑"，网络技术也不例外。互联网治理过程中不仅需要法律和伦理上的约束，还需要对其本身的技术做出相应的规范。因此，在对新技术进行不断研发的同时，我们也要对其进行一定的限制和约束。

1. 技术规约的伦理分析

在现代汉语中对"规约"一词有两种解释，一种是作名词解释，指经过相互协商规定下来的共同遵守的条款，对应的英语词汇是 stipulation；另一种是作动词解释，主要是指限制和约束，对应的英文解释是 restrict；将二者结合起来，规约可以定义为：通过协商形成共同遵守的规定，对行动者的行为进行一定的限制和约束。

关于技术规约与伦理的关系问题，存在两种不同的意见。一种意见认为：技术是一种达到目的的手段或工具体系，因而是价值中立的，与价值无关，它不会产生什么特殊的伦理与政治问题，因此，不应该为技术设置禁区，主张自由式研究。例如，狄德罗曾主张："推倒妨碍理性建立的障碍，将自由还给艺术和科学。"前哈佛大学技术与社会研究项目主任梅塞纳则认为："技术为人类的选择与行动创造了新的可能性，但使得对这些可能性的处置处于一种不确定的状态，技术产生什么样的影响、服务于什么样的目的，这些都不是技术本身所固有的，而取决于人用技术来做什么。"技术中性论的观点将技术同技术应用区分开来，认为技术带来的不良后果应该由技术的使用者来承担，技术本身是没有任何责任的。同技术中性论的观点相反，技术价值论者认为，技术不仅不是与价值观念和伦理道德无关，而是有着相当密切的关系。由于技术是价值负荷的，因此，正如卡尔·米切姆指出的："技术专家们一直探索应用知识并把它付诸实践。他们一开始就不得不受制于外界的（常常是法律的）或内心的（通常是伦理的）规定。"如果说技术是价值负荷的，那么对技术进行伦理规约就是必要的，但如果这种必要性不能变成可能，那么技术伦理规约也只能停留在学术层面，而无法变成技术活动中的有效行动。

2. 技术规约的基本路径

对于技术的规约主要从两方面入手，一方面是新技术的研发者；另一方面是政府有关部门。

新技术的研发者应该在技术层面为技术的使用者提供保障，一方面，要保证使用者可以最大限度地对这项新技术进行利用；另一方面，又需要新技术的使用者在使用过程中可能出现的问题进行最大限度地防范。因此，这就对新技术的研发者进行了一定的规约：首先，研发者在研发之初就应该对新技术进行风险评估，从源头上斩断可能存在的问题和风险；其次，假如研发之初的评估没有发现可能存在的问题和风险，那么在研发过程中要对新技术进行再次评估，如果发现可能存在的问题和风险，则需暂停研发进程，对研发方案进行重新修订，从源头上杜绝可能出现的问题和风险；最后，如果新技术在投入使用后逐渐显现出一些问题和风险，研发者应该及时对技术进行补丁修正，以防止问题的进一步扩散和风险的进一步扩大。

国家对网络进行监管的主体遍及很多部门，主要分为接入监管部门、安全管制部门、内容管制部门以及其他有关部门。接入监管部门主要是指工信部和工商部，负责审批、备案和管理；安全管制部门主要是指公安部门与国家安全部门，负责监控和封堵；内容管制部门，主要是指中央和地方新闻办公室以及国新办，主要负责非营利性互联网信息的备案和新闻媒体；其他有关部门指的是文化部门、新闻出版部门以及广电部门，主要负责互联网版权管理和视听管理。因此，政府相关部门可以从源头对不良信息、垃圾文化、虚假新闻进行拦截，还可以在出现问题时进行及时的控制，防止事态扩大。

目前可以在互联网治理中进行应用的技术控制手段有以下几种。

第一，网络安全技术，即运用网络安全技术进行控制的目的是要实现网络系统的运行安全以及网络的信息安全，包含以下技术。

（1）防火墙技术。所谓防火墙指的是一个由软件和硬件设备组合而成、在内部网和外部网之间、专用网与公共网之间的界面上构造的保护屏障，是一种获取安全性方法的形象说法，它是一种计算机硬件和软件的结合，使互联网（Internet）与加入者（Intranet）之间建立起一个安全网关（Security Gateway），从而保护内部网免受非法用户的侵入，防火墙主要由服务访问政策、验证工具、包过滤和应用网关4个部分组成，防火墙就是一个位于计算机和它所连接的网络之间的软件或硬件。该计算机流入流出的所有网络通信均要经过此防火墙。它是一种被动的防卫技术。实现防火墙的主要技术有：数据包过滤、应用网关和代理服务等。数据包过滤技术是在网络层中对数据包实施有选择的通过。依据系统内事先设定的过滤逻辑，检查数据流中的每个数据包，根据数据包的源地址、目的地址、所用的 TCP 端口与 TCP 链路状态等因素来确定是否允许数据包通过。

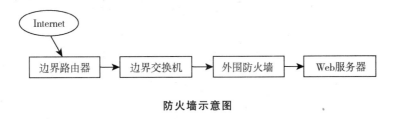

防火墙示意图

（2）加密技术。数据加密是实现网络安全的关键技术之一，也是网络信息传输最常用的安全保密手段。利用技术手段把重要的数据变为乱码（加密）传送，到达目的地后再用相同或不同的手段还原（解密）。加密技术包括两个元素：算法和密钥。算法是将普通的文本（或者可以理解的信息）与一串数字（密钥）的结合，产生不可理解的密文的步骤，密钥是用来对数据进行编码和解码的一种算法。在安全保密中，可通过适当的密钥加密技术和管理机制来保证网络的信息通信安全。密钥加密技术的密码体制分为对称密钥体制和非对称密钥体制两种。相应的，对数据加密的技术分为两类，即对称加密（私人密钥加密）和非对称加密（公开密钥加密）。对称加密以数据加密标准（Data Encryption Standard，DES）算法为典型代表，非对称加密通常以 RSA（Rivest Shamir Adleman）算法为代表。对称加密的加密密钥和解密密钥相同，而非对称加密的加密密钥和解密密钥不同，加密密钥可以公开而解密密钥需要保密。

第二，内容监控技术对互联网内容进行监控的技术包括以下。

（1）网络舆情的监测技术。主要用于对新闻网站发布的新闻信息内容进行手工设置过滤词收集、监测和分析。

（2）内容安全控制技术、网关过滤控制技术。主要被应用于贴吧

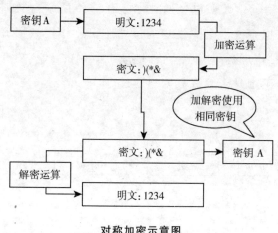

对称加密示意图

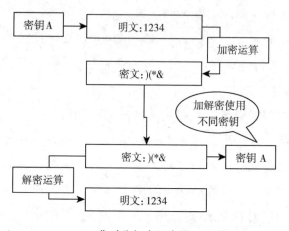

非对称加密示意图

论坛监控、各类型网站信息内容监控和邮件监控。

（3）网络监听技术。此项技术主要是针对网络用户的聊天行为、聊天内容、邮件内容进行监控。该项技术多被网络警察监测网络社会的日常"运转"以及进行网络犯罪信息的调查。

（4）不良信息监测。实时监测互联网上的色情、暴力等不良信息，给出实时预警。

（5）内容过滤系统。内容过滤软件可以有效识别色情、暴力等不良信息，并对之进行拦截屏蔽，同时具有控制上网时间、管理聊天交友、管理电脑游戏等辅助功能。

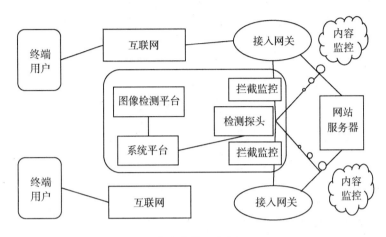

内容监控示意图

第三，行为控制技术对网络行为进行控制的技术包括以下。

（1）网络版权保护技术。这项技术主要是对网络作品进行保护，控制侵犯网络版权行为。

（2）网络用户行为实时监控技术、网络用户行为追踪技术、聊天系统控制-Web-chat 监控系统、网络用户登录访问管理技术、网游防沉迷技术都是对互联网用户的上网行为进行监测、跟踪以及控制的技术。网络用户行为实时监控技术、网络用户行为追踪技术的监测结果还往往具有商业用途，分析网络用户的关注点、在网站的停留时间、对某条信息的关注度，都能够作为网站对用户黏着度、网络广告投放点及效果的评定和提高的数据基础。

四　结语

互联网发展至今经过了近五十年的时间，已经渗透社会的各个方面，使人们的生产生活发生了革命性的变革。网络技术的发展给人们

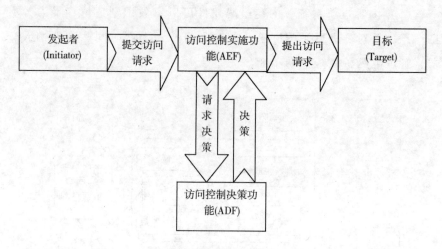

访问控制原理示意图

的生活带来了诸多便捷，与此同时，也带来了诸多问题和挑战。由于中国的特殊国情，致使政府与网民都处于一定的困境之中，对互联网治理的研究亟待发展。互联网发展过程中出现问题的原因主要集中于法律法规不完善、伦理道德缺失和技术发展不成熟，因此，在面对这些问题和挑战时，需从法律、伦理、技术三个层面三管齐下，进行综合治理。探索出一条适应我国国情，符合我国体制，促进我国发展的互联网绿色治理道路。

（作者：于孟晨）

从"online"到"on-cloud"：在线精准投放广告的社会学批判

"我知道我的广告费有一半浪费了，但遗憾的是，我不知道是哪一半。"这句话已经成为广告界的经典。为使广告信息在传播中达到最佳的效果，传播学者以社会学的方法，从心理学、传播学等多个角度对广告效果进行大量的研究工作，也曾提出诸如"魔弹论""有限效果论""创新—扩散"等理论，对广告传播技巧也进行了大量的分析；经济学者则从经济原理、营销策略等多个方法对此进行研究，并利用多种渠道的消费者调查，基于计算机技术的数据分析等，提出很多提高广告信息传播效果的理论模型或是传播策略。在线精准广告投放（Online Targeted Advertising）正是学者和广告从业者基于当前社会中最为时新、最有活力的网络传播媒介而产生的一种技术。在线精准广告投放技术指的是依托于搜索引擎庞大的网民行为数据库，对网民几乎所有的上网行为进行个性化的深度分析，按广告主的需求锁定目标受众，进行一对一传播，提供多通道投放，按照效果付费。① 随着手机等移动终端的不断发展，"在云上"（on-cloud）已经成为新的广告传播方式与渠道。"云"概念与技术的成熟，也为实现精准投放提供了更为全面、更为准确的数据分析。

---

① 牛国柱：《互联网精准广告定向技术》，2013 年 4 月 5 日（http：//www.iamniu.com/2012/05/26/summary-internet-precise-ad—targeting-technology/）。

然而，伴随着广告从业者（特别是广告主们）热衷于在线精准广告投放最大化地提高广告效果，进而获得更多经济利益的同时，在线精准广告投放却也带来了包括个人隐私保护、消费主义盛行、冗余信息过剩等诸多社会问题，进而对于社会政治、经济、文化以及公共领域的构建与发展等造成不确定性的影响，甚至会带来新的"文化帝国主义"侵袭。

一　个人隐私权的破坏——精准广告投放与公共领域构建

为追求最大化的广告效果，在线精准广告投放在进行行为定向的过程中，通过各种技术手段收集大量的用户行为信息，从而影响到受众的隐私权。更为重要的是，无论是受众在使用电脑上网，或是在手机上使用应用，其隐私权的破坏往往是无意识的，个人的私密信息在受众毫不知情的情况下，被广告商们"简单粗暴"地窃取了。作为与传统媒体接触行为差别巨大的网络与手机媒体，其接触行为往往更具个人化的特征。不同于以往一家人或一群人一起收听广播、收看电视，上网或者使用手机则更多的是个人行为。与此同时，网络媒体的受众也一直有着"匿名性"的特征，所以受众在使用网络与手机媒体时，可能会有很多涉及如性取向、特殊爱好、政治宗教或者民族等敏感话题——这些信息的暴露会对受众带来极大的麻烦。

随着社会的发展，尤其是信息社会的逐渐形成，公共领域的隐私问题日益引起人们的担忧。在西方批判主义的视角下，公共领域与私人领域并不是简单的二分法，而是有着紧密的关系。私人领域的集合，构成了公共领域中重要的部分；而对于以个人隐私权的保护为核心的私人领域构建而言，数据分析技术成熟所带来的破坏，则从根本上影响到社会公共领域的构建。在数字化技术高度发达的今天，数据（包括个人信息）的收集、储存、处理、传播变得非常简单。"即使这些数据是存在于公共领域并且在某种程度上是已被同意共享的信息，但利用先进的信息技术手段予以集成和分析，却仍有可能造成对人们隐私的新威胁。通过利用先进的信息技术手段对公共领域中不同部分的碎片化的共享信息进行整理和分析，可以揭示人们生活中的方方面面，甚至逼近人们的隐私"①。

西方关于隐私权的研究中，有一则著名的逸事：在一次社交聚会上，有人问一位神父，他是否曾在忏悔室听到过特别的故事？这位神父回答说："实际上，我的第一位忏悔者就是一个很好的例子，因为他是为一次谋杀而来忏悔的。"几分钟后，一位举止优雅的先生加入这一聚会，他见到这位神父，就热情地向神父致意。当有人问他是如何认识这位神父时，这位先生回答："噢！我很荣幸曾是他的第一位忏悔者。"② 显而易见，人们能够将神父与这位先生的话联系起来，通过分析则获知了那位先生的隐私。

故事其实是一种巧合，然而这正是精准广告投放的理论与技术基础，即借助于网络技术与数据库分析，将用户的各种个人信息进行整理与重组。对于广告主们而言，这无疑是值得狂欢的事情，但其产生的隐私风险，则影响到公共领域的顺利构建。正如西方学者索罗夫（Solove）所说："隐私是一套复杂的规范、期待和愿望，它远远超出了这一过于简单化的认识：如果你处于公共领域，那么，你就没有任何隐私。"③

保护公共领域中的隐私已经成了一种现实的、客观的需要。从道德角度来看，"保护公共领域中隐私的理由十分类似于保护更为传统的隐私类型的理由，那些因对私密领域的侵犯而处于危险中的价值，也因今天实施的各种形式的公共监督而处于危险之中"④。对于精准广

---

① 吕耀怀：《当代西方对公共领域隐私问题的研究及其启示》，《上海师范大学学报》（哲学社会科学版）2012年第1期。

② Ruth Gavison, Privacy and Limit of Law, *The Yale Law Journal*, Volume 89, Number 3, 1980.

③ Daniel Solove, *The Future of Reputation: Gossip, Rumor, and Privacy on the Internet*, 2007.

④ 吕耀怀：《当代西方对公共领域隐私问题的研究及其启示》，《上海师范大学学报》（哲学社会科学版）2012年第1期。

告投放而言，通过对个人行为数据收集、重组与分析，已经对公共领域带来了极大的伤害。然而，我们也不得不承认，在分析精准广告投放对于公共领域构建的影响的同时，商业逻辑与广告主的需要，甚至包括普通民众在商业社会中对于商品信息的需求，使得在线精准广告投放仍有存在与发展的意义。那么，如何在商业逻辑与公共领域构建中找到平衡，则成为社会学者与广告从业者所要解决的重要问题。

二 消费主义盛行——文化研究视角下的精准广告投放

在营销概念中，广告是重要一环，它承担着信息传播的桥梁作用。在这层意义上，能够将广告传播效果达到最大化的在线精准广告投放，有着非同一般的意义。然而，商业体系的发展势必会带来消费主义的盛行。所谓消费主义，是西方发达国家普遍流行的一种社会道德现象，是指导和调节人们在消费方面的行动和关系的原则、思想、愿望、情绪及相应的实践的总称，其主要原则是追求体面的消费，渴求无节制的物质享受和消遣，并把这些当作生活的目的和人生的价值。① 从文化研究观点，消费主义被视为是一种获得愉悦的活动形式，是物质极大丰富前提下，人们处理物与人的关系的方案之一。"消费"并不仅仅是传统政治经济学范畴里所指的对物品的需求与满足，而是指人与物品之间的关系。《消费社会》的作者鲍德里亚（Jean Baudrillard）认为消费构成资本主义社会的内在逻辑，包括：商品消费面前人人平等；消费不仅仅体现在物质文化上，更体现在文化含义上，消费体现个人身份；消费的不是商品和服务的使用价值，而是它们的符号象征意义。

消费主义文化意识已经潜移默化地影响了人们的消费观念，使一部分有经济能力的人群将消费主义价值观体现在现实的购买行动上，而那些尚不具备高消费能力的人群则在消费观念上有了一定的消费主

---

① 林于良：《西方消费主义对中国主流价值观的影响及其应对》，《理论导刊》2013 年第2 期。

义倾向。城市青年群体是这种倾向的主要载体，他们首先在观念上认同消费主义的价值取向和生活方式，崇尚个人享乐和所谓的个性，向往高消费、高端品牌，把高端品牌与高品位等同起来，把高消费与美好的个性生活结合起来。巧合的是，在中国和类似于中国的发展中国家（甚至部分发达国家）中，互联网以及手机等新媒体的使用者大多数是城市青年群体。换言之，在线广告定向投放的主要目标消费者群体，也正是这些城市青年群体。通过大量的新闻报道我们可以发现，很多收入并不是很高的年轻人，却经常会使用信用卡去购买一些时尚的、潮流的、品牌标签化的商品——不管是否对其有使用价值与实际需求——甚至包括一些发达国家的中产阶级都无法承受的奢侈品消费。因此，我们看到的事实是：在中国，传统的崇尚节俭、量入为出的观念正在被适度奢侈、适度透支理念取代，但在传统文化的框架和现行制度体系下，它又不同于西方的零储蓄、大比例透支的消费观；传统的收敛、中庸观念正在被张扬、个性理念取代，但与西方的开放、标新立异的价值观又有所区别。这是一种与传统观念差异较大，但又不同于西方消费理念的新消费文化意识。

对于广告主而言，找到最为准确的消费者是最重要的事情，这可以在节约广告投放成本的同时收到足够好的广告效果。因此，界定"最为准确的消费者"就更为重要些。"准确"的概念，不仅仅意味着是对某种商品具有购买欲望的人群，更是具有消费能力的人群。以汽车品牌为例，无论能否买得起，汽车爱好者对于劳斯莱斯、兰博基尼等品牌的热衷程度几乎是一致的，但真正能支付相应费用的，却只是少部分人。盲目地对所有汽车爱好者投放高端品牌的汽车广告，除了平添人们的烦扰之外，并不能产生实际的广告效果，也就是商品的交易——反而会让一些人透支信用卡，甚至是铤而走险获得金钱去实现"梦想"——而这个梦想恰恰是广告主为其营造的。

所以，我们认为，为避免消费主义的盛行，在线精准广告投放在进行信息分析时，应更多地去分析消费者的实际购买能力，并根据其购买能力进行广告投放，即投其所需，而非投已所需，从而避免带来非理性的消费主义，营造更好地社会文化氛围。

三 弱势群体的广告诉求与技术壁垒的矛盾——传播政治经济学视角下的精准广告投放

广告是资本主义经济体系下商品逻辑最基本的一种体现。从商品交换到各种经济行为，从产品研发到价值创造与利润产生，广告承担着重要的信息传播与交流功能。作为目前传播效率最高的在线精准广告投放，毫无疑问在整个商品社会中，发挥着极为重要的作用。但是，商业社会的高度发达并不意味着对所有人的生活都有着积极的作用，作为掌握大量金钱与物质力量并能以此来控制大众媒体的广告主而言，会最大化地传播自己的思维与逻辑，进而影响到社会中政治、经济、文化等方方面面。例如，地产开发商挣富人的钱比挣穷人的钱单位成本的利润更高，也就是投入产出比更高，那么他们盖的别墅或高档楼房就会比经济适用房更多，虽然经济适用房更符合大多数人的需求。

批评主义中的传播政治经济学研究更多地探讨着这样的问题。传播政治经济学理论是一种典型的批判学派研究视野，而批判学派则是以带有马克思主义倾向的法兰克福学派和社会研究的一种理智结合。[①]法兰克福学派以研究法西斯主义的兴起入手，尤其是针对广播电视被希特勒作为宣传工具这一历史，反思与批判资本主义体制下的传媒工业与大众文化对政治和文化的影响。与传统的经验学派将媒介放置于一个相对封闭的环境中分析，对媒介发展、运行、变革等方面做的研究不同，传播政治经济学认为，由于传播现象不可避免地与社会政治经济体制紧密联系，进行传播研究就必须将其放置在大的社会环境中。

在线精准广告投放在很大程度上代表着资本主义商业逻辑中能够影响到社会关系与权力过程的相关因素，主要体现在以下两个层面。

---

① 李娜：《欧美公共广播电视危机与变迁研究》，中国传媒大学出版社2009年版，第23页。

第一，网络技术具有高科技的属性，其终端设备的售价往往也高于传统的广告信息传播所使用的媒介，由此带来的技术壁垒成为不可忽视的问题。技术壁垒在西方发达国家或许并非问题，但对于以中国为代表的许多发展中国家而言，则是普遍存在的。能够熟练使用互联网、手机移动终端的人群，往往是教育程度和知识水平较高的人群。基于这种人群的网络接触行为的数据分析而进行的精准广告投放，必然会忽视大量弱势群体的广告信息诉求——他们往往是因文化层次较低而很少使用网络。更深一层次的影响是，发展中国家中弱势群体的出现，很大程度上是因为经济发展不平衡以及由此带来的教育资源不平衡所导致的。在广告诉求上的这一问题，反而会使这种不平衡的局势更加严重，进而影响到社会文化的各个层面。

第二，技术壁垒（包括价格壁垒）所营造出的在线广告投放的受众，往往是所谓"三高"人群——高学历、高收入，以及高的社会地位，但这并不意味着社会普通民众和弱势群体不会接触到网络与手机等终端。然而，基于三高人群进行投放的广告，被普通民众、弱势群体，特别是年轻的人群接触到之后，也许不会产生直接的广告效果——即使广告效果已经到达"态度改变"层面，但因其购买能力的问题仍不会产生购买行为，广告效果仍不明显——因此其对于年轻弱势群体的文化影响则不容易被观测到。

四 结论

在线精准广告投放作为当前社会各界最为关注的广告投放形式，其形式、内涵与技术被很多经济学者所研究，其效果研究更是被经济学、心理学、社会学以及传播学等相关学科的学者普遍关注。作为一种通过根据网络终端数据痕迹分析消费者兴趣爱好、实际需求、态度倾向等从而进行的广告内容的精准投放，其传播效果的实现是显而易见的。与此同时，伴随着"云"概念与技术的成熟，实现精准投放有了更为全面、更为准确的数据分析。

　　与大多数的经济学者以及实证主义传播学者的研究不同的是，我们是从批判主义的视角对在线精确广告投放进行了另一个层面的冷思考。在线精准广告投放最大化地提高广告效果并获得更多经济利益的同时，也带来了包括个人隐私保护、消费主义盛行、冗余信息过剩等诸多社会问题，进而对于社会政治、经济、文化以及公共领域的构建与发展等造成不确定性的影响。甚至，依托于西方先进科学技术和高度发达的商业广告传播体系，会带来新的"文化帝国主义"侵袭。为此，本篇从公共领域构建的视角分析了个人隐私的保护，从文化研究视角分析了消费主义的利弊，从传播政治经济学角度分析了良性社会政治经济文化体系的构建，以此抛砖引玉，引起学者们充分考虑在线精确广告投放所带来的负面问题，尽可能地在实现在线精确广告投放传播效果与经济效益最大化的同时，更多地考虑社会文化的建设，从而实现商业逻辑与文化逻辑的平衡，也就是经济效益与社会效益的平衡。

（作者：于孟晨）

场景盛行下的新媒体人际传播

　　对当前世界加以的众多描述中，日常生活与数字领域间的瓜葛算得上炙手可热，人们在日新月异乃至更加频发的变化里一边拒绝一边适应。"个人科技产品正变得更加复杂，变得对外围设备更加依赖，变得更像有生命的生态系统……"这诸多"更加"不是某个时期努力后的阶段成果，而是"一种变化的状态，是一种进程"，是凯文·凯利精心阐释的"进托邦"（protobia），① 是渐进的恒常改变。人们置身其中，所以能够轻易地理解这样的"归宿"，并且逐渐变得愿意用行动去接受它。然而新做出的改变用不了多久就会成为过去，里程碑会因为加速的更迭而失去价值，特定时间、特定环境、特定人物的组合开始更多影响人们的行为与需求，实时体验、决策、分享让场景变得富于意义。

　　柏拉图在《理想国》第七卷《教育与实在与影响》中对"所见世界"的描绘，"洞穴式的地下室"② 里人们仅能通过烛光投射在墙壁上的影像获取来自世界的信息。洞穴墙壁作为媒介便是麦克卢汉所引进的"新尺度"，③ 形成了人们观看的行为与随即的判断，这种标准下，

---

① ［美］凯文·凯利：《必然》，周峰等译，电子工业出版社 2016 年版，第 4—9 页。

② ［古希腊］柏拉图：《理想国》，吴松林、林国敬译，北京理工大学出版社 2015 年版，第 161 页。

③ ［加］马歇尔·麦克卢汉：《理解媒介》，何道宽译，译林出版社 2011 年版，第 19 页。

人们认识的世界是平面化的。柏拉图的描述是在苏格拉底不断向克根拉提问的场景下推进的，然而二人却并没有继续讨论不同人在不同时间看到这些影像的反应，也没来得及设想接下来可能发生些什么。如果一个人在半梦半醒间混沌状态下会不会与清醒时的认识有所差别，某个耳力特别的人会辨别出声音可能来自背后而不是洞壁，或者有人可能会出言评论而引发众人讨论……这样一来起初的认识是否会被颠覆，他们会不会大胆假设身后有另一个世界，以至于最后发现真实世界的存在。身处洞穴、没有行动自由、强迫目视前方的画面具体真切，却与感觉感知、瞬间心理或者他人行为构成了若干种场景可能，这些假设的场景在"理想国"里或许没有必要，而在现今看来这些理解世界的碎片化解释才更有意义。如果说媒介即信息，那么场景便是媒介的媒介，也是符号信息本身。

一 场景盛行

"场景指在特定时间、空间发生的行为，或者因人物关系构成的具体画面，是通过人物行动来表现剧情的一个个特定过程"[1]。在以面对面为方式的信息传播和人际交往中，场景画面立体地投射出信息传播的终端环境，既决定传播活动能否发生，也不可回避地成为最重要的传播内容，以意义的内涵决定传播价值是否存在，场景即讯息。

以往场景是构成影像作品的画面，即一个或若干人物角色在有意编排的蒙太奇叙事中的特定情节，是人为构建的时空缩影。而今天的场景则更多表现为某现实世界角落的画面静帧，以时间切片集合的方式构成社会关系互动的整体，成为社会信息传播模式构成中一个新的核心要素，以及一个关乎时代的特征描述。

---

[1] 蒋晓丽、梁旭艳：《场景：移动互联时代的新生力量——场景传播的符号学解读》，《现代传播》2016年第3期。

1. 移动互联时代提升场景价值

当"流"（flows）的概念正在被热衷于解读时，人们手持或穿戴着便携化媒体设备也流动起来了。工作与生活的时间分隔被彻底打破，正襟危坐在 PC 端游戏、学习、购物或是聊天的行为开始显得老气横秋甚至显得有点愚蠢，移动互联时代的彻底到来使悬挂于网线末梢的固定位置变得像乌贼触手般充满活力，透过智能手机、平板电脑（Pad）、新型"手表"或"眼镜"等设备，流动信息与移动个体恰巧交汇在了一个个别开生面的"场景"之上。无论是躺在床上、行进途中、留恋于马桶，还是商务谈判、咖啡厅小憩、闺密聚会，每个场景画面都可能关系到某种商机，悄然影响到周边的若干关系。

曾几何时，以广告为代表的商业化信息还将偶然找到的"无聊时间"当作宝藏加以争抢，人们却已不动声色的调整了作息"从日清日毕模式转换到实时模式"①，积极迎合一个个变化的场景以填塞住每一个喘息之间的缝隙。大众传播的衰弱，传播法则的颠覆，使悉心揣摩、精心设计的内容信息能到达指定人群之可能性仅能靠概率推演，原本有效率就不足一半的广告预算越来越无足轻重。然而此时场景的意义却大大强化了，"基于场景的服务"，"对场景（情境）的感知及信息（服务）适配"，成为"移动传播的本质"，② 相同相似的信息因为场景的转换而变得意义不凡，实时切换让场景的争夺变得价值连城。

2. 信息科技确保鼓励场景传播

场景的盛行一方面取决于移动互联生活的需求；另一方面也得益于科技进步的保障，这是为何场景传播的价值在今天才得以扩展的重要原因之一。"熊彼特认为一切创新均建立在技术创新基础之上，伊尼斯则将媒介及其技术作为划分历史与文明的标尺"③。罗伯特·斯考伯和谢尔·伊斯雷尔所说的"场景五力"，即"大数据、移动设备、

---

① ［美］凯文·凯利：《必然》，周峰等译，电子工业出版社 2016 年版，第 66 页。

② 彭兰：《场景：移动时代媒体的新要素》，《新闻记者》2015 年第 3 期。

③ 刘磊、程洁：《颠覆与融合：论广告业的"互联网＋"》，《当代传播》2015 年第 6 期。

社交媒体、传感器、定位系统"无一不是当下最先进的数字科技成果，无一不是传媒业坚持融合跨界发展后拥有的超级能力。

实时定位技术与移动设备的结合方便抓取用户的位置以及状态；大数据加云计算的强大组合为及时、准确、智能化的信息适配提供可能；社交媒体技术广泛而生动地运用易于用户间同步的分享体验；物联网、3D 打印、VR 与 AR 技术让场景的搭建可以从实体空间延伸至生命与非生命体、现实与想象、真实与虚拟世界之间……它们"正在改变你作为消费者、患者、观众或者在线旅游者的体验，"也"同样改变着大大小小的企业"。①

二 场景成为新媒体人际传播的新要素

作为社会生活中最直观常见的传播现象，"人际传播是个人与个人之间的信息传播活动，也是由两个个体系统相互连接组成的信息传播系统"②。它既是个体的存在方式，也是构成各种社会关系与庞大社会信息运行系统的基础。传统人际传播现象大多发生在熟人之间，主要通过语言文字进行表达，而新媒体技术与其传播方式的加入就让人际交往双方的关系变复杂了，交往手段也变丰富了，人际间交往越来越依赖于电子化、数字化工具，以物质场所为基础定义的场景界限和人们对空间的感觉体验都改变了，人际传播的含义与影响力也"从日常生活中的私人语境扩展至公共语境，凸显出新媒体人际传播在个人议题和社会议题间所发挥的桥接作用。"③

场景既是一个环境空间概念，也包含了行为情景与心理氛围。可能是固定的，如办公室、餐厅、电影院等具体位置；在很多时候又是移动的，随人的移动和行为心境的改变而改变。新媒体人际传播从形

---

① 〔美〕罗伯特·斯考伯、谢尔·伊斯雷尔：《即将到来的场景时代》，周宝曜译，北京联合出版公司 2014 年版，第 11 页。

② 郭庆光：《传播学教程》，中国人民大学出版社 2011 年版，第 71 页。

③ 沈荟、王学成：《新媒体人际传播的议题、理论与方法选择——以美国三大传播学期刊为样本的分析》，《新闻与传播研究》2015 年第 12 期。

式上借鉴了人际传播管道丰富、方法灵活的手段，从本质上继承了人际传播说服性强、沟通情感的效果，然而在影响力方面却获得了十足的突破，个人话题很容易被放大至若干个圈层，私密信息一经扩散便难以受到控制，个人事件与公共事件之间常常仅有一线之隔，人与人间的信息交换被赋予了更多的意义与场景。场景可以是私人化的，也可以是公共性的，即人际传播活动可能发生在私人场景内，可能发生在公共场景中，也有可能发生在私人场景与公共场景转移的过程里。场景打破了范围与状态的局限，更有益于在新媒体环境下思考人际传播问题。

　　场景在传播行为发生时出现，伴随传播过程而延续一段时间，当传播行为中断或结束时，场景也就随之消失了。因此，场景的价值是与传播价值同时存在的，场景是新媒体时代传播得以完成的必要条件，是构成新媒体人际传播的重要元素。抓住了场景这一要素，就等于守卫在人媒接触的隘口，掌握了人际关系的纽带，基于场景的内容传播、社交和服务，是未来人际交往的核心。

三　新媒体人际传播的场景化动机

　　人际传播作为最典型的社会传播活动，是人的本能需要所决定的，其基本动机被郭庆光总结为："寻求关于生产、生活和社会的有用信息从而进行环境适应决策、建立社会协作关系、自我认知和相互认知以及满足人的精神和心理需求。"[①] 而不断出现的大量新型媒体形式，又延展了人际交往的平台，互动与信息分享在以社交为关键语汇的新媒体时代下价值更加凸显，沈荟、王学成通过对美国三大传播学期刊《传播学刊》《新闻与大众传播季刊》和《广播电子媒介学刊》十年样本的研究提出，借助新媒体开展人际传播最重要的五项动机为：自我呈现和印象管理、建构和维持人际交往关系、自我表露、获取信息、

---

① 郭庆光：《传播学教程》，中国人民大学出版社 2011 年版，第 73 页。

娱乐。① 换作场景思维的角度分析，这些动机都可以体现在共享统一场景、分享他人场景和为他人构建场景的需求动机之上。

1. 共享同一场景

相对于大众传播而言，新媒体传播更加偏重及时与互动，因此以社交为目的的动机超过了获取信息成为人们使用新媒体的首要原因。在微信朋友圈和微博发布此刻状态的自拍照片或者与他人合影的普遍现象，正是自我表露需求的最直接体现；而精心选取角度拍摄、使用美颜相机、美图秀秀，或者晒出的是与某位名人的合照，则反映了特定人群对印象管理的渴望。在这些传播现象中，传播者将自己在某时间、某环境与某人做某事的场景画面分享于他人，接受信息者通过诸如智能手机的媒体工具便能够马上（几乎同步）感知这一场景，随即可能进入同一场景，或共同建造另一个新的场景。比如一个人午夜时分发布了一则自己失眠的信息，在他的潜意识里可能希望借此获得同情，或者在别人（比如上司）认识中形成"因工作强度过大导致身体亚健康"的印象，然而却收到了类似"我也失眠了"的评论回复，此刻传受双方或多方虽然各自在其家中，却进入了相同的场景，随后就可能开辟了"既然都睡不着，索性聊聊其他话题"的又一场景。

人们愿意在不同时刻主动公开场景信息，分享部分"隐私"，通过社交媒体管道筛选接纳他人进入自己的生活空间，以此完成自我宣泄与呈现、印象管理，并建立优化与他人的协作关系。

2. 分享他人场景

大众媒体的衰落主要源自其在公共信息阵地的失守。新媒体时代，主流媒体信息的权威性开始遭受质疑，人们自觉甄别分辨信息的意识觉醒，多数人乐于选择个性化的渠道获取信息，这些渠道包括各式网页和每部手机上都不尽相同的 APP 组合。在这些过程之中，被动的接

---

① 沈荟、王学成：《新媒体人际传播的议题、理论与方法选择——以美国三大传播学期刊为样本的分析》，《新闻与传播研究》2015 年第 12 期。

受者身份转变为了用户，用户在得到信息时也积极的分享了他人所建构的场景。我们经常会被微信朋友圈等社交工具中一些"到此一游"的图片所吸引，这一方面取决于对发信息者的关注程度；另一方面也许出自对拍摄环境的好奇。而在这样一次信息活动交往中更加重要的事实是，信宿奇妙地走进了信源所处的场景，体会到部分相同的场景气氛，形成了类似身临其境的感受，还可能继续引发互动，最终改变对某人某地的某些认知或者影响了与某人的情感。类似的情况比比皆是，用户可以在经一次授权后通过设定好的入口分享他人在吃饭、逛街、读书、旅行、发呆时的种种场景，再自愿选择参与及参与程度。

借助新媒体的人际传播化解了大众传播与以往人际传播间的尴尬，让人能够游刃于旁观者和参与者两种身份。搜寻信息为觊觎和留恋他人场景提供了充足的理由。

3. 为他人构建场景

场景的搭建既可以是宣泄自我、寻求认同，也可以成为诉求被加以利用，围绕需求与需求可能构建场景，是存较强烈意愿的主体更为积极的传播动机。为他人设置适宜的场景是今天所有成功商业模式所达成的共识。

微信朋友圈正是一个以个人为中心所构成社交场景的集合，它既依赖了"地球村"的直观印象，也蕴含了"天涯若比邻"的心理感受，其中还存在能弥补人们寻求遗失美好回忆的机会，以及"不散宴席"的奢侈梦想。"朋友圈"既是空间环境意义上的社交场地，也是心理情境上的心灵家园，使用者很容易设想到与自己有关的熟人也在使用时的场景，如同大家面对面攀谈一般无二。如果说熟人交际可被列入本能需要的话，那么"陌陌"所开辟的陌生人社交应该算是创造性的，它将早期互联网匿名、神秘的原始诱惑加工为场景，借此唤起了使用者潜在的社交冲动。手机"摇一摇"搜索成为陌生人间建立联系找到"有缘人"的方式，查找"附近的人"则为从生转熟的规律与期待提供了发展可能。而瑞典 P1 公司推出的"探探"更注重用户的选择体验，使用者通过左右滑动屏幕的方式选择认识附近的人，向右滑表示乐于交往，向左滑表示没有眼缘。用户一边享受场景所带来的新鲜感受，一边因为对同一场景中的其他参与者的想象而充满期待。

为他人构建场景的商业化动机绝不仅仅表现在移动社交工具的定位推广上，差不多所有的商业服务价值都可以在场景思维下得以转化。支付宝"空付"（KongFu）是物联网与智能识别技术在电子支付领域的概念性突破，它可以通过扫描授权，赋予任何实物支付功能。而除提供了便捷化的直接利益外，更加引人入胜的仍然是个性化场景的创建，采用人脸、宠物、纹身，还有用其他人想都想不到的东西来购物时的场景简直太酷了。

有意为他人设置场景的传播主体还包括如微商、淘宝店铺个人主理的信息公众平台等在内的经济与社会个体。而透过场景分析挖掘、诱导特定场景下的适配信息或服务，是所有持此动机借之传播者的最终目标。

四 场景传播对人际关系的影响

当人际交往习惯了新媒体的参与，与之相联系的人际传播活动就自然突破了个体间直接交流方式的局限，依靠同步时间、确定地点、稳定媒介的制度被时间碎片、随时移动变化的地点、丰富的交流工具形成的新模式所替代，按"话题""内容""人群"归类的人际关系显得过于粗放，而各种变量在特定时空与状态下所交叉停留于的场景可能成为"信息组织、关系组织与服务组织的核心逻辑"。①

场景既是新媒体人际传播的语境，也是新媒体人际传播的内容讯息，随着场景意识的增强、场景传播的加剧，建立在彼此认知基础上的人际关系也因此发生了些许改变。

---

① 彭兰：《场景：移动时代媒体的新要素》，《新闻记者》2015 年第 3 期。

1. 亲密关系的改变

熟人特别是核心群体间关系是建立在主动交往的前提下的，新媒体人际传播对熟人间亲密关系的促进作用主要体现在远距离亲密关系的维系与提供更频繁传情达意的机会上。如果说面对面的接触能够"促进相互理解、意义分享和情感上的依恋"① 的话，那么借助媒体工具的交流至少比因为地理障碍造成的阻断要好很多，它补充也丰富了人际交往的方式，更何况"当传播从面对面转向以文本为基础的非同步语境时，人际交流就会激发适应性传播行为，如采取有选择的自我呈现和不确定减少策略，这样就会产生理想化的人际认知"② 与幻想，形成更加强烈与良性的互动亲密感。另外，新媒体的伴随性使得人们接触使用媒体的机会日益增多，对移动媒体的依赖也越来越明显，在被切分的愈发细碎的时间场合人们有条件更加频繁的开展人际交往，交往手段的多元与层出不穷也加剧了这一趋势的改变。

场景直接改进提高了传播的有效性，除一如既往的重视语境对信息效果的作用外，场景传播还是"用户实时状态、生活惯性、社交氛围"③ 等因素综合影响的结果。传统的社会人际关系中，熟识程度是区分重要性与参与度的核心要素，当场景作为另一个重要变量介入传播时便也成了亲密关系主体间的重要交际纽带，交往的双方积极加入相同场景之内，自然会受到环境与他人情境的影响，形成感同身受的氛围，也便易于消除误会、化解矛盾，进而加深彼此间联系与亲密关系。

当然，场景传播也可能放大熟人社交矛盾或形成新的冲突，特别是在场景设置者与分享者的立场、审美、状态，所处氛围明显不同或存在错位的情况下。也有观点认为，贪恋场景必定会降低现实世界交

---

① 沈荟、王学成:《新媒体人际传播的议题、理论与方法选择——以美国三大传播学期刊为样本的分析》，《新闻与传播研究》2015 年第 12 期。

② L. Crystal Jiang & Jeffrey T. Hancock, Absence Makes the Communication Grow Fonder: Geographic Separation, Interpersonal Media, and Intimacy in Dating Relationships, *Journal of Communication*, Vol. 63, 2013, pp. 556 – 557.

③ 彭兰:《场景:移动时代媒体的新要素》，《新闻记者》2015 年第 3 期。

往的概率，导致形成关系淡漠与隔膜，甚至会影响重构整个社交关系网络。

2. 生人社交的逆袭

陌生关系是一种随时可能改变的普遍状态，这里所说的生人关系主要指相对于熟人间的远离初级群体的次级人群关系。以往除在特殊情况下，如独自身处于一个完全陌生的新环境时，与陌生人交往的需求量普遍是很少的，然而在新媒体所搭建的新型社交平台之上这一状况被大大改变了。生人社交不仅成为与熟人社交相同的需求组成，而且还通过转化入侵参与到了由初级群体为核心建立的熟人社交群体之内。这一趋势变化，首先，因为无以计量的传播通道增高了与陌生人交往的机会，也提升了由生人关系转变成熟人关系的概率；其次，新媒体环境形成了适应于陌生人之间信息交往的传播生态；最后，在新媒体及其信息的催化下，宣泄、暴露隐私、寻求认同等需求广泛地被激发了出来。

与熟人间关系确立不同，形成生人社交关系的场景基础多来自新的创造。比如，因为网络游戏"魔兽世界"为玩家创造了一个人、兽、精灵和亡魂等种族共存的魔幻场景，所以玩家才可能以其中任意身份参与战斗，与其他玩家结识成为朋友；而时下流行的网络"直播"则是又一种另类现象形式，类似私人空间的场景遭到众多陌生人围观，并由此引发直播人与围观者、围观者之间的多级互动。生人间的社交大多起源于偶发的聚集，这也是在以往时期其无法与熟人社交比拟的主要原因，场景却是在另一个维度上为两种人际关系的确立提供了平等的传播机会。在某个时间碎片里所映像出的场景画面各具魅力，参与人根据需求与实时状态选择进入或放弃某个场景，并与选择进入场景内亲密的人、熟悉的人、认识的人或者陌生人开展人际交往，由此建立维系起某种社会关系。生人社交借助新媒体与场景的传播成为一种普遍的人际关系构成，也以流动的形态与熟人社交圈层构成了更为复杂的互动关系。

3. 网络社群关系的崛起

移动化的媒体生活加剧了时间的"碎片化"，引发了对场景的争抢，也大大的强化了网络社群关系的形成与稳定。如 Rheingold H. 所说，"当有足够的人长时间的共同参与一个公共讨论，投入够多的情感，并在网络空间中构成一个由个人关系组成的网，就会产生网络社群这种网络上产生的社会群聚现象"[1]。网络社群与传统社群有本质区别，虽然有时也嵌套着远近亲疏的关系逻辑，但核心是个体为中心按需求组建形成的，它是"一群拥有某方面相同点的人打破地域限制，在互联网空间中联结形成的一个互动场域或社会关系网络"，[2] 可分为兴趣社群、人际关系社群、幻想社群和交易社群等类型，而这其中按兴趣爱好形成的网络社群是数量最多的种类，它是"一群对某一特定的人、事或者物有持续兴趣爱好的人，主要借由网络进行信息交流、情感分析和身份认同而构建的'趣缘'共同体"。[3] 有兴趣带动的自发交际，让网络社群关系跃升为"初级关系、次级关系之后的第三个阶段的社会性，也就是第三级关系"[4]，而这种第三级关系间的交往常常占据了人们更多的时间和精力。

对网络社群的善加利用与场景传播的加剧不无关系。首先，社群关系的建立本身就是一个场景形成的过程，任一社群内的活动都是在特定的场景下开展的，它"改变了以地缘为划分的社区概念，也突破了朋友圈、熟人圈和陌生人的界线"[5]，为人际交往提供了全新的互动领域，而场景又为其内部规则、交流方式的确立，以及认同归属的形

① 邓胜利、胡吉明：《Web 2.0 环境下网络社群理论研究综述》，《中国图书馆学报》2010年第5期。
② 黄丽丽、冯雯婷、翟向诚：《影响虚拟社群信息分享的因素：多层分析视角》，《国际新闻界》2014年第9期。
③ 罗自文：《网络趣缘群体的基本特征与传播模式研究——基于6个典型网络趣缘群体的实证分析》，《新闻与传播研究》2013年第4期。
④ 邓胜利、胡吉明：《Web 2.0 环境下网络社群理论研究综述》，《中国图书馆学报》2010年第5期。
⑤ 刘磊、程洁：《颠覆与融合：论广告业的"互联网+"》，《当代传播》2015年第6期。

成树立语境。其次，社群内部良好的交往体验往往由场景决定。成员间关系的维系建立在每个以自我为中心个体的共识基础上，而搭建于现实与虚拟、行为与心理之间的场景正是成员们按自我需求所参与创建的，场景内蕴含了每个成员自我的意识与期待。

基于社群的场景比基于个体的场景更具商业价值，诱导人们自发形成加入网络社群，这可能是匿名潜伏者偷欢的虚拟世界，也可能是成员现实生活中人际网络的扩大和补充，而吸引人们进入其中的一定是某个被精心设计好的充满诱惑力的场景。

五　结语

新媒体人际传播兼具了人际传播的效能与大众传播的影响力，既是数字信息技术支持下一种新的传播形式，也是参与者自主选择的一种需求满足方法。层出不穷的媒介形态介入人际交往开展信息沟通，也影响改变了人际间原有关系的建立与维系，人们一面乐于接纳新方式以替代传统；另一面也享受着由此而打破的社交领域边界。此时，人们的行为常常与场景结合在一起，不同时间、空间与特定人群行为、心理状态的拼接才使传播变得更有意义，场景既是沟通发生时的背景，本身又是最有价值的数据和内容，已经成为实现信息有效传播机制中必不可少的重要构成要素。场景正被当作可被捕捉、可利用资源用以提升传播效果、创造商机可能。然而随着新媒体的加入，人际传播间便平添了施加影响的第三者力量，人际关系中掺杂了越来越多刻意加工、刺激诱导的成分，逐渐背离了自觉、本能的原始传播动机，而过度控制场景正是站在另一个驾驭维度损害社会个体的隐私及独立权利。保持场景意识，适度利用加之伦理制衡，以理性、节制、友善的态度应成为大数据信息服务商与大众开发、使用场景的基本准则。

（作者：刘磊、陈红）

移动互联网时代信息可视化的传播学意义及应用

一 信息可视化：多学科交叉的新领域

"可视化"一词源于英文的"Visualization"，原意是"可看得见的、清楚的呈现"，也可以译为"图示化"，如信息图表、计算机编程的可视化界面（如 VB、VC 等）。人类的创造性不仅取决于人类的逻辑思维，也取决于人类的形象思维。正如双重编码理论指出的，同时以视觉形式和语言形式呈现信息能够增强记忆和识别，非语言和语言具有同等重要的地位。

信息社会，数据繁杂且结构复杂，传统的数据分析方法无力提取、转换、映射与整合信息的特征值，为了有效挖掘、展示和理解隐藏在大量信息中的内在特征、关系和规律，人们求助于可视化理论及其技术。可视化技术以人们惯于接受的"图形、图像"等视觉符号系统辅以计算机信息处理技术，将被感知、被认知、被想象、被推理、被综合及被抽象化的客观事物属性及其变化发展出来的形式和过程，通过形象化、模拟化、仿真化、现实化的技术手段表现出来。它涉及计算机图形学、图像处理、计算机视觉、计算机辅助设计等多个领域，是数据处理、呈现和决策分析等一系列问题的综合技术。可视化作为将数据、信息、知识等内容转换成图形进行展示的一种方法，最早出现在计算机科学领域，即科学可视化。然而，随着不同时间段内社会需求和亟待解决的问题不同，可视化研究领域也随之呈现出不同的研究主题，主题领域的知识结构同样也会衍生出新的技术、方法、知识单元去解决新的理论问题和实践应用问题。近年来，随着社会信息化的推进和网络应用的日益广泛，在激增的数据背后隐藏着大量重要的信息，人们希望对其进行更高层次的分析。故而，可视化技术被运用于不同金融、通信、生物医学等领域，涵盖了更广泛的内容，学者进一步提出了数据可视化、信息可视化的概念。1989 年，G. Robertson、S. Card 与 J. Mackinlay 在会议论文 *The Cognitive Coprocessor Architecture for Interactive User Interfaces* 中提出信息可视化的概念，目前信息可视化已成为与科学可视化并列的研究领域。

信息可视化是"在计算机、网络通信技术支持下，以认知为目的的，对非空间的、非数值型的和高维信息进行交互式视觉表现的理论、技术与方法"[①]。信息可视化是在科学计算可视化、数据可视化的基础上发展起来的新兴研究领域，它的概念首先来自科学计算可视化，科学家们不仅需要通过图形图像分析计算机算出的数据，而且需要了解计算过程中数据的变化。在信息社会，随着计算机虚拟技术和数据挖掘工具的发展，学者不仅需要对海量数据进行计算和分类，更迫切的是需要用图形、图像、动画等视觉表征手段表示信息对象内容特征和语义的过程，特别是能够有效挖掘、展示和理解隐藏在大量信息中的内在特征、关系和规律。作为计算机及信息科学领域的一种重要的研究方向，可以说，信息可视化从诞生之日起，就是"一门多学科的方法学，利用的是很大程度上相互独立而又彼此不断趋向融合的诸多领域"[②]。信息可视化领域作为一个交叉融合的学科，它以一种视觉的形

---

① 周宁、张李义：《信息资源可视化模型方法》，科学出版社 2008 年版。
② 王国燕、汤书昆：《论科学成果的视觉表达——以 Nature、Science、Cell 为例》，《科学学研究》2013 年第 10 期。

式来表示数据、信息和知识的过程，借助计算机图形学规则及相关计算算法，绘制成视觉图形，使复杂的数据、信息和知识易读、易懂，从而使得人们对数据、信息及知识的内容、结构和内在规律得以更加全面的了解与掌握。正是基于这种多学科交叉的学科背景，信息可视化的研究不仅立即成为计算机及信息科学领域重要的研究热点，更迅速向其他学科演进。研究发现，除信息管理学，计算机科学外，信息可视化主体的研究已拓展至生物学、医学、地理学、材料学、化学、地质学、社会学、历史学等众多交叉学科的重要研究领域，已经拥有十分明显的多学科知识结构特征。同时，信息可视化的学科理论和方法体系也在与其他学科的融合中不断发展演进。

信息可视化作为信息在语义层面上的一种可视化思维、形式和技术，至今仍是一个跨学科研究与应用的新领域，并呈现出极强的多学科知识融合结构特征。近 10 年来，信息可视化主体研究呈现外延式快速增长阶段，但在"快速增长的背景下多学科共同参与的相互融合性不够"。[①] 因而有学者认为"可视化研究需要一个一般的框架来协调不同的独立研究领域，这些领域包括信息可视化、认知艺术、知识管理、传播学、信息架构、学习心理学、认知心理学等"[②]。而与传播学大背景的融合更被认为是可视化研究存在的诸多问题当中目前最需要解决的问题。因此，本文以多学科融合的理念，从自身学科背景出发积极探讨信息可视化研究与传播学领域的整合与应用。

二　信息可视化与传播学的整合

1. 传播技术的革新推动信息可视化的发展

普遍意义上的信息可视化思想被认为是伴随着统计学的诞生而出

---

① 胡小洋、李小涛等：《"信息可视化"主题下的多学科知识结构探究——基于2004—2013 年 WOS 数据库的文献计量和内容分析》，《图书馆学研究》2015 年第 5 期。

② Burkhard, R. Learning form Architects, *The Difference between Knowledge Visualization Information Visualization*, In Eight International Conference Information Visualization（IV04），London，2004，p. 7.

现的。但事实上，用图形描绘、记录、分析和展示量化信息的思想植根于人类社会早期对客观世界观察和思考的需要。由加拿大国家科学与工程研究理事会资助的一份研究报告《主题科学、统计数据图示和数据可视化的历史里程碑》中，研究者 Michael Friendly 和 Daniel J. Denis 将可视化的历史分为 8 个阶段，列举了可视化历史上 270 多个里程碑式的事件，用以展示可视化的前进轨迹以及在该领域中做出杰出贡献的科学家。在这份研究报告中，信息可视化的起源被追溯到公元前 6200 年一份现存的最古老的城市地图——Konya 地图，地图形象地描绘了正在喷发的火山和陆地。

纵观信息可视化的发展历史，除了统计思维和信息技术的不断进步外，传播技术的变革和图形视觉表达方式的演进亦是推动该领域发展的重要助力。18 世纪之前，手绘的地图、图表及图形视觉表达方式单一，更因为印刷技术的限制，一直都难以批量绘制和大规模印刷出版，信息可视化表现形式和传播范围都受到极大的限制。活字印刷术（1453）这一重大发明引起的传媒革命为文字信息的大批量复制提供了可能的同时却在一定程度上限制了图形的广泛应用。直到 18 世纪，三色彩印（Three-color Printing，1710）才使得图形突破单一黑白色彩视觉表现限制，更为重要的是平板印刷（Lithographic Technique，1798）技术的出现，使得印刷形式的可视化图形方式终于取代了手绘的传播方式。在此基础上，19 世纪上半叶，公共教育和传媒受到社会公众的重视，书籍、报纸和新闻媒体大量出现。摄影、通信电报甚至计算机这些在未来会深刻影响数据可视化的新技术都在萌芽。信息传播逐渐突破时空和地域的限制，大规模传播成为可能，信息可视化终于在 19 世纪下半叶迎来了第一个黄金时代。报刊书籍因出版发行量和出版地域的限制，与随后出现的广播、电视、互联网等传播媒介相比，不能引起公众广泛的关注。同时，手绘图形限制了图形的视觉表达形式，信息可视化的发展在随后的 20 世纪初陷入了低谷。

如果说传统大众媒介在推进信息可视化发展进程中的作用还不甚

明显，那么 20 世纪计算机的出现无疑更深入的印证了信息可视化与传播学发展的密切关系。19 世纪末 20 世纪初，互联网带来了继文字发明、古登堡印刷术、电报之后的第四次传播革命，随着社交网络、移动互联网和物联网的兴起，信息数量呈指数级增加。遍布世界各地的各种智能移动设备、传感器、电子商务网站、社交网络每时每刻都在生成类型各异的数据。借助计算机图形学，可视化终于摆脱了手工绘制图形的限制，更因为互联网媒体的交互性，为信息可视化领域注入了前所未有的活力。经过短暂的休眠后，20 世纪下半叶信息可视化迎来了第二个黄金发展阶段。

纵观信息可视化发展进程，媒介形态的变化和传播手段的进步与信息可视化发展有着紧密的联系，两者相辅相成，这其中存在千丝万缕的关系。因此，尽管信息可视化领域的起源可以追溯到 20 世纪 50 年代计算机图形学的早期，但是从传播学角度去关注这一领域是必不可少的。

2. 信息可视化为传播学研究带来了机遇

主流的传播学研究总是关注人们的个体行为，不考虑行为的社会方面，也就是人们之间的互动和对彼此的影响，研究所使用的都是基于随机抽样的人的属性数据。这种使人的行为脱离了其所处的群体，从他的社会情景中剥离出来，没有互动，每个人都是孤立存在的研究模式与社会化关系网络错综复杂的情景存在极大的差异性，从而使传播学研究陷入困境。尤其是在传播效果研究领域，1998 年德芙勒发出了传播效果研究里程碑消失的感慨。

而可视化基础理论强调环境中的外部表征对于认知活动的重要性，强调信息不是独立于认知主题之外的孤立实体，而是需要人主观的交互行动。通过对信息本质的重新定义，即信息不再是作为独立于认知主体之外的孤立实体。而是由认知主体在特定时空情境下主观建构所产生的意义，知识也是认知主体的主观产物。信息和知识是人在交互过程中通过不断建构、修正、扩展现存的数据和知识结构而获得的。信息意义的建构过程是人的内部认知与外部环境交互行为的共同作用结果。而分布式认知理论——作为可视化新的理论框架，将认知的领域从个体内部扩展到个体与环境交互时所涉及的时间和空间元素，强调环境中的外部表征对于认知活动的重要性，而不仅仅局限于传统所关注的个体内部表征。当环境中存在符合用户心理映像的外部表征时，例如某种直观的可视化结构，那么用户可以直接从中提取信息和知识，不需要经过推理等牵扯内部表征的思维过程。在交互中主动建立有效的外部表征，能够大大提高认知的效率。信息可视化是将信息和知识进行外部化的一种手段，在信息可视化分析过程中搜索和获取信息的行为，本质上就是一种意义建构行为。

除了大数据时代数据来源变化引起的信息社会的变革外，对广大公众而言，大数据时代所带来的全民共享的传播变化是最为真切的感受，亦是大数据产生社会影响的本质。以微博、微信等移动终端为代表，其快捷方便的图文上传效率、多重交错的信息视听体验，从公众舆论到平台传播再到当事者回应，响应回环速度之快已非以往文字短信媒体可同日而语，它极大地改变了原本自上而下的信息传播方式，整个社会被涌动的海量信息重新组织。在信息时代，人们习惯于沉浸在信息的海洋，既期盼获取信息的满足、坚持信息等待的执着，又苦于信息不确定的焦灼与信息过剩的不堪其忧。进入大数据时代更是如此，从内容稀缺时代转变为信息过载时代，出现了信息的过度充裕和满足于用户个性化、定制化需求的信息的极度匮乏之间的突出矛盾。人们不知如何在海量的数据中辨析真正需要的信息时，不能真正理解想要被告知的信息时，这使得今天的人们总是处在信息饥渴与信息焦虑的两极之间摇摆、徘徊，并急切地期冀找寻一种可以达到相对平衡的状态，以实现对信息的有效接收与传递。

由此，在这个社会无限地趋向于对大量信息进行快速分享的时代，随之带来的诉求便是，对于海量信息的及时梳理及逻辑建构，并达成可以迅速传播的某种信息模型，以更为有效、更加高速的方式促使公共信息被目标人群无障碍地接收和识读，就成为大数据时代最为现实的公众心理需求。这为信息可视化迅速进入公众视野，为及时化解社会焦虑的有效工具创造了现实的需求空间。由此，"信息可视化"成为推动大数据时代信息快速共享和无障碍传播的必然选择。

三　移动互联网时代信息可视化应用的三个方向：数据新闻、微博信息可视化研究、视觉传播

以图形、图表、视频等为主的视觉表征符号，以视觉语言作为传递信息的主要方式的信息可视化领域与传播学研究有着天然的密切联系。可以说，信息可视化及其相关技术的到来更为大数据时代下传播学的研究提供了契机。本文认为数据新闻、微博信息可视化研究和视觉传播是移动互联网时代信息可视化应用的三大主要方向。

1. 数据新闻

数据新闻这个概念其实并不陌生，早在 1821 年《卫报》在报道中首次使用表格展示接受免费教育的学生数量，开启了数据新闻这样一种新的业务方向。只是在早期的新闻写作过程中，数据更多地被当作新闻叙事环节的补充或说明，用来支撑新闻真实性和可读性。

与早期的精确新闻学相比，因为在使用数据的目的和数据量级等方面的巨大差异，决定了二者在分析主体、意义、方法和技术上的根本不同。精确新闻学大多按照社会科学研究方法来收集和分析一些抽样得到的数据，而数据新闻面对的则是真正意义上的大数据。精确新闻学需要由受过专业新闻传播学和社会科学研究方法训练的主流媒体机构来进行调研分析，例如央视索福瑞、尼尔森等；而结构化、开放式的数据让普通人可以个性化地再加工生产，很多数据新闻案例中用户就已经参与到新闻的报道过程当中。其中，数据新闻最引人关注的一点则是数据新闻交互的可视化传播方式。数据新闻可视化叙事源于大数据时代云计算等概念的火热、得益于信息可视化技术的发展使得数据生产和呈现方式发生改变，进而在传播学领域诱发创新。

数据新闻为新闻的呈现与叙事方式提供了一个崭新的渠道，通过信

息图表等手段能够对已经拥有的数据进行更好的呈现与解读。可视化展现形式让数据新闻的易读性得到大大加强，更能挖掘和展示庞杂数据背后的关联和模式，利用丰富的、交互的可视化传播深层次地洞察正在发生的新闻事件、让新闻报道焕发新的活力和魅力。但是，不管是数据表达与呈现层面，还是数据收集与分析层面，我们更多地把可视化视为一种技术手段。阿伦·皮尔霍夫指出数据新闻的目标依然是提供新闻信息和帮助受众更深入地了解新闻事实，数据新闻不再是简单的计算机辅助新闻报道，而是要依赖于计算机技术，如信息可视化的信息图表和应用程序。

这种工具化的关注视角限制了信息可视化对于传播学发展的推动作用。首先从理论上讲，交互的可视化传播方式改变了传统新闻报道中以文字为中心的叙事方式。在过往的新闻理论中，文字始终是新闻的中心和主题，即使有图片、数据，也都是为文字叙事做辅助，只是新闻的材料。就强调报道中调查和数据科学应用重要的精确新闻学而言，最初也是为了回应强调文学技巧的新闻报道形式而诞生的。它强调向公众提供数据作为支撑观点的论据进而增强报道的准确性和可靠性，但是文字仍然是新闻报道的核心。而数据新闻则改变了传统以文字为中心的叙事方式，数据成为新闻的本体，也就是叙事语言。面对大量即时产生的、非结构性的关系数据，必须掌握传播内容的生产、流动与分析研究才能实现有效的信息传播。随着网络与信息技术的迅猛发展，数据虽然庞杂但是开放性、流动性增强，我们面临的挑战不再是因为缺乏相关技术在面对庞大的数据库时如何获取信息，而是在整个信息生成流动中处理数据的方式，包括如何筛选、分析、理解与生产信息，即信息生产方式的重新建构。因此，我们应该把信息可视化视为一种理念、一种思维方式，而不再限于传统工具化的关注视角去理解可视化对信息生产整个流程是如何不断地产生叠加作用的。

过去，在传播学研究领域一直备受瞩目的革新运动是媒介技术的演变。在拉斯韦尔的5W模式中，媒介分析一直是传播学研究的核心问题，而大数据时代可视化技术的出现较好地转移了注意力，从媒介技术引向了媒介内容，即信息本身，也就是数据或信息的挖掘、分析与呈现和传播效果的研究。数据新闻是大数据时代诞生的一种跨学科、跨领域的新闻呈现方式。它旨在通过数据挖掘，探寻隐藏在大数据背后的新闻，并利用静态图表、交互式多媒体等形式将新闻内容视觉化呈现。这种对新闻内容的视觉化呈现过程就是在大数据时代对 5W 模式中信息生成过程最佳的阐释与拓展。数据新闻不是数据简单的抓取和呈现，而是把庞杂的数据通过显而易见、丰富多彩的可视化方式展示出来，同时在这一过程中通过科学的分析方法建构数据的意义，使用户可以独立地去理解数据蕴含的信息。

可以说，在大数据和信息可视化时代背景下以一种全新的表现形式呈现在受众面前的数据新闻，不仅是生成和呈现数据的主要方式，更是信息可视化技术应用于传播学的最佳契合点之一。当然，数据新闻并不是唯一的途径，我们仍然可在传统的深度报道、调查报道上做文章，但是合理地利用大数据及相关技术就会让我们的报道呈现完全不一样的效果。

2. 信息可视化在微博信息传播研究中的应用

微博的出现引发了传统信息传播模式的巨大变革。微博具有更新便捷、传播迅速和群策群力的特点，成为一个新型实时信息分享的平台在短时间内便迅速发展壮大。截至 2015 年 12 月，国内微博月活跃用户达到 2.36 亿，同比增长 34%；移动端月活跃用户规模接近 2 亿，日活跃用户更是达到 9400 万，接近 Facebook 的日活跃用户量。这些活跃用户实时在微博上分享自己日常生活中的所见所闻所感，发布或分享自己感兴趣的信息、图片和视频，发表自己的观点和言论，表达自己的情感，维护这一虚拟的人际交往圈并逐渐对其自身产生潜移默化的影响。因此，微博这种基于用户关系进行信息的分享、传播、获取的模式使其成为集合了海量用户行为数据的巨大数据库，通过对这些信息、时间、图片和视频数据的挖掘与分析，能够充分反映个体作为一个独立个体和社会成员所蕴含的庞大复杂的社会关系的全面特征。

微博在对变革传统信息传播模式的同时，更对现实社会产生巨大影响。微博不仅仅成为个人声音的公共意见表达场所，在民众生活和舆论宣传等方面也越来越占据重要的地位。尤其是在突发事件、群体事件的信息传播上，微博更是超越了传统媒体成了信息传播的主要渠道。随着微博的飞速发展和用户的不断增多，越来越多的人开始关注和研究微博，研究微博信息传播网络对理解人类社会组织结构、群体演化特点、信息传播规律等有着重要的应用价值和理论意义。

但是，微博内容的碎片化、强互动的传播方式以及病毒式的扩散速度，使得微博传播与传统传播方式差异甚大。微博上体积庞大、具有多重维度和非结构化特征的信息数据更使得传统数据分析方法，如概率统计等已经很难适应这些特点。如何洞察微博的传播力，如何在纷乱繁杂的微博信息中挖掘出有用的信息需要以信息技术、传播学和社会学方法等作为支撑，更需要借助一定的分析工具。而信息可视化研究作为国外微博研究所采用的主要方法和技术，不仅在 Web 2.0 下的社交媒体研究、信息伦理研究、微博政治研究、电子口碑研究、微博与灾难预警即处理研究和研究方法与技术这前 6 个类团研究中都有所涉及，未来更有可能成为新的研究热点。[1] 可以说，利用可视化的工具，对微博数据进行可视化分析并加以人机交互是目前理解社交媒体信息消费和微博传播模式最常用也是最实用的解决方案之一。[2]

我们知道，微博中关系网络高度复杂，传播路径瞬息万变且毫无规律可言，以个体为信息传播单位的节点式传播却是自媒体时代的典型特征。社交网络小世界特性和无尺度特性，使得微博网络可视化的核心问题集中在节点布局的问题。而目前的微博信息可视化研究正是基于节点、边等微观层面，基于对发布时间、转发数量、被转用户、转发度、转发路径等数据进行深入挖掘分析的基础上以静态或动态的

---

① 陈艳红、宗乾进：《国外微博研究热点、趋势及研究方法：基于信息计量学的视角》，《国际新闻界》2013 年第 9 期。

② 刘芳：《信息可视化技术及应用研究》，浙江大学出版社 2013 年版。

可视化方式呈现节点与节点之间直接的关系及传播路径，从而有效地发现隐藏在信息传播网络中的特征与规律。

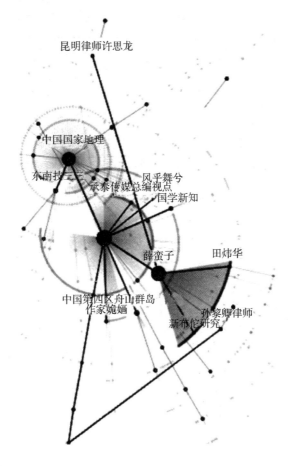

微博传播可视化路径图

以"北京大学 PKUVIS"微博可视化软件对中国国家地理的一条科普微博的分析结果为例①：

这条微博在短时间内引起了 1504 次转发和 565 次评论。在这条结构

---

① 柴玥：《〈中国国家地理〉新浪微博传播效应分析》，《中国科技期刊研究》2015 年第 5 期。

简单的微博传播可视化路径图中，每一个圆点代表一条微博，点越大表示被转发的次数越多，每一条辐射线则代表两端圆点的转发与被转发关系，外侧圆点转发内层圆点。"中国国家地理"是信息的最初发布者，"承泰传媒总编视点""薛蛮子"等核心节点参与转发并引起了有效的二次传播。在该条微博的传播过程中，因为新的意见领袖的参与，在初始话题之外又产生了一个或者多个辐射较大、规模较大的传播中心，信息的传播内容和中心发生转变，我们称为节外生枝型微博传播模式。

除了对传播模式、意见领袖等问题的探索，我们还可以在可视化图形中发现一些特异节点，如那些关注数和被关注数极少，但所发的微博数量却很多，这些节点就很可能是"水军"用户。

网络社交大行其道，海量的数据令我们茫无端绪。信息可视化在人与数据之间架起了沟通的桥梁，揭示了看似杂乱无章其实暗藏玄机的数据背后的科学规律。可视化技术和工具是大数据时代管理和理解微博海量数据的重要手段，信息可视化为微博的深入研究开辟了新径，具有深远的理论指导意义与社会意义。它利用视觉信息的直观性和形象性激发了学者的研究热情，并依靠数据信息的准确性以更精确的模式揭示了微博的传播机制，对于建设健康和谐的信息社会产生了积极的推动作用。

3. 视觉传播：传播学的新领域

诞生于信息科学领域的信息可视化与传播学本体研究有着密切的交叉，形成的视觉传播是一个值得关注的新兴领域。从传播学角度来定义信息可视化的视觉传播过程是指传播者与受传者对于视觉表征进行编码、解码并实现意义共享的完整过程和效果实现。视觉传播以文字、图像、色彩等作为基础视觉元素来进行表现，力图将传统符号系统与变化演进中的媒介环境不断熔炼整合。自媒体时代，借助计算机图形技术和虚拟技术的发展，视觉信息传播从静态视觉信息传播（如平面广告、海报、图形图表、漫画故事等）向动态视觉信息传播（电视视频广告、3D模型、AR技术等）演进。从2008年奥运会开幕式《灿烂文明》篇章虚拟"画卷"的打开，到2015年春晚《蜀绣》中舞台上同时出现的四个李宇春，新的媒介技术向观众呈现出美轮美奂、前所未有的视觉盛宴。视觉传播中那些有形的图像，如图画、影像，借助先进的技术手段，更为迅速便捷地被人们所感知，复制和传播，其所营造的虚拟实景和对现实世界的所引发的视觉冲击力和传播效果令人震撼。就单一形式的传播途径来看，视觉信息传播的形式在移动互联网时代达到了以往难以企及的传播效果，成为信息社会最重要和最有效的传播方式和途径。

视觉是人类获取信息最重要的途径，85% 以上的信息是通过视觉器官传达的。但是，视觉思维并非是简单的感性认识，而是包括感觉、视知觉、记忆、思维等一系列复杂的过程，是从感性视觉，到抽象思维，再到理性直观的螺旋式上升过程。通过这一过程能够把抽象信息与庞杂数据转化为可视化的图像结构和关系网络。尽管视觉思维过程复杂，但人脑几乎是在瞬间就完成对图形信息的处理，比处理文字的线性逻辑思维速度要快很多。美国杜克大学医学中心认知科学家在 2008 年 8 月发布的研究报告中就指出，人类大脑在某一刻捕捉到的视觉细节要比人们惯常认为的多得多。同时，图形从语言表达的意义中提炼出适合视觉表达的内容，并以直观、简洁、清晰、形象生动的形象符号表征，以视觉方式引导人们对数据的关注与思考才更容易被人理解和读取。

信息可视化在计算机图形学的基础上，将非结构化数据映射为简洁、易识别的视觉符号，不仅表现形式更加多样，简洁明了、易于理解和记忆的主题更可帮助公众迅速理解庞杂的数据信息。同时，在数据分析过程中，通过可视化技术，借助平面图形、视频、交互式动画、虚拟仿真影像等视觉语言，使它具有强烈的视觉冲击力，不仅丰富了数据图像的表现内涵，更能够挖掘和表征数据间隐匿的复杂的关系。正如英国《卫报》的阿拉斯泰尔·唐泰斯所描述的那样，数据可视化不仅表达形式多样，容易吸引读者的眼球，更重要的是它具备强大的认知优势。图像及数据可视化的这些优势是实现其视觉传播价值的关键，因此，以图形、图表和视频为主要表现形式，以视觉语言作为传递信息主要方式的数据可视化领域与传播学研究有着天然的密切联系。

　　当今社会，信息可视化已经融入我们的生活，电视电影、广告、动漫、游戏、绘画摄影中充斥着大量的视觉符号与信息，人类社会已经进入了以视觉传播为中心的时代。视觉传播为人类的信息交流提供了基础，也为传播研究提供了巨大的学术空间。

　　信息可视化的发展离不开传播技术的革新，而信息传播过程融入信息可视化思维，使得传播更加精确有效。信息可视化理论和技术也为传播学研究提供了理论支撑和方法体系，可以说，信息可视化及其相关技术的到来为大数据时代下传播学的研究提供了新的契机。

（作者：刘磊、程洁）

新媒介语境下戴维·莫利受众研究

一 受众研究：寻求未来的历史渊源

大众传播活动的历史是一部新媒介不断出现的历史，因而对这个领域的研究来说，也是一部研究方法不断改进的历史。历史地看，受众研究的发展与演变同社会形态和传播技术的变化息息相关。早期的受众研究在以拉扎斯菲尔德奠定的经验主义研究传统下进行，主要以报纸传播效果为核心，关注受众态度、行为的改变和受众类型的统计分析。纵观受众研究历史，学说繁杂，流派纷呈，风格迥异。进入 21 世纪后，西方受众研究出现了"由效果到意义的逐步转向，并呈现出越来越重视意义的发展趋势，这是和西方学术研究中的诠释学传统分不开的"[①]。因此，拥有深厚结构主义背景的文化研究学派在诸多流派中异军突起，成为当代受众研究领域中一支强劲力量。在这样的背景下，戴维·莫利的受众研究理论和范式的重要性得以凸显。

时空变换到新媒体时代，信息传播活动无所不在，媒介融合进度前所未见，受众参与程度和实时互动能力增强，电子媒介所构建的镜像成为受众生活的一部分。这些新的特点重塑了媒介环境，挑战了经典大众传播理论的立论基础，提出了理论普适性问题。牛津

---

① 臧海群：《受众学说：多维学术视野的关照与启迪》，复旦大学出版社 2007 年版。

大学威廉·达顿认为，互联网研究使我们在众多方面质疑旧理论对于媒体和社会研究的价值。面对新媒介语境下相关媒介和受众研究领域因为理论和方法的不确定性而引发的研究危机，唯有通过对那些经典理论普适性的讨论，才能促使受众研究积极有效地回应新媒介语境下的革新和发展。本文无意对已显现的受众研究思潮转向予以论证，而是着力于对新媒介语境下戴维·莫利受众理论普适性的论证。然而，在新媒介语境下讨论莫利的受众理论，最大问题是认为其与历史无关。莫利曾坚持："当我们试图讨论类似于虚拟空间这类新近产生的问题时，我们应该将其置入更为久远的历史背景下来考量。"① 因此，本文试图在一个较长的历史视野中对戴维·莫利的受众研究进行理论评判和价值重估，以久远的历史视角来探讨理论在当代媒介技术中的象征维度。

二 渊源：戴维·莫利的电视受众研究

莫利在从事文化研究和受众分析之初，遵循霍尔解码/编码研究路线，继承其电视话语理论，认为"电视"即"话语"，强调话语无处不在。莫利在承认"编码"于电视传播过程中一般意义上的主控地位以及意识形态性的同时，更加强调受众话语的复杂性和解码的政治本质。但当莫利尝试将霍尔理论上的假定予以经验层面的实证研究时，莫利却受困于话语理论，无力阐述业已存在的受众解码的多样化原因。但"收视语境"概念的引入使莫利最终深入到受众的日常生活，"才构成对于电视文本最终有效的不同解读或抵抗"② 更使得莫利受众理论在新媒介语境下依旧保持极强的活力和适应性。因此在新媒介语境下探讨莫利的受众理论，探讨"家庭电视语境"等概念的普适性，就必须追溯到霍尔编码/解码模式中"电视话语""受众符码"等理论源

---

① ［英］戴维·莫利：《传媒、现代性和科技："新"的地理学》，郭大为等译，中国传媒大学出版社2010年版。

② ［英］戴维·莫利：《电视、受众与文化研究》，史安斌译，新华出版社2005年版。

流，并置其于莫利后来进行的受众研究及对新传播技术的家庭使用等相关问题阐述的理论联系之中。

1. "受众符码"：受众主体地位的恢复

受葛兰西"文化霸权理论"和阿尔都塞"意识形态国家机器"等观点的影响，霍尔认为大众传媒是一个结构有序的意识形态领域，也是各个阶级和社会集团为取得文化领导权进行持续不断的斗争和冲突的场所，既包括统治阶级获得霸权的努力，又包括被统治阶级对各种霸权的抵抗。因而，在霍尔的《编码/解码》一文中，电视并非被视为传播媒介或传播技术，而是被视为媒介所传递的"信息"。就"信息"本质而言则是"话语"，是"意识形态"。对霍尔来说，话语就是政治，就是意识形态。

霍尔首先提醒要注意"文本的话语形式"在传播中的优先位置。他将文本作为一种话语而置入受众之其他话语之中，让这些不同的话语在具体的阅读中相面对——协商、对立或者主控。霍尔在承认大众媒介重要性的同时又指出，媒介的意识形态影响并不是"我们受媒介控制"那么简单，而是一个非常微妙复杂甚至矛盾的过程。霍尔非常敏感地意识到，虽然媒介生产者在编码过程中向符号载体掺入了某种意识形态，但观众有可能用他们自己的方式给予解码。观众的反应未必一定是机械的。编码过程虽然可以尝试预先选定，但却不能规定或者保证解码过程，因为后者有自己存在的条件。于是霍尔吸收帕金在《阶级不平等与政治秩序》中提出的观点，不同社会阶级的众多成员必然具有各自不同的意义体系或意识形态构架，人们所处的社会情境会促使他们和主导意识形态发生冲突。如果一个人的社会处境要求他拒绝全部或部分的主导意识形态，那么他在接收媒介信息时就必然会以这种社会取向来解读，从而使得不同的受众面对同一符码载体做出不同的理解成为可能。

也就是说，霍尔在承认电视传播作为一种意识形态控制形式，始终处于一种动态的复杂性或不确定性之中，在更多偏向编码与文本一般意义上的主控地位的同时，最终意识到了受众话语的存在。"尽管其作用只是在它是一种否定或矛盾的效果时，要较之于它是一种肯定和加强的效果时更为可见。"① 霍尔的解码编码理论对受众研究的最大贡献不只在于三种解码方式本身，更在于受众在研究视域中主体地位的恢复。这点在他对所抛弃的控制性解码方式的论述中尤为明显，他引入葛兰西的"霸权"概念，视其为对某些意义和话语的共享。"共享"一词暗含了在媒介信息接收的过程中，受众已非被动地接受，而是主动寻找意义的创造者。即进入电视传播流程的"受众"不再只是白板一块，其已先为话语所构造并将这些话语带入他的解码活动当中。

"受众符码"是霍尔的一个基本意识，以致即使在描述控制性解码时，他也使用了受众"阐释框架"一语："他们将他们的阐释框架统一于播出者的那些阐释框架，依据控制性的、被拣选的或'霸权性'的事件界定来解码"②。尽管与其所着力强调的电视话语概念相比，受众符码似乎显得隐晦、忽隐忽现，但是却对莫利的受众研究产生了深刻影响。学者金惠敏在论及霍尔的"编码解码"模式时，认为霍尔"将'电视话语'赐予受众而开启了受众研究的一个新时期"③。

2. "交互话语"：始终行走在话语的路线上

莫利在随后开展的《全国新闻》项目中不仅验证和修正了霍尔的编码/解码理论，还提出了一些新问题。他发现，大多数观众对于电视节目的解读证实了霍尔模式中"霸权""协商"和"对立"立场的存在。但是，他对霍尔"观众不同的解码是其阶级立场的结果"提出了质疑。他认为一些观众的解读并不是严格按照权力阶级对应"霸权立场"、中产阶级对应"协商立场"、工人阶级对应"对抗立场"，而是"面对同类型的素材，因语境不同，其反应可能是矛盾的——时而是抵抗式解读，时而是倾向式解读。"④ 观众对电视文本的解读要比学者

---

① ［英］戴维·莫利：《电视、受众与文化研究》，史安斌译，新华出版社 2005 年版。
② 罗刚、刘象愚：《文化研究读本》，中国社会科学出版社 2000 年版。
③ 金惠敏：《积极受众论——从霍尔到莫利的伯明翰范式》，中国社会出版社 2010 年版。
④ 程洁：《戴维·莫利的家庭电视研究——中国受众研究的一种新思路》，《当代传播》2013 年第 5 期。

假设的情况复杂得多，这是出乎莫利意料的。

莫利为了揭示"受众符码"的复杂性，深入探究受众解码的政治立场，随即引入了他所钟爱的"交互话语空间"。"这是一个各种话语相遇、相协商、相竞争的空间，'被构成的主体'或'主导意识形态'一旦进入这一空间，就只能是作为一种话语与其他各种话语相协商、相竞争。"① 我们知道，在《电视话语的编码与解码》中，霍尔已经注意到受众话语的存在，这一点非常关键，因为只有确认了受众的独立性，解码才可能是文本与受众之间互相协商或互相对立甚至也包括主控性的阅读过程。然而霍尔将电视话语赐予受众的时候，并未对受众符码的复杂性予以阐述。"在霍尔而言，我们知道，受众他们的阐释框架并无多少特殊性而言，只不过也算是内在于他们而言"②。莫利借用佩舍"交互话语"以及伍兹等人的相关阐述，在霍尔原有话语理论基础上，极大地发展了解码者话语的复杂性、多重性和整合性。莫利描述说："个体观看者并非'文化赤裸地'进入观看时刻——他来到文本，已然带着他自己的一套文化符码和框架，并思考于其内——这些符码和框架来自于他社会的和文化的情境与背景。"③ 即受众在接触编码者的"交互话语"之前，在进入被话语交织的电视文本之前，就先已被各种话语所交织、所建构了。

然而，莫利对交互话语的借用依旧是在话语层面上寻找受众解码的动因，即受众的不同解码是因为不同的阐释符码和框架，只是前者是多重话语的结果，后者是单一话语的结果。事实上，这是将传播作为"符码"或"话语"交流的必然结果，是话语理论无法挣脱的桎梏。莫利虽然重视解码活动中的个体性和私人性，但是话语理论强调"现实存在于语言之外，但它持续地被语言和通过语言所中介：而且

---

① ［英］戴维·莫利：《电视、受众与文化研究》，史安斌译，新华出版社 2005 年版。
② 罗刚、刘象愚：《文化研究读本》，中国社会科学出版社 2000 年版。
③ ［英］戴维·莫利：《电视、受众与文化研究》，史安斌译，新华出版社 2005 年版。

我们能够知道的以及能够言说的都必须在话语中和经由话语被生产出来。"① 因此，个体阅读存在的私人性尽管决定了文本并不是意义绝对主宰性力量，但更为重要的是，文本的存在更决定了受众的解读不可能是无限制的。受众的解码活动也将是被预先规定了其结果的任务而已，"每一次特殊的阅读都是先已被主体立场的原初结构所决定"。② 这种认识，如果说到支持的话，那么它仅仅支持霍尔模式中的控制性解码，而与协商性和对立性解码无缘，更与解码中实际上活跃着的千差万别的阅读不相符合。

莫利认为，观众解码的实际情况应该比霍尔假设的复杂得多。然而，既然我们不能借用诸如"使用与满足理论"推崇的"个人心理差异"③ 和文化研究学派强调的"阶级""话语"和"意识形态斗争"等宏大叙事来解释研究中观众解码所呈现的不同反应和诊断。那么对莫利而言，"问题就不在于受众是否可以作为一方的话语，作为与编码者话语相对应的'其他话语'、作为'特殊的话语'，而在于受众话语在被意识形态或话语建构之后，是否仍然保有其'一方性''其他性'和'特殊性'"?④ 换言之，莫利是否能在霍尔话语理论基础上有所突破，而不仅仅是以"交互话语"来修修补补。

3. "家庭收视语境"：深入到受众的日常生活

作为文化研究学派的代表人物，莫利自师从斯图亚特·霍尔以后，深受"伯明翰学派"所强调的阶级、种族、性别、民族、国家等"宏大叙事"的影响。故而，莫利虽然意识到了话语的问题，但没有试图放弃或者更改"话语"或"意识形态"这一典型的伯明翰学派媒介研究方法论。与约翰·哈特利等人视受众仅为话语建构的观点不同，莫利认为："一方面我们只能通过话语来了解受众，而另一方面受众事

① 罗刚、刘象愚：《文化研究读本》，中国社会科学出版社 2000 年版。

② [英]戴维·莫利：《电视、受众与文化研究》，史安斌译，新华出版社 2005 年版。

③ 从个体当中寻求推动行为变化的传播学理论一开始就是被莫利所抛弃的，《对媒介受众的再概念：走向受众的民族学》与《电视、受众和文化研究》中均有强调。

④ 金惠敏：《积极受众论——从霍尔到莫利的伯明翰范式》，中国社会出版社 2010 年版。

实上又的确存在于这些话语关系之外。"① 对于这个话语之外的受众，莫利提出了改造自雷蒙·威廉斯文化理论的"社会存在"概念，让社会存在作为一种背景进而也是作为一种话语元素置入话语交流，让本不说话的"社会存在"能够在"交互话语"中说话。② 莫利强调，要理解受众的解码行为，不能只是把它当作一项纯粹的精神活动，而是要将这样的认识活动置入受众的日常生活实践中。而先前电视受众研究的一个重大缺陷，就是未能充分注意电视是如何介入或被整合进电视观看者的日常生活。

莫利之所以如此，究其原因在于莫利的电视观众理论明显继承了伯明翰学派在理论与方法资源上集大成的原则以及与社会脉动紧密互动的学术传统。早在 20 世纪 70 年代初莫利就曾读到过卡尔·诺登斯特伦在芬兰进行的一项调查研究，发现看电视只是人们日常生活中的一项仪式性活动，与电视内容无关。当时莫利认为这种观点过于琐碎，但是随着时间的流逝，莫利逐渐对电视消费情境发生兴趣。于是，在"家庭电视"与"信息和传播技术的家庭使用"研究中，莫利开始试图离开电视文本本身，通过一种对比的方式来分析家庭中媒介技术手段适用的具体情境，即将电视受众研究置于观众的日常生活当中。其更为直接的理论渊源或许是受了雷蒙·威廉斯文化定义和思想的浸染。威廉斯的文化定义暗含了日常生活和社会体制被纳入文化的范畴，并强调了各种经验形式的相互关联性。更为重要的是，文化被作为一种存在的"整体性"意识，虽然可被分为物质的、知识的和精神的，但都统一于"一个整体的生活方式"。故而，为了正确和深入地理解一种文化、一种生活方式，对意义和文本就必须分析相互关联的各种要素，甚至还必须将所有这些要素置于各种语境之中。莫利认识到，除了特定的话语范围影响受众的解读外，受众接受文本时的情景（家庭收视语境）对于电视解读也是非

---

① ［英］戴维·莫利：《电视、受众与文化研究》，史安斌译，新华出版社 2005 年版。
② 金惠敏：《积极受众论——从霍尔到莫利的伯明翰范式》，中国社会出版社 2010 年版。

常重要的。具体而言，他强调将受众置于社会，置于日常生活中进而观察其是如何被社会所询唤而成为社会主体的。

三 未来：新媒介语境下的受众研究

20世纪80年代中期在《家庭电视》研究结束后，莫利不断地修正、发展和完善他的受众研究理论和范式，积极探讨新媒介技术为受众研究带来的问题与挑战，努力与现代社会的发展与媒介技术的进步相协调。然而，与莫利早期实证性研究成果受到颇多关注不同，自20世纪90年代学术轨迹发生转折后他的大部分研究成果并没有得到足够的重视。究其原因，学者认为莫利的受众研究止于对受众解码复杂性、多样化的揭示，止于对家庭收视语境微观层面上的探讨，在他学术转轨后以宏观论述为主，几乎没有进行过实证研究，对新媒介语境下的受众研究也散落在其他研究领域中。

1. 家庭收视语境：微观和宏观的整合

长期以来，学界对莫利受众研究的批判集中于其过分关注收视行为的"家庭语境"。这种从社会到日常生活再具体到家庭的分析思路过于强调家庭收视的微观社会语境，使得受众研究偏离了文化研究学派宏大叙述的理论传统。这些宏观的社会权力关系在莫利两个阶段的电视受众研究中均没有得到考察，受众研究返回到微观，其研究的政治锋芒被钝化了。

将收视语境具体到家庭层次，尽管我们必须承认语境所造成的文本意义的差异，但是首先我们必须清楚地意识到这种差异并非是根本性质的，家庭只是为我们提供了一个最佳的观察位置，"从这里我们可以观察到个人从他或她的架构位置所能达到的文化资源中如何积极地生产意义"①。其次，我们还应该看到莫利迈入受众研究之初，就一直坚持将分析框架置于意识形态、权力、阶级等宏观层面当中（这也

---

① ［英］戴维·莫利：《电视、受众与文化研究》，史安斌译，新华出版社2005年版。

是莫利后期作品中着力澄清的)。

事实上，莫利在 1974 年《对媒介受众的再概念》中就指出，我们需要的是在一个系统地关联于他们的社会——经济位置方式上的受众研究。在《全国新闻》和《家庭电视》两项实证研究中，他强调指出，应该将对意识形态、权力和政治这些"更为广泛问题"的分析与对日常生活中电视的消费、使用及功能的分析整合起来。在最新成果《传媒、现代性和科技："新"的地理学》中更是强调，"日常生活中许多具体现象和事务是由阶级、族群、意识形态和权力等因素所决定的"①。因而，坚持引入家庭收视语境实则是对传统文化研究和受众研究疆域的一个扩大，任何宏观政治最终都必须经由微观层次而发生作用，这个微观是个人、是家庭。莫利的受众研究要点在于"整合"，研究目标不是以微观层面的分析来替代宏观层面的分析，而是把家庭媒介消费研究置于日常生活例行事务和家庭与公共领域交织而成的网络中进行观察。从这个意义上说，莫利的挑战在于如何构建一种电视消费模式，使其既对权力与意识形态的"垂直"层面保持敏感，又对电视如何嵌入日常生活的语境和实践的"水平"层面保持关注。正是在这种思路转变下，莫利冒险深入到家庭这个看来较少政治性而较多娱乐性之微观层面。莫利的观点是，如果关于宏观过程的分析没有建立在对家庭消费过程复杂性的恰当理解基础上，会导致"过度纲要化"的风险；而如果家庭分析仅能提供消费微观过程而没有尝试提出与其相关的文化/政治与意识形态问题，研究价值也十分有限。因此，有必要将家庭结构的社会学层面并入一个更大范围的框架中，将其放置于整个家庭实践行为的广阔语境中。《家庭电视》研究正是以家庭收视情景作为特定语境，从家庭内部的性别权力关系精确描述受众解码的复杂性，而避免陷入单纯社会学范畴描述的绝对化视野当中去。

---

① ［英］戴维·莫利：《传媒、现代性和科技："新"的地理学》，郭大为等译，中国传媒大学出版社 2010 年版。

2. 戴维·莫利家庭电视研究的"现代化"

我们当下生活的时代充斥着各种各样的新媒介技术，媒介技术的发展带来了媒介功能以及媒介环境的变化，而媒介环境的变化又会引起受众观念和行为的变化，这最终导致了受众身份与角色的变化。面对新的媒介环境，莫利提出，在这个被新技术形式充斥的时代，应该超越媒介研究一贯只以"电视"为焦点的历史传统来讨论媒介的当代意义。在20世纪五六十年代，当时的英国媒介研究领域出现了一个有趣的现象——有关收音机的研究很少，而研究电视机的人却很多，直到今天情况仍然如此。电视自诞生之日起就总是被当作最光彩夺目的媒介来看待，被赋予了太多的关注和地位。虽然早期莫利的经验性研究也常常围绕着电视，但这并不是因为莫利赞同"电视是最重要的媒介"观点，从20世纪90年代初"信息和传播技术的家庭使用"研究开始，莫利就已经改变了以往孤立看待电视的视角，而是在一个更广阔的框架内对其进行重新语境化。

在数字媒体时代，我们所要做的并非单纯地将受众研究"现代化"或重新定义为"网络受众研究""用户—消费研究"等，因为这样实际上不过是简单地将网络、手机等新兴媒体推到了原来由电视所占据的中心位置上。"互联网＋"时代，不仅不能粗暴地将人区分为哪些人是媒体的阅听人哪些人不是，更不能简单地认为"人们全都是某种媒体的阅听人"。事实上，在家庭传播和信息语境中，现代电视观众同时还是广播听众，杂志、书籍和报纸的阅读者，计算机、手机等新媒介技术的使用者等。正如鲁埃克理解的那样："不应将拥有这些技术设备的人简单地看成是拥有或单独使用某一技术设备的人，而应将他们看成是技术生态系统的操作者。"那么，我们就不应该再去一一研究受众对待每一种新媒体的反应，而是应该关注身处媒介集群中的受众是如何发挥自身功能而建构日常生活和镜像世界的。

莫利在《传媒、现代性和科技："新"的地理学》中，细致地描述了各种媒介技术如何逐渐融入我们日常生活和家庭生活的过程。

媒介缓慢而长期的"家居化"历程为现代受众营造了一个新的生存环境——已经被彻底媒介化和电子化的家庭领域和虚拟空间,其中各种传播技术日渐"消融"于日常生活中,融合交织。家庭仍然是新媒介环境下受众研究最佳的观察点之一。因为,新的媒介形式诞生后,总是以一种我们熟悉的,跟过去时代相关联的形式出现,"从收音机技术开始,每个新媒体科技都遵循同一种发展轨迹,经历着家庭化的过程"①。以互联网为代表的新媒体也不例外,学者洛里·肯道尔的研究结果表明,看电视的经历和使用互联网的经历有很多相似之处,使用互联网也正在成为一种日常习惯,与每天按部就班漫不经心地看电视没有什么大的区别,诚如莫利当初对电视的批判一样。这样看来,不管是新媒体或是旧媒体,他们之间的区别并不是很大。那么,莫利基于家庭电视收视语境的受众研究在新媒介语境下仍然有着极强的适应性。

当然也必须注意到,在新媒介技术不断融入我们日常生活的同时,媒体从家庭空间逃离至公共场所,当然还包括诸如手机等移动化媒体对家庭经验的挪移等诸多问题,都是莫利受众理论面对新媒介语境下受众与媒介之间的关系不得不关注的问题。②

(作者:程洁)

---

① 〔英〕波蒂:《新媒体和大众想象》,牛津大学出版社2001年版。
② 〔英〕戴维·莫利:《让新技术世界里的错位者重返家园——一种媒介社会学批评》,陈龙译,《山西大学学报》2011年第2期。

论多媒体环境下的畅销书传播

　　"畅销书"（bestseller）一语最早起源于 19 世纪末的美国。据现有资料显示，学者较认可的观点是以 1895 年美国书商杂志社创刊，刊登第一个图书排行榜对图书的销量进行统计作为畅销书的源流。1995 年北京开卷图书市场研究所正式开始每月一次的畅销书调查，并同期在《中国图书商报》专版公布，至此之后，各大媒体纷纷设立畅销书排行榜，掀起了我国畅销书时代的序幕。

一　畅销书传播的当代媒介环境

　　20 世纪 90 年代，中国的媒体生态的外部环境及内部格局均发生了巨大的改变。以互联网为代表的新兴媒体蓬勃发展，极大地拓展了媒介的概念，也形成了印刷媒体、广播、电视、互联网等各种媒体在功能上的互补，在内容上交叉的多媒体时代。这一时代的显著特点是图书出版一枝独秀的局面被打破，受众获取信息的主要渠道从书籍、报刊转向影视、网络等现代化传媒。据中国科协公布的"2001 年中国公众科学素养调查"结果显示，除了正规教育外，公众获取信息的主要渠道（媒体）选择是：电视占 82.8%，报刊占 52.1%，人际交流占 20.2%，广播占 10.9%，图书仅占 5.2%。[①] 电视、广播等大众媒体以

---

　　① 郝振省：《从第四次国民阅读调查看我国出版业新走势》，《特区实践与理论》2006 年第 3 期。

其色彩悦目、形象生动，可视听的相对优势，很快拥有了大量受众群，而图书作为文字和图片的载体，其表现形式的拓展空间相对有限，读者在媒介多元的态势下被无情地"分流"，正如尼尔·波兹曼在《娱乐至死》中所指出的那样，读者在阅读的时候，往往孤立地面对文本，冷静的抽象符号缺乏美感或归属感，印刷媒介先天的劣势使图书消费市场呈现出一种必然的萎缩和竞争弱势。

从图书出版内部来看，图书品种也在大大增加，"新华书店的下架频率由原来的 3 个月缩短为 1 个月，全国每年图书库存量达 300 亿"①。对于单本书而言，不仅存在来自其他媒介大类的竞争，与同类图书媒介个体之间的竞争也使得很多图书被遮蔽在信息泡沫之中。

传播学理论认为，传播必然要依赖一定的环境来进行，或者说，它必然要以某种形式存在于一定的环境之中。存在于畅销书传播活动周围的多媒体环境既是畅销书的传播语境，也潜在地、渐进地影响着畅销书的传播。

二　畅销书选题的多媒体化

"媒体之间的交流渗透和互动，带来的将不仅是不同媒体之间对传播内容的新的争夺，更带来不同媒体之间的一种新的相互需要的关系"。当下的图书出版依附于杂志、报纸、电视、电影、网络、广播、剧场等其他媒介的特点日益突出，畅销书的内容选择上更是极度向这一方向靠拢。

1. 影视名人系列

这一系列始发轫于明星刘晓庆的《我的自白录》。紧接着一批反映赵忠祥、宋世雄、倪萍、杨澜等高曝光率的媒体名人幕后生活内容的选题迅速风靡一时。名人本身所从事的职业和经历的特殊性，引发了图书出版的轰动效应，《岁月随想》《日子》《凭海临风》《笑面人生》百万册上下的销量，已远远超过当时的小说销量。

---

① 卜昌伟：《金丽红谈畅销书秘诀》，《京华时报》2004 年 11 月 12 日。

2. 媒介同期书

早在 20 世纪麦克卢汉就提出观点，任何媒介的"内容"都是另一种媒介的内容，作为内容产品的畅销书产业，在多媒体时代要想赢得受众广泛关注的最直接方式便是借势强势媒体，开发已形成一定受众资源的选题内容。通过观测"开卷畅销书排行榜"可以发现，影视选题已经成为畅销书内容的一个重要组成部分。这类畅销书既包括畅销书与影视同步传播，也包括以前默默无闻的著作被改编成电影或电视而实现热映，并反过来让原著重新走向畅销。正是在这种运作下，于丹《〈论语〉心得》、易中天《品三国》等由电视栏目"百家讲坛"衍生出来的系列图书，也以上百万的销售额颠覆了传统学术出版曲高和寡的市场困境。甚至一些文学名家的作品往往也借势电视电影的热播引发原著的第二次销售高峰。另外，鉴于互联网在当今公众中的与日俱增的媒介征服力，自 1999 年底痞子蔡（蔡智恒）的网络文学作品《第一次的亲密接触》引进大陆地区后，网络选题就成为一个比影视更受关注、更具前景的畅销书选题来源。"诛仙""鬼吹灯"系列，安妮宝贝的《八月未央》和《二三事》，何员外的《毕业那天我们一起失恋》，慕容雪村的《成都，今夜请将我遗忘》都是在互联网上获得了极高的点击率后被吸纳为畅销选题的。

三 畅销书包装及表达方式的多媒体化

以电视为代表的视听媒介飞速发展，使得影像在多媒体时代的信息传授中的地位和比例步步上升。一些报纸和杂志相继改版，由黑白变彩版，增加照片、绘画、漫画、图表等视觉信息的比重，以此增强版面的视觉冲击力。为了应对这一现状，图书出版界尝试着对畅销书进行了一系列的创新。

1. 畅销书的包装设计注意借鉴其他媒介优势

1996 年底山东画报出版社在编辑出版《图片中国百年史》过程中，限于篇幅和史料价值，照片不能一一刊登，又不忍舍弃，遂通过图书形式结集成册，推出《老照片》系列。这一系列成为国内图文书的发端，又因为它分期出版，有人认为也可算作中国第一本杂志书（mook）。这种偏注视觉冲击力的形式，改变了文字占主导的图书阅读形态，为读者带来了新颖的视觉效果。以杂志书《最小说》的编排为例，分为时尚的摄影绘画、原创短篇青春校园题材类的小说、郭敬明长篇独家连载、专栏文字等，图文并茂，完全采用了杂志化的手法进行图书包装。根据网络原创策划的畅销书《第一次的亲密接触》，从封面、扉页、目录到正文，均采用网络形式，也令人耳目一新。

2. 在语言表达方式上，畅销图书力图以类似于视觉媒体的娱乐功能的描述性语言建构阅读的娱乐化体验

畅销书《狼图腾》虽然是一本50万字的图书，需要一定的时间去阅读，但是它绝不是致力于逻辑推理、深度论说的文字符号，作者姜戎试图"用近似于摄像的逼真手法，来具象地为读者描摹刻画草原生活形态。对于这个未知的狼领域，人们更需要高清晰度的影像和画面，才能得到感性而强烈的印象"[1]。而这些都是由电子技术所造就的声、光、电等视觉媒体的特长。

四 畅销书宣传的多媒体助推

英国学者苏特兰说："宣传是畅销书的第一语言。"[2] 媒介竞合的时代下，畅销书不再是自然运作、自然传播的结果，出版物从创作到生产最终成为"畅销书"的过程中，媒体的强力宣传已然成为图书销售的巨大助推力。

首先，在传统观念中，媒介主要指四大媒体，但在多媒体时代，一切可以承载信息的载体都应该看成是媒介，这就为畅销书传播提供了很多新型渠道，大大拓展了广告媒体形式。《我为歌狂》在传播中

---

① 姜戎：《我写〈狼图腾〉》，《新疆经济报》2004年5月21日。
② ［英］约翰·苏特兰：《畅销书》，上海文化出版社1988年版，第2页。

与麦当劳、上海电信合作，将人物图案印在麦当劳的优惠卡和IC卡电话上，通过商品购买渠道扩大影响，《幻城》则大胆采用年轻人喜爱的FLASH形式在网络上推广，《毕业那天我们一起失恋》相继进行了同名话剧、MP3音乐、幻灯片等多种媒介创新形式……这些新型媒介与图书内容有效结合，达到了对目标受众精准传播的效果。

其次，传播效果研究表明，大众传播具有共鸣性、累积性、遍在性，媒介就一个问题进行集中报道，形成广泛的宣传态势，造成一定的氛围，有助于增强传播威力。由于每种媒体都有其不同的个性，畅销书宣传注重对各类媒体各取所长，充分发挥媒介互补的优势。比如从媒体传播特性和覆盖面而言，出版商往往利用报纸媒体受众广、信息量大，负载新闻等特点在报纸上刊登图书连载，书评、书讯或相关文化新闻，利用电视媒体的广泛影响力构建电视专题节目，邀请作者、出版人做客直播间进行访谈。对于网络媒体，则更侧重与读者的互动行销，网友不但能在网上读到部分图书内容，而且可以直接发表评论，与网友讨论。作为中国电视栏目与畅销书联动的典型代表，"百家讲坛"系列的成功无疑验证了电视媒体在这个多媒体时代强大的影响力，但更是电视、报纸、网络、出版业等传媒合谋制造的如道格拉斯·凯尔纳所言的"媒体奇观"。以易中天的《品三国》宣传为例，预热阶段，《品三国》的版权拍卖出了140万元的天价版权产生强大的新闻效应，将《品三国》的宣传轰然引爆；成长期，各大媒体纷纷连载或转载新书部分内容，举行新闻发布会；强势期，作者易中天不断在全国各地举行新书签售、讲座活动进行深度推广，有关《品三国》的读者反馈、深度书评频频见报上网；后续阶段《品三国》销量扶摇直上，登上全国各类图书排行榜，更是成为媒体焦点，从而掀起新一轮舆论高潮……

可见，从电视媒体到网络媒体、印刷媒体，从而再次被媒介关注，从单一媒体到多媒体、媒体互动，图书的信息通过大众媒介形成"舆论场"，迅速增殖。畅销书传播构成了多级传播、多向传播、多媒体传播的立体交叉传播模式。

138

五 结语

从图书产业化角度而言，畅销书的多媒体化传播有助于我国出版行业实现以出版为主导产业的多样化经营。当今社会，走集约化、集团化的发展道路几乎是所有产业发展的共同规律。畅销书多媒体传播可以使一些出版企业充分利用自身的信息资源和市场资源，也有助于出版企业以图书出版为核心内容，形成图书产品内容和品牌的延伸，增强自身实力，扩大影响。

从媒介角度审视，图书也是一种传播媒体，畅销书传播体现的是多媒体时代图书与其他媒介之间的竞合关系。其实质正是一种媒介融合，是作为古老的示现媒体——图书在多元媒介竞争格局中的自我救赎。根据罗杰·菲德勒的观点，传播媒介都在一个不断扩大的、复杂的自适应系统以内共同相处和共同演进。从传播媒介的进化中可以看到，当比较新的形式出现时，比较旧的形式就会去适应并且继续进化而不是死亡。为了在不断改变的环境中生存，必须被迫适应和进化。畅销书也是如此，它们肩负着把平时没有固定阅读倾向的受众拉到阅读前，与其他媒体争夺受众资源的任务，它们别无选择。

但是，这并不能说，超级畅销书就为图书媒介争取到了生存空间。小林一博在《出版大崩溃》指出"一本本超级畅销书就像盛开在出版崩溃道路上的虚幻之花"①。市场机制下的畅销书不仅具有文化内涵，负载更多的是商业价值。畅销书的多媒体化和大规模的媒体介入，虽然使图书传播呈现广泛扩散的态势，也使得参与畅销书操作的元素越来越多，看似主流的畅销书其形式的轰动常常盖过了内容本身，文字阅读作为一种艺术体验的成分正越来越被疏离。也许这一现象是多媒体时代下畅销书作为图书媒介的一种趋势，但应该引起我们的足够警惕。

（作者：李亦宁、刘磊）

---

① ［日］小林一博：《出版大崩溃》，上海三联书店 2004 年版，第 33 页。

期刊网站页面自适应分析及重构

互联网技术的发展，衍生了众多网络产品。国务院总理李克强提出的"互联网＋"行动计划将促使更多传统行业向互联网模式发展。[①]作为数字化和网络化的产物，期刊网站建设是当前期刊发展的重要举措之一。[②] 国内现有期刊网站主要从 技术、功能、安全性和互动性等方面进行开发和维护[③][④][⑤]，很少考虑用户体验要素以及浏览器和移动设备的兼容性问题。相关数据[⑥]显示，用户在移动设备上的浏览份额正逐步扩大：截至 2014 年 6 月底，中国第三方手机浏览器的市场累计账户规模达 10.8 亿，较上季度环比增长 7.5%。而现有期刊网站移动端服务形式多为移动版网页，即对常规网站功能和内容的原版复制或简化，页面加载速度慢且不适应移动设备屏幕大小。随着移动平台类

---

① "互联网＋"，2015 年 4 月 18 日，百度百科 (http//baike. baidu. com/link? url = j1Lf69 Jgyc VUUe8Qg Sqd Lk1OEIFLEN2XGI_ c KWn-Tas7t EZp Je By NTNJ9DALMfqv7q Yvs Yu5q Vn E4f Jgc9u M_ a)。

② 李若溪、游中胜、田海江等：《我国学术期刊的网站建设现状调查与网络期刊进化趋势分析》，《中国科技期刊研究》2013 年第 24 期。

③ 王景周、黄建军：《广东省科技核心期刊网站互动性调查研究》，《中国科技期刊研究》2012 年第 23 期。

④ 刘英、曾丽：《浅谈期刊网站管理及评价系统》，《中国科技期刊研究》2009 年第 20 期。

⑤ 于孟晨、张立新、潘秋岑：《科技期刊网站的内容设置与定位思考》，《理论导刊》2014 年第 12 期。

⑥ 《中国第三方手机浏览器用户调研报告 2014》，2015 年 9 月 18 日，易观智库（http// wenku. baidu. com/link? url = Jnf VM79xjp Bbn2Zckb7dj Cqf JFn XXY869ms IJGJ09Hmca Aipvby BIHL6l7MULtwz3i1OPtpw Mu Mq2I5Jue6R0Zgh Kmvu SHXBy-j Uusk Ee Xu）。

型的增加，需对不同移动设备进行独立的站点定制。这样做虽能提高用户体验，但具有扩展局限性，且需消耗较多成本来开发和维护。响应式网页设计（Responsive Web Design，RWD）多能解决这些问题。

RWD 由伊森·马克特（Ethan Marcotte）在 2010 年提出[①]，也称自适应设计，指网站集中创建页面的图文版式，基于 CSS3 的 Media Queries 功能智能地根据用户行为及设备环境自动调整页面的结构布局，以适应不同平台的尺寸屏幕，并结合 Java Script 实现页面交互功能，使用户享有一致的浏览体验。RWD 主要从前端界面框架、功能实现及技术支持方面进行研发，已成为设计趋势并逐步运用在视频网站[②]、电子商务[③]、高校门户[④]和服务移动平台[⑤]等网站，并掀起了一股网页设计新标准浪潮。[⑥] 用户可通过"突唯阿""起飞页"等 RWD 自助建设平台，使用模板免费创建响应式网站，建站速度快、成本低，但缺乏个性、功能简单、网站代码和结构大量雷同，不利于搜索引擎优化及期刊品牌和形象建设。RWD 也在期刊相关网站中得到运用，但范围较小。国外有美国化学学会（ACS）、英国皇家化学学会（RSC）和自然出版公司（Nature）等旗下的网站，国内有《中国图书馆学报》《临床与病理杂志》等的网站。这些 RWD 网站大部分采用扁平化的流行视觉设计风格，页面布局均衡统一，形成了自我特色。但是，其在手

---

① 《响应式网页设计》，2015 年 4 月 18 日，百度百科（http//baike. baidu. com/link？url = adc S8Ql_ de BF_ 7Y7nhoi7DXKmt649x UGW_ Daaq Gvy Cj-y M9d8Wo Nk NXt Mk Qh X_ ja0F9n Mt LZB4hq89o83r Qy Yq）。

② 林瀛瀛：《响应式设计技术在视频网站开发中的应用》，硕士学位论文，东华大学，2014 年。

③ 严卉、张慎、谢雪婷：《基于响应式技术的电子商务网页重制作》，《科技创新与应用》2015 年第 7 期。

④ 刘欢、卢蓓蓉：《使用响应式设计构建高校新型门户网站》，《中国教育信息化》2013 年第 9 期。

⑤ 张幸芝、徐东东、贾菲：《基于响应式 PC 设计的教务系统移动平台研究与建设》，《软件》2013 年第 6 期。

⑥ 张树明：《基于响应式 PC 设计的网页模板的设计与实现》，《计算机与现代化》2013 年第 6 期。

机端的显示经常出现图片压缩变形或像素变低、内容或图片缺失、按钮错位和页面局部留白过大等现象。

本文基于 RWD 原理，重新设计期刊网站页面布局及视觉元素，使同一网站能根据移动设备类型，自适应后按照不同的格式展现在不同的用户交互系统上，以增强网站的可用性、易用性和互动性，为期刊网站提高交互体验提供参考。

一　期刊网站网页自适应分析

传统期刊网站主要是对个人计算机（PC）的桌面浏览器进行设计，RWD 扩展了网站在移动设备上的应用，减少了终端设备的局限性。用户可随时使用移动设备浏览网站，充分利用碎片时间，实用性强。

1. 传统期刊网站与 RWD 网站用户体验分析

期刊传统网站与 RWD 网站的价值对比表现为以下几个方面。

（1）页面呈现形式

传统期刊网站以图文、音视频和动画等方式呈现网站信息，如万维网（Web）页面在移动终端的直接浏览体验较差，体现为文字和链接细小、兼容性弱和需缩放浏览等，易导致用户放弃浏览。为改善用户浏览体验，各大搜索引擎提供了转码技术，使网站能够适应移动终端环境。如百度转码将 Web 页面中不能在手机浏览器上显示的内容去除，将缺乏可替代移动（mobile）资源的元素转换为适合手机浏览的移动端网页。但是，转码后排版页面参差不齐，内容、图片和功能菜单缺失及色彩单一等缺陷削弱了用户体验。用户需单击页面顶部右上角或页面底部的"电脑版"链接，以浏览未转码的原网页，用户目标操作步骤增加。而 RWD 在不同平台上的视觉表现相似，体验效果一致，如微软的官网就很好地体现这些特点。

（2）适应度和交互性

传统期刊网页设计仅考虑 PC 机的尺寸，而 RWD 能根据设备的屏幕大小自动调整页面布局，为用户创造统一的体验环境。本文 RWD

案例的基本尺寸标准如图 1 所示。

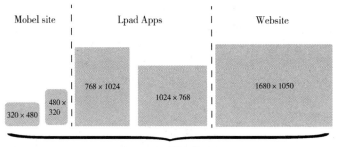

图1 期刊响应式网页基本规格

传统期刊网站主要通过鼠标和键盘等设备与网站页面元素进行交互，触屏移动设备的交互控件主要通过手指与界面进行多点触控操作，其操作方式涉及的目标操作区域大于鼠标指针。因此，PC 平台和触屏移动设备对界面布局、页面切换效果、按钮、行距、字体大小等方面要求区别较大，后者对界面的交互方式和视觉效果的呈现要求更高。当用户使用移动设备浏览传统期刊网站时，易出现字体、行距和图片等元素过小、可触控区域尺寸太窄、页面部分元素被裁剪等现象，导致功能不易触发，操作难度增加。

2. 自适应页面功能需求分析

期刊网站的总体功能目标是让用户能够通过各种终端设备浏览网站内容。本案例根据网站功能需求和目标定位明确期刊网站的页面数量、内容及其优先级。① 以《西安工业大学学报》网站为例，其常用的功能主要包括"期刊简介""文章查询""编辑风采""作者园地""学术动态""广告服务""联系我们"等。

期刊网站的特殊性在于用户的阅读需求，因此用户使用移动设备（特别是手机端）浏览网站，喜欢更大的字体和更清晰的图片，以便

---

① 涂海丽、唐晓波：《微信功能需求的 KANO 模型分析》，《情报杂志》2015 年第 5 期。

在舒适的距离阅读内容。因此期刊网站的定位是建立专注内容的响应式网站，即"内容优先"。移动设备用户所处的网络环境相对稳定，因此使用不同类型设备的期刊用户，目标差别和对功能的需求差异较小，RWD 能同时满足这些需求。图 2 所示为期刊用户基于不同设备的某一阅读需求，共同目标可归为查阅一篇已出刊的文章。

图 2　不同类型设备期刊用户的需求

3. 页面结构及响应模式

本文选定 3 个典型的页面模板，宽度分别为 1680 像素（桌面显示器）、1024 像素（Pad 横屏宽度）及 320 像素（Phone 竖屏宽度），制作响应式框架以规划样式背后的逻辑。此阶段需明确整个网站在功能和布局方面最具代表性的关键页面。期刊网站的"关键页面"包括首页、过刊查询页面、作者园地页面等。

网页设计中整体页面的常用排版布局包括"通栏"和"≥两栏"两种类型，其中"≥两栏"包含等分和非等分①，如图 3 所示。传统期刊网站通常采用两栏式或三栏式固定布局，即页面以像素为基本单位，只设计一套尺寸以适应 PC 机的不同屏幕分辨率，不能根据移动设备大小迥异的屏幕分辨率进行自适应调整显示，灵活性较差。在较小的分辨率下，页面产生横向滚动条；在较大分辨率下，页面两侧产

---

① 《复杂产品的响应式设计（流程篇）》，2015 年 9 月 18 日，淘宝网 UED 官方博客（http://ued. taobao. org/blog/20，"期刊数字化与数字期刊——科技期刊数字出版发展趋势展望"）。

生空白区域。

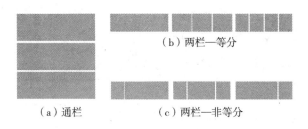

　　　（a）通栏　　　　　（c）两栏—非等分

图3　网页设计中整体页面的常用排版布局

　　RWD强调设计的灵活性：网站依据屏幕分辨率灵活布局内容，页面每个元素的大小、位置及样式均随之弹性调整和排布。常用响应式布局方式包括可切换的固定布局、弹性布局和混合布局。可切换的固定布局指页面以像素为基本单位，根据主流设备尺寸确定布局断点（发生布局改变的临界点），选择最合适的一套宽度布局；弹性布局指页面以百分比为基本单位，可适应一定范围内所有尺寸的设备屏幕；混合布局自适应能力与效果和弹性布局相似，只是其页面结合像素和百分比作为基本单位。页面实现响应式设计，需对相同内容进行不同宽度的布局设计，选择合适的断点进行布局响应。可切换固定布局是基于设备的设计模式，可相对固定断点，实现成本较低，但设备的快速更新导致其无法良好地覆盖或适配所有设备，拓展性较差。弹性布局与混合布局是内容优先的设计模式，两者均可无视设备而根据内容的可读性和易读性来确定布局断点，适应性较强，基本能覆盖全目标设备，是比较理想的响应式布局方式。弹性布局适用于通栏、等分结构，混合布局适合非等分的多栏结构。

　　以首页为例，网页设计采用弹性布局形式，为了尽可能使页面响应简单轻巧，且同一断点内保持统一的逻辑，提高网站整体体验和页面性能，模块中内容的响应方式结合布局不变中的"换行—平铺"和布局改变中的"模块展示方式改变"两种形式。图4所示为网站首页的3种响应规格的页面结构和响应模式。

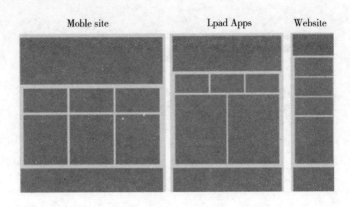

图4　页面结构和响应模式

二　期刊网站自适应设计

1. 低保真原型设计

结合信息架构及响应模式，综合考虑各个设备的特性进行低保真原型（线框图）设计，便于网站设计开发团队沟通与设计思维的迭代，线框图绘制工具可选择 Axure、Mock Flow 及 Balsamiq Mockups等。将页面模块主要归纳为全局导航区、内容区、功能区和底部导航区 4 个部分。以首页为例，全局导航区包括语言导航、身份导航、搜索框、标识（LOGO）、主菜单等；内容区包括大图展示、文章展示、新闻资讯、业内活动、编辑部风采等；功能区包括用户登录、文章查询、期刊简介、通知公告、友情链接等；页脚导航区则为简单的文字和图片组合。首页 3 种响应规格的完整线框低保真原型如图 5 所示。

（1）导航形式

网站常用的导航是置顶列表形式，易于实现，但在移动端存在扩展性差、误操作概率易增加、跨设备有像素差等问题。期刊网站的功能层级较多，基于期刊网站移动端网页设计秉持的"内容优先，导航其次"原则，为了用户能够以最快速度获取内容，就要求移除导航以确保用户关注的焦点始终保持在核心信息上。因此本文的全局导航设

146

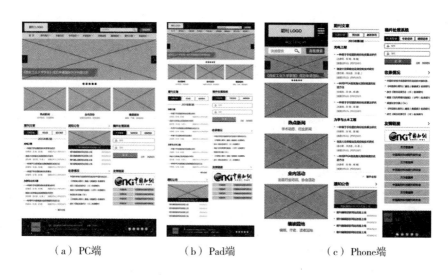

（a）PC端　　　　　　（b）Pad端　　　　　　（c）Phone端

图5　三种响应规格的完整线框低保真原型（首页）

计中，PC端和Pad端采用右侧导航横向展示设计，屏幕分辨率较小的手机端选用下拉菜单与导航隐藏结合的形式，如图5所示。手机端默认导航菜单隐藏，将菜单设定为一个具有下拉功能的图标，单击图标菜单按钮展开第一层级内容，选中某一内容后菜单自动消失隐藏；若为多层级菜单则展开下一级内容，依此类推，不会影响其他内容页面，为用户提供非常清晰明了的内容导航。简约的移动端导航布局有效利用了屏幕空间，完美适合平台转换，是一种突出高优先级内容的处理方式。为了便于用户随时切换菜单，将导航条设置成固定模式——不随页面滚动而移动。图5（c）中期刊Logo与导航并列，为了便于大部分习惯右手点击操作屏幕的用户，避免握持设备的左手不小心触碰到界面，将菜单图标置于右侧，展开的交互形式菜单栏出现在网站顶部，方便用户直观地查看导航菜单并决定下一步去向。底部导航的变化形式采用"换行—平铺"方式，即导航横向排列不变，导航菜单由一行变为两行或多行，页面简洁清晰且用户体验一致。

（2）内容区设计

内容区框架设计形式如图5所示。大图采用"轮播图＋通屏"的形式展示头条新闻或消息，PC 端和移动终端分别根据屏幕的分辨率调整图片大小通屏显示；新闻资讯、业内活动和编辑部风采采用图文结合的形式，PC 端和 Pad 客户端三栏并排展示，其中 Pad 端图片和文字根据屏幕大小等比例缩小，而手机客户端单栏竖排显示；文章展示区分为当期文章、过刊文章和最新录用，其在 3 个平台均采用 Tab 标签切换排布，其中手机端内容根据每项文章信息的字数自动换行、调整字体大小以适应手机小屏幕的特性。RWD 使用相对大小字体（em），常用换算公式为 em = px/16 [①]，如"当前目录"内容区的某一篇文章信息包括文章名、作者、阅读方式（摘要和 PDF 文档），在大尺寸的 PC 端界面将信息排布成两行（文章名单独一行、作者和阅读方式并列一行），字体设置为网页常用范围内的 12px；在较小尺寸的手机端将文章名、作者和阅读方式各成一行，字体大小设置为 18px。可见移动端的内容行数较多、字体略大，阅读内容时滚屏概率更大，因此在页面布局时应适当调整图标和文字大小、间距，不能过度使用滚动功能，尽量确保内容一致性。若确实需要滚屏，可在设备屏幕右下角设计"返回顶部"的固定悬浮功能图标按钮，同时将常用的"返回首页""RSS 订阅""二维码扫描"功能与"返回顶部"结合设计，其中"返回首页"在非首页页面显示，如图 6 所示，此类图标按钮只在大于一屏的时候出现，否则隐藏，点击此按钮回到顶部，操作快捷、自由。

（3）功能区设计形式

PC 端的功能区位于大图下方的右侧位置，从上到下依次为用户登录、文章查询（含快速查询和高级查询）、期刊简介、通知公告、友情链接，期刊可根据网站定位进行内容选择。传统期刊网站采用的菜单列表式登录方式占用空间较大，需打开新窗口输入登录账号，本文在 3 个平台上均采用 Tab 标签形式在当前页面快速切换用户登录类

---

① 《常用 px, pt, em 换算表》，2015 年 9 月 18 日，一路前行博客（http://www.cnblogs.com/zhangpengshou/archive/2012/08/04/2623061.html）。

二维码扫描

返回首页

RSS订阅

返回顶部

图6 悬浮功能图标按钮（首页）

型，节省页面空间。由于作者是期刊的主要用户群，因此将"作者登录"标签设为当前默认激活状态（用颜色和字体加以区分）；PC端和Pad端除第一个"友情链接"以图片展示外，其余链接分两栏以文字形式呈现，Phone端为了突出信息均换行、平铺，单栏显示。

2. 视觉设计

传统期刊网站的整体视觉风格大多偏向立体，采用拟物化图标设计，内容表达以文字表述为主、缺少图片搭配，多数依托第三方平台建立的网站仅基于相同模板进行色彩替换或局部优化，无法突出期刊自身文化特色。本文改变传统设计思路，依据期刊类型、文化和经营环境等，结合扁平化流行设计趋势打造出风格恰当的用户界面（UI）元素。扁平化设计风格遵循简约、高端的原则，在网站布局上采取图文并茂的排版方式，让用户浏览不会产生视觉疲劳，轻松愉悦地吸收网站带来的视觉体验和内容。为了保持视觉体验一致性，不同终端采用统一设计风格：针对期刊品牌形象，不同页面之间以及色彩、视觉元素、字体和尺寸的一致性等，让视觉形象成为联系用户与期刊品牌的纽带。细节上考虑设备类型、尺寸和操作习惯等因素，在各控件选择和表达上有所区分。由于最终产出的页面与视觉稿有所出入，因此设计过程需对某些布局结构和细节样式等进行改造，以尽早发现并解决各类潜在的问题。《西安工业大学学报》RWD网站首页的视觉方案如图7所示。

|（a）PC端|（b）Pad端|（c）Phone端|

图7　3种响应规格的视觉设计效果图（首页）

三　结论及展望

RWD颠覆了传统网站的设计理念，开发成本低、拓展性高、交互性强、用户体验效果出色。该技术已较成熟，其价值性及使用领域的扩展表明它是目前乃至未来的网站设计趋势之一，因此也将成为期刊构建新型门户网站的关键技术，以实现期刊网站服务模式的创新与提升。

本文只选择3种典型平台的标准规格进行设计，不能呈现所有类型设备的线框原型界面及视觉设计方案。由于移动设备的屏幕像素密度与传统PC有所不同，对视觉设计师有较高的要求，如需考虑内容文字的可读性、控件可点击区域的面积以及在不同设备下的行为等。测试人员则需在不同的设备下对RWD进行兼容性测试。整个制作过程需UI设计师、前端工程师和开发团队之间的友好协作。

移动设备层出不穷导致使用环境愈加复杂，RWD如何识别设备并让其在不同环境下均能具备良好的用户体验成为研究的难题。学者们应探究桌面用户的使用习惯，兼顾不同尺寸的手持设备，实现"求同存异"，促使RWD融入更新的设计元素。响应式体现一种高度适应性的设计思维模式，在 RWD 探究的道路上，响应式本身不是唯一目的，基于任意设备对页面内容进行完美规划的设计策略及工作流程应该是研究者面临的更大课题。

（作者：于孟晨）

即时通信技术层面中高校意识形态话语权解读

在 2013 年全国思想宣传会议上，习近平总书记强调"意识形态工作是党的一项极端重要的工作"。高校作为意识形态的前沿阵地，肩负着学习、宣传马克思主义，为实现中华民族伟大复兴的中国梦提供人才保障和智力支撑的重要任务，必须要牢牢掌握高校意识形态工作的领导权、管理权、话语权。

伴随着网络井喷式的发展，网络技术的日益发达，即时通信技术作为网络技术中最活跃的技术之一，极大地改变了人们的生活、组织及交往方式。2016 年 8 月 3 日中国互联网络信息中心发布了第 38 次《中国互联网络发展状况统计报告》（以下简称《报告》），《报告》显示："截至 2016 年 6 月，网民中即时通信用户规模达到 6.42 亿，较 2015 年底增长 1769 万，占网民总体的 90.4%。其中手机即时通信用户 6.03 亿，较 2015 年底增长 4627 万，占手机网民的 91.9%。"① 即时通信技术不仅成为人们娱乐、获取知识的主要渠道，也使得不同文化思想间的碰撞加剧，导致意识形态的斗争变得异常激烈和复杂，尤其是高校作为意识形态斗争的前沿阵地，其斗争的激烈更为突出。

---

① 中国互联网络信息中心：《第 38 次中国互联网络发展状况统计报告》，中国互联网络信息中心（http://www.cnnic.cn/gywm/xwzx/rdxw/2016/201608/t20160803_54389.htm）。

学者们对此进行了深入的研究：王建南认为高校意识形态呈现思想意识多样化、价值追求物欲化、舆情汇聚网络化、社会思潮聚集化、西方理论植入化、课堂纪律松懈化等突出问题①；苏铁柱认为网络化对高校意识形态主导权及建设工作环境、教育及管控方式、安全防御能力提出了挑战和冲击②；陈大勇认为高校意识形态工作受到外来性、自生性、教育方式落后以及教育者没有形成合力等方面的挑战③；覃事太认为网络化的传播方式以及多样化的文化思想观念给高校意识形态建设带来冲击和困惑④；王达品从西方意识的渗透、国内改革矛盾的深化以及网络舆论负面意向的角度论述了高校意识形态工作面临的新形势，同时认为高校意识形态工作存在不愿抓、不敢抓和不会抓的问题⑤；冯慧分别从社会转型期的各种"失范"影响了大学"三观"的形成、西方敌对势力的意识形态渗透冲击了大学生社会主义意识形态的认同和以网络为主体的多媒体发展的两面性和不可控性销蚀社会主义意识形态的凝聚力和整合力等方面论述了高校意识形态建设面临的挑战⑥；熊小健则认为微博时代下与高校意识形态话语体系的矛盾更在于，生动活泼的内容需求与严肃刻板的理论供给、多元对话的需求与一元灌输的方式供给以及生活休闲需求与庄重正式的形象塑造之间⑦；胡志勇以全球化为背景，从高校统治思想的"多元化"以及高校意识形态教育模式的角度出发探讨了高校

① 王建南：《把握高校意识形态工作复杂性和主动权》，《思想教育研究》2014年第10期。
② 苏铁柱：《网络新媒体背景下高校意识形态教育与安全建设》，《湖北科技学校学报》2015年第6期。
③ 陈大勇：《切实加强高校意识形态工作的几点思考》，《思想理论教育导刊》2015年第5期。
④ 覃事太、吴长锦：《加强意识形态建设的若干思考》，《思想理论教育导刊》2012年第12期。
⑤ 王达品、丁贞栋：《加强高校意识形态工作的思考》，《思想理论教育导刊》2014年第12期。
⑥ 冯慧：《高校意识形态建设面临的挑战及应对》，《红旗文稿》2014年第12期。
⑦ 熊小健、殷勤、赵静雯、胡德平：《微博时代高校意识形态宣传话语体系传播：问题与创新》，《思想理论教育》2013年第5期。

意识形态工作的新特征。① 以上学者主要在网络化、经济全球化、深化改革、文化思潮多元化的背景下分析高校意识形态工作面临的挑战和问题。

本文在吸取上述文献研究的基础上，从具体的网络技术产物——即时通信技术层面出发，对高校意识形态话语权在即时通信技术影响下呈现的多元化、自由化以及多样化的特征进行分析，全面解读高校意识形态话语权，并从高校互联网络建设，宣传部门以及教学管理的创新和制度完善等方面探寻把握高校意识形态话语权的路径。

一 即时通信技术

即时通信是一个终端服务，它可以使两个或两个以上的人使用网络进行文字、语音、文件或视频信息的交流。通常情况下，人们通过登录即时通信平台来识别在线用户然后同他们进行信息的即时交换，信息的传递则是由客户端发送给服务器，经服务器处理再发送给接收的客户端。

即时通信之所以称为"即时"是因为在网络的连接下人们之间的交流已经冲破了时空的限制，加快了信息传递的速度；由于操作的便捷性，只需在输入信息后点击发送，经过服务器的处理，几秒钟就可以供其他人浏览。即时通信技术更使信息呈现多样性和灵活性等特征，不仅包括文字信息的传递，同时也可以实现语音、图像、文件、视频等多种信息相结合的传递方式，相较传统电话、手机短信，更能满足人们多样化交流的需要。随着即时通信技术的发展，即时通信工具不仅仅有传递信息的功能，通过外部系统连接，更是融入了新闻资讯、网络游戏、在线音乐、杂志订阅、群聊、邮箱、微博还有团购、网购等功能，人们只需下载并注册一种即时通信工具就可以自由自在地选

---

① 胡志勇：《浅析新时期如何加强高校马克思主义意识形态建设》，《世纪桥》2009 年第21 期。

择满足自己需求的方式，享受全新的体验（如图 1 所示）。

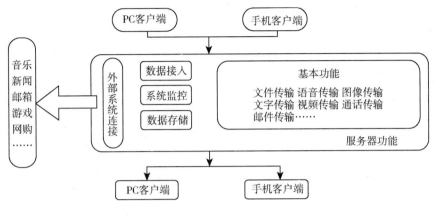

图1 即时通信平台功能图

二 高校意识形态话语权解析

1. 高校意识形态

意识形态是在一定社会经济基础上形成的思想上层建筑，反映不同阶级、社会集团意志和利益的一种文化表达方式，对于任何一种社会制度而言，无论其思想文化观念领域如何多样化，必然有一种处于主导地位，具有支配能力的，同时为大多数人能够接受、认同并且奉行的主流意识形态，这种主流意识形态往往是在社会中处于统治地位的阶级利益观念的反映。作为社会主义国家的中国，马克思主义及其中国化的理论成果在我国有着广泛的群众基础，是中国共产党的指导思想，也是我国的主流意识形态。高校肩负着培养中国特色社会主义事业合格建设者和可靠接班人的重任，因此高校意识形态就是坚持社会主义主流意识形态，特别是社会主义核心价值观在高校工作中的领导地位，以马克思主义为指导，为高校师生提供一套认识和解释世界的思想观念和价值体系。

2. 高校意识形态话语权

"话语"作为语言学的概念，被认作是"言语"或"语言"，是人们交流所传递的内容。福柯把话语与权力相联系，他认为，话语和权力是相辅相成，相互产生，相互促进，奠定了话语权理论的基础。随着研究的深入，学者们更多侧重于从意识形态视角来解读话语权，意识形态是社会性、权力性的集中表现，话语即是权力运作的平台。因此，意识形态与话语权的联系密不可分，现代国家把主流意识形态话语权的传播放在了社会的突出地位，作为社会主义国家的中国，掌握以马克思主义为指导的主流意识形态话语权尤其重要，这里并不是说以强制命令的方式去把握，而更多是在于采用暗示、说服等方式，以支配和掌握舆论导向，使人民自愿以马克思主义理论为指南去思考和行动。高校意识形态话语权就是高校在意识形态领域控制舆论的权力和坚持社会主义办学方向的能力。把握高校意识形态话语权就是要充分发挥高校人才优势和学科优势，积极探索意识形态工作规律，主动引导思想舆论，提高马克思主义意识形态的说服力和影响力，促进高校沿着正确的轨道发展。

三 即时通信技术对高校意识形态话语权的影响

在网络环境下，信息的传播超越了地域和疆界的限制，即时通信技术与网络的结合打破了传统媒体对信息的主导性和垄断性，信息交换更加便捷和灵活，成为人们尤其是大学生们获取信息的主要渠道。媒体格局的变革使得高校意识形态话语权在网络空间的斗争更加激烈，即时通信技术的发展对高校意识形态话语权产生了深刻的影响。

1. 话语主题多元化

意识形态的话语主题主要解决的是意识形态"说什么"及其有效性的问题，其内容主要是意识形态对当下社会面临的社会问题与时代课题的解释，就中国社会主义意识形态而言，主要是用马克思主义理论来解答中国建设、改革过程中所遇到的问题并做出解释，而高校意识形态的话语主题更多倾向于利用党和国家政策、方针来解答社会改革进程中所遇到的矛盾和问题，使得广大师生了解党和国家的路线，更凸显出一种庄重、严谨的形象。在网络通信技术下，话语主题呈现多元化的趋势，其中包括政治、科技、娱乐等各方面的主题，作为处于社会前沿的广大学生，对于新事物的接受能力较强，同时每个学生都有自己独特的兴趣爱好，关注的主题也不尽相同，总体上来看，社会娱乐方面的内容更容易引起学生们的关注，这也是因为娱乐主题塑造出一种休闲的形象，深得广大学生喜欢。相比之下，学生们对于意识形态话语主题的关注度不高，就陕西高校而言，陕西拥有独特而又优秀的延安精神，但是根据调查显示，大学生中对于延安精神"十分了解"的只有34%，"不了解"和"一点都不了解"占据了52%和14%①。虽然陕西高校在宣传延安精神方面做过不少努力，然而并未取得理想效果。多元化的主题形式，影响着我国主流意识形态的主导性，同时也应该发现，主流意识形态所塑造的庄严形象与当前社会学生们所热衷的风格存在差异性。

2. 话语主体自由化

意识形态话语主体主要解决的是意识形态"谁在说、对谁说"的问题，就中国社会主流意识形态话语权而言，这种对话关系的主体不仅包括意识形态的生产者和传播者，也包括意识形态的接受者。传统的模式下，高校意识形态接受者的人群基本是属于学生范围，而生产和传播主体依然是党和国家。即时通信技术的出现使话语权的分配不断地消解和重构，带给公众一个全新的话语表达平台，快速地成为个人宣泄情绪、发表言论的工具，由于通信用户的匿名化，言论表达得到了最大限度地解放，话语主体在这种自由扩散的传播方式中悄然发生着转变，即任何人的言论，都有可能成为领袖意见。我国目前正处在全面深化改革的特殊时期，在改革的过程中各种社会矛盾不断凸显、激化，人们在表达自己观点的时候并不是完全以科学的方法为指导，

---

① 孙坤明：《陕西大学生"三个自信"状况研究》，《西安建筑科技大学学报》（社会科学版）2016年第3期。

即主观性较强，片面化程度高。更甚的是一些发言者打着"道德"的幌子，故意把社会矛盾聚焦化，西方敌对势力也在大肆宣传社会主义制度的弊端，这些信息直接展现在高校学生面前，由于学生独立判断能力以及思辨能力薄弱，容易被迷惑；使学生弱化对社会主义事业的信心，对国家的政策方针，持怀疑的态度，质疑其真实性、正确性，很难达成一种共识，阻碍了构建沟通的有效性。

3. 话语载体多样化

从技术层面角度讲，话语的传播与交流离不开一定的载体。谁掌握了意识形态话语传播和表达的有效方式，谁就能取得优势地位的话语支配权。当前主流意识形态话语权面临文化多元化和信息网络化的冲击，西方敌对势力利用其科技优势，在国际社会中掌握"话语霸权"，马克思主义话语权的作用力被削弱了，如何充分发挥多元化和立体化的传播和表达途径，特别是在互联网上宣传马克思主义，占领网络舆论阵地成为当前加强意识形态话语权建设过程中着力解决的现实问题。高校意识形态的传播载体通常以广播、学报以及思想政治课等方式为主体，在网络技术快速发展下，即时通信平台成为最便捷的、为人们广泛应用的话语表达工具，尤其是以广大青少年为主体的使用人群，更加依赖即时通信工具。随着手机等便携通信设备的广泛使用，广大师生可以随时随地接收信息，发布信息。目前，大部分高校都建立了自己的微信公众平台，同时学校的各个院系都有属于自己的微信公共平台及QQ群，即时通信技术的应用为高校意识形态工作开辟了新的阵地，为宣传社会主义意识形态、树立以马克思主义为指导、为社会主义核心价值观的贯彻提供了新的传播途径。然而，以即时通信技术为载体的话语传播并没有引起高校的重视，同时由于起步晚，相较于其他媒体呈现出弱势，传统的传播载体——思想政治课的教学模式与现代社会呈现出不适应性，对高校意识形态话语权建设带来了一定的负面影响。

四 高校把握意识形态话语权的路径探索

根据《报告》显示，目前网民的职业结构构成中，学生的比例以及个体户所占的比重分别为 25.1% 和 21.1%，作为处在社会前沿的学生，他们对新鲜事物的接受能力很强，即时通信技术的应用使得各种信息传递到学生的眼前，由于学生独立判断能力以及思辨能力薄弱，容易被迷惑，这些信息对学生"三观"的形成产生了很大的影响，因此必须重视把握高校意识形态话语权的工作。

1. 创造网络新环境

政府要完善与网络相关的法律法规，让人们认识到交流有自由，行为有底线，以此来约束人们的上网行为并遏制不法分子的气焰。同时也要采取技术手段加以管理，对传播消息进行舆论监管。根据即时通信信息传递流程图（如图 2 所示）：信息传递必须要经过服务器的中转。技术实现的核心环节就在于对服务器的监管，加强对信息的管理及分析，尤其是对不良信息进行封锁过滤和监控，保证信息的准确性，科学价值观的导向性。目前许多高校都成立了自己独立的校园网，利用技术手段进行舆论监管，预防不良信息的进入，过滤垃圾信息，同时大力宣传有价值、优质的信息，使正能量流入校园。

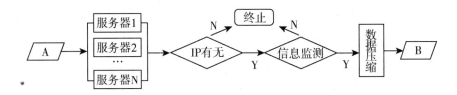

图 2　即时通信信息传递流程图

2. 打造并更新传播手段

网络的出现，打破了信息的传统传播方式的局限，新的传播方式得到了广泛的应用和普及。高校宣传思想战线应该适应传播形式的新变化，在利用好传统的传播方式外，更应该进行宣传方式和手段的创新，全方位地引导广大师生增强对中国社会主义道路自信、理论自信和制度自信，不断扩展马克思主义意识形态传播途径，积极地推进新媒体新技术的开发与应用，开辟为高校师生所认同、接受的新平台新途径。例如创建马克思主义教育网站，提高微信、QQ等实时推送信息的力度，同时也可以参与到学生微博、微信互动中，这样不仅可以使得思想教育信息在全体师生中广泛传播，也可以在特定的网络群进行渗透式的思想教育引导。

3. 提高学生政治判断能力

即时通信技术的广泛应用，使得人们可以随时随地传播自己想表达的信息，有时候无意识的言语表达甚至会引起广泛的社会关注。这些网络信息五花八门，传播的速度也非常快，学生面对铺天盖地的信息，首先应该加强自身的辨别能力。高校应该了解学生的需要，以社会主义核心价值观的正能量为引导，塑造学生的人生观、价值观、世界观。加强学校法制教育和道德教育，在提倡学生文明上网行为的同时，对学生进行法制教育，使学生懂法，规范自身上网行为，引导学生正确处理网络与学习、现实与虚拟的关系，自觉抵制不良信息的影响。

4. 创新教学模式

传统的意识形态教学一般都是采用理论体系灌输，教学形式上比较顺利，但是接受的内容不尽人意，学生对于理论知识只是死记硬背，而不注重运用。由于学生没有很好地理解我国的国情，在当前各种社会现象面前，不能以所学的理论来解释这些问题，因而产生困惑，认为理论体系的可信度不高。创新教学模式在于注重理论联系实际，加强对学生关注的社会热点分析和研究，用理论解答问题，注重理论在实践中的应用，有学者指出："理论的真正价值和意义在于捕捉问题、分析问题、说明问题。"[①] 在即时通信工具的助力下，传授知识的方式

---

① 黄传新：《社会主义意识形态吸引力和凝聚力研究》，学习出版社2012年版。

并不单单以课堂为渠道，教育者随时随地都可以解答学生的困惑，及时了解学生的思想状况，对其进行引导和教育，实现线上线下的互动教学。

五　结语

把握高校意识形态话语权，是高校意识形态发挥功能的保障，是高校肩负着培养中国特色社会主义建设者和接班人的崇高使命的要求，是坚持社会主义办学方向的原则。即时通信技术不仅给高校意识形态话语权的实现带来了机遇，同时也带来一些挑战，高校要充分利用自身的优势，运用即时通信技术，丰富意识形态话语内容，科学引导学生的思想和行动，实现社会主义大学在时代进步中的新突破。

（作者：于孟晨）

大数据时代大学校园媒体影响力拓展刍议

一 "大数据"与大数据时代

晚近以来，大数据（Big Data）技术的出现，堪称互联网时代思维和技术的又一项革命性进展。在有的学者看来，人类也就此从小数据时代进入到大数据时代。所谓大数据，并非一个确切的概念。"大数据是人们获得新的认知，创造新的价值的源泉，大数据还是改变市场、组织、机构，以及政府与公民关系的方法"[①]。大数据标志着"信息社会"终于变得名副其实，因为采集的所有信息都可以用新的方式加以利用了。继 2014 年春节期间推出的"'据'说春运"后，"两会"期间央视新闻又推出"'据'说两会"，利用网络搜索公司提供的大数据让观众直观地看到了民众最期待的话题。

《大数据时代：生活、工作与思维的大变革》的作者、英国学者维克托·迈尔－舍恩伯格和肯尼斯·库克耶认为：大数据给人们分析信息的思维带来了三个巨大的转变，这些转变将改变人们理解和组织社会的方法。第一个转变就是，在大数据时代，人们可以分析更多的数据，有时候甚至可以处理和某个现象相关的所有数据，而不再依赖

---

① ［英］维克托·迈尔－舍恩伯格、肯尼斯·库克耶：《大数据时代：生活、工作与思维的大变革》，盛杨燕、周涛译，浙江人民出版社 2013 年版，第 9 页。

于随机的采样。在小数据时代，由于受技术手段的限制，人们采集和处理数据的方法是随机采样的样本分析法。在前信息社会，随机采样取得了巨大的成功，成为现代社会和现代测量领域的权威方法。但这只是一条捷径，是在不可收集和处理全部数据情况下的退而求其次的选择，它本身的痼疾就是由于样本量不够大、不够随机，因而得出的结论有偏差和滞后，如电视台的收视率。所以，在大数据时代，人们树立的则是"样本＝总体"的观念。大数据的"大"不是绝对意义上的大，大数据是指不用随机分析法这样的捷径，而采用所有数据的方法。

第二个转变就是，研究数据如此之多，以至于人们不再热衷于追求精确度。大数据纷繁多样，优劣掺杂，分布在全球多个服务器上。拥有了大数据，人们不再需要对一个现象刨根问底，只要掌握大体的发展方向即可。当然，也不是完全放弃精确度，只是不再沉迷于此。适当忽略微观层面上的精确度会让人们在客观层面拥有更好的洞察力。

第三个转变因前两个转变而促成，即人们不再热衷于寻找因果关系。寻找因果关系是人类长久以来的习惯，即使确定因果关系很困难而且用途不大，人类还是习惯性地寻找缘由。相反，在大数据时代，无须再紧盯事物之间的因果关系，而应该寻找事物之间的相关关系，这会提供非常新颖且有价值的观点。相关关系也许不能准确地告知人们某件事情为何会发生，但是它会提醒人们这件事情正在发生。在许多情况下，这种提醒的帮助已经足够大了。①

二　制约大学校园媒体影响力发挥的因素

思维的转变给人们观察、分析事物带来了全新的视角。大数据以比前几波信息化浪潮更迅猛的姿态，将要或正在改变着大学校园的媒

---

① ［英］维克托·迈尔－舍恩伯格、肯尼斯·库克耶：《大数据时代：生活、工作与思维的大变革》，盛杨燕、周涛译，浙江人民出版社 2013 年版，第 17—19 页。

体文化生态。传统的校园媒体如报纸、广播等，在整个大的媒体环境的转变趋势下日渐式微。新兴的校园媒体如官方网站、官方微博等，却因为操作者往往不太熟悉网络媒体运行、传播规律，更由于其程式化的语言、官僚化的姿态，显得与整个网络环境格格不入，遭到网络群体的排斥而应者寥寥（当然，有些高校在这方面已走在了前列，取得了良好的效果）。所以，大学校园媒体如何拓展其影响力，巩固其意识形态传播主阵地地位，引领大学校园文化的发展方向，就成为一个现实而迫切的问题。

　　一般来讲，制约大学校园媒体影响力发挥、提升的问题主要有两个：一是议程设置。面对极速变化的社会在大学校园内的投射，除了履行一般职能，发布信息和传达党政之声外，校园媒体似乎不太容易能抓住校园的热点，即广大师生真正关心、关注的问题，存在一个议程设置上的困境。当然，这种困境的出现既有主观努力的原因，也有客观条件的制约。这可能是影响校园媒体，尤其是新媒体发展的核心问题。为了抓住热点或了解受众对校园媒体的需求，传统方法是开展问卷调查或随机访问，进而进行样本分析。正如前文所述，这样的方法有其固有的缺陷。它的成功依赖于采样的绝对随机性和足够多的样本量，但是，实现采样的随机性非常困难。一旦采样过程中存在任何偏见，分析结果就会相去甚远。所以，通过这个方法得出的结论往往并不十分准确，经常与实际情况存在不小的偏差，对问题的关注也往往滞后（况且，校园纸质媒体还经常受到出版周期的限制）。根据这些结果采编出的报道在出版之时已是明日黄花，关注回应都显得无力，遑论提前布局引领校园议题的走向。这一问题从传统媒体蔓延到新媒体上时，变得尤为突出。

　　二是媒体投放。即传统媒体如何让更多的受众看到、听到，新媒体如何能更有效地参与网络传播，发挥其迅捷和交互的交流作用。在小数据时代，对传统媒体的投放区域和比例基本依靠实地调研、问卷调查等手段，如报纸除了常规的报箱、办公室、学生宿舍投送外，就是在调研得出结论的基础上在校园人流密集区域投放，广播等也在这些地方布线（包括具有一些媒体性质的宣传橱窗也在这些地方设置）。不过，这样的调研、调查往往并不十分精确，以致有的地方投放过多、过剩之后无人取阅，有的地方则投放过少，受众想看却看不到的情况出现。可以说，投放不到位、不均衡是制约传统校园媒体影响力、覆盖面难以提升的另一个重要的因素。而新媒体则由于其有些程式化和缺乏亲和力，跟不上网络传播的节奏，体现不出"交流时代"的媒体特性，被关注量太小而影响甚微。坦率地讲，有些高校的官方微博甚至都没有进入网络媒介场和舆论场。

三 大数据对于校园媒体影响力的作用

所幸的是，大数据技术的出现和大数据时代的到来为问题的解决带来了契机。大数据时代需要建立"大数据思维"。"所谓大数据思维，是指一种意识，认为公开的数据一旦处理得当就能为千百万人急需解决的问题提供答案"①。

建立在相关关系分析法基础上的预测是大数据的核心，这种预测经常是对社会事物大的趋势的预测。"相关关系的核心是量化两个数据值之间的数理关系。相关关系强是指当一个数据值增加时，另一个数据值很有可能也会随之增加"。例如谷歌流感趋势：在一个特定的地理位置，越多的人通过谷歌搜索特定的词条，该地区就可能有更多的人患了流感。② 议程设置理论的基本前提则是，"新闻媒体报道特定问题的方法会影响并且塑造公众的意识和话语。……同样的，媒体议程也反映了一个选择（排序）过程，某些问题在新闻报道中受到持续而重点的关注，而其他问题则相对被边缘化或忽视。"③ 在这里，媒体

---

① ［英］维克托·迈尔－舍恩伯格、肯尼斯·库克耶：《大数据时代：生活、工作与思维的大变革》，盛杨燕、周涛译，浙江人民出版社2013年版，第167页。

② 同上书，第71页。

③ ［美］鲍勃·富兰克林：《新闻学关键概念》，诸葛蔚东等译，北京大学出版社2008年版，第15页。

如何选择议题便成了问题的关键。

大数据技术的这种"预测"功能为校园媒体准确、有效地进行议程设置提供了可能。高等院校和科研机构应该加大对信息采集以及相关处理软件的研发力度，尽最大可能采集师生在校内的位置、活动轨迹等数据，尤其是在新媒体上公开发布的信息。当然，这些工作是在不侵犯个人隐私的前提下进行的。对这些采集来的海量数据，通过相关软件的分析、处理，就有可能掌握甚至预测一段时期校内热议的话题，以及师生共同关心的热点。在这里，只需要直观地知道"是什么"就可以了，而不必去探究背后的"为什么"。根据预测结果，校园媒体尤其是新媒体就可以及时地进行议题创设、内容采编、发布并积极与受众进行有效互动。这样一来，就会使校内的媒体生态实现良性循环，校园媒体的关注度自然会与日俱增。在这里，需要知道"所谓的'传播'时代即将寿终正寝，一种全新的'交流时代'即将来临"①。只有跟上这种时代的转换带来的新的传播节奏，在传播形式和内容上狠下功夫，大学校园媒体才会增强核心竞争力，真正占领校内意识形态的主阵地，引领校园文化的发展方向。

在具体的新闻操作上，"数据新闻学"或许能带来诸多启示。简单地说，作为精确新闻学进一步延伸的"数据新闻学"就是用数据报道新闻，它为记者将传统的新闻嗅觉与规模庞大的数据信息结合起来报道新闻创造了可能。"数据新闻学"是在多学科的技术手段下，应用丰富的、交互性的可视化效果展示新闻事实，把数据与社会，数据与个人之间的复杂关系用可视化手段向公众展示，以客观，易于理解的报道方式激发公众对公共议题的关注与参与。② 在相当程度上，"数据新闻学"是立基于大数据技术之上的，和以往在新闻报道中简单使用图表、统计数字等不同，这里用可视化手段展现的"数据"是经过

---

① ［美］谢尔·以色列：《微博力：140字推爆全世界》，任文科译，中国人民大学出版社2010年版，第7页。

② 郭晓科：《数据新闻学的发展现状与功能》，《编辑之友》2013年第8期。

处理的大数据。所以，对于校园媒体而言，不仅要在议程设置上努力搜集和使用大数据，在具体的新闻制作上，也要积极使用大数据技术的成果，以改进新闻报道形式和手段。

互联网时代以来，人们经常讲数字化，如数字化校园建设、纸质媒体的数字化等。在有的学者看来，现在已经不是"数字化"，而是"数据化"的时代了。大数据时代是一切皆可量化、数据化的时代，任何信息都是一种"数据"，任何数据都有其显在或者潜在的价值，尤其是它们以海量的形式即"大数据"的形态呈现之时。利用大数据技术促进人才培养、科学研究和服务社会，高等院校在这方面既有优势也有责任，国内外一些高校已做出了诸多有益的探索。

大数据技术的出现为互联网科技带来新的重大变革，大数据时代使信息社会变得真正名副其实。更重要的是，它让人们的思维有了化茧成蝶的转变，为解决问题提供了新的维度和方法。利用大数据技术，校园媒体可以预先进行议程设置，事后进行精准投放，开辟了自身影响力拓展的新途径。只要坚持不懈地努力，这方面的工作必将有所收获。

（作者：于孟晨）

市 场 篇

"品牌＋"：文化引领与技术
创新下的市场策略

"市场"是文化能够持续发挥影响力、技术不断创新发展的目的与驱动力所在。作为最具市场价值的"品牌",是市场综合品质的体现,代表着人们市场文化价值的评价、认知和信任。文化引领与技术创新下的"品牌+",则意味着市场附加值不断提高、升级。找到"品牌+"建设的策略与路径,对于积极传扬优秀文化、打造新媒体良性生态、锻造具有中国性格与中国气派的中国"品牌"有着不可替代的作用。

　　本篇章从文化产业与传媒市场中选择不同的领域,阐述在文化引领与技术创新下的市场推广策略与品牌传播战略。宏观层面上,《国家形象宣传片的影音传播策略研究》《名人策略在国家品牌形象建设中的应用分析》《我国城市形象的营销策略研究》《论城市形象传播中的城市宣传语》分析了国家形象与城市形象的品牌建设的市场策略;中观层面上,《从"移风易俗"谈百年西安易俗社的品牌传播推广》解析了易俗社品牌塑造和传播中的"移风易俗"核心地位并提出品牌传播建议;微观层面上,《浅析公交移动电视广告的受众心理与传播策略》《地铁媒体效果评估指标体系建构》《西安地铁传媒现状研究》《创新融合与坚守阵地——校园融媒体文化育人平台路径探索》《"微"媒体在校园文化建设中的"大"作用》《学术期刊转型期陕西地方高等学报发展模式的思考》等文分别从公交移动电视、地铁媒体、校园媒体、学术期刊作为研究对象,解析在文化与技术的影响下,文化产业中的不同领域进行品牌推广与市场建设的思路与策略。

国家形象宣传片的影音传播策略研究

《文化部"十二五"时期文化改革发展规划》指出，强化文化在国家对外工作大局中的独特作用，树立"文化中国"新形象。[①] 新时期以来，随着改革开放的逐步深入，中国的文化传播从封闭走向开放。一时间，传统、现代、后现代文化交织、杂糅，共同形成众声喧哗的文化系统。在全球化的体系中，好莱坞模式、韩流、日本动漫的广泛传播已经为中国跨文化传播提供借鉴。因此，中国文化建设不能故步自封，必须通过开展大规模的文化交流，向全球传播"文化中国"的新形象。"意义分享依赖于文化群体的共同经验、兴趣和共识，并且进一步转化为一种集体无意识"[②]。孔子学院的建立从语言文化传播的角度达到"意义分享"，而国家形象宣传片则致力于通过形象化的视觉表征来实现"意义分享"，通过对文化软实力的建构实现跨文化传播。

一 中国国家宣传片拍摄的缘起及介绍

提升文化软实力的有效路径之一就是建构具有当代性的国家形

---

① 白瀛：《文化部"十二五"时期文化改革发展规划发布 要树立"文化中国"新形象》，2012 年 5 月 10 日，新华网（http：//news. xinhuanet. com/politics/2012 – 05/10/c_ 111928 401. htm）。

② 单波：《跨文化传播的问题与可能性》，武汉大学出版社 2010 年版，第 207 页。

象①，美国学者乔亚舒·雷默认为，中国当下最大的战略挑战都与国家形象有关②，国家形象宣传片作为国家形象的外显形态，是国家形象传播策略的重要部分。在全球范围内，已经有一些创意型国家宣传片可以为中国国家宣传片的拍摄提供思路和语境。比如《丹麦交响曲》是 1988 年丹麦旅游局策划拍摄的一部旅游宣传片，堪称无缝剪辑的典范。该片时长约 20 分钟，700 多个镜头，长达 6 个月近乎完美的剪辑，即使用"鬼斧神工""天衣无缝"这样的绝妙好词来形容也并不夸大。全片没有解说词、对白和字幕，仅靠剪辑将音乐、自然音响和画面巧妙的融合，真实生动地展现出丹麦的风土人情、人文地理和生活科技等方面，面面俱到却不杂乱，细腻小巧又不失大气。

《伦敦申奥片》是伦敦奥组委为了争夺 2012 年奥运会举办权而筹拍的，其创意性的、诙谐性的情节处理，不仅突破了以往申奥片"旅游宣传片"式的保险策略，还成功地打破了其他国家受众对伦敦乃至英国"古板、傲慢、阴霾"的刻板印象与偏见。该片时长约 5 分钟，由一名奔跑中的女子作为串场线索，将 150 个碎片式的镜头分成 24 个相互粘接的系谱轴，包括城市景观、文化遗产、运动健身等。该片由名不见经传的英国商业广告片导演达瑞尔·古德里奇（Darly Goodrich）执导，虽是小成本制作，但在人物的选择上以普通百姓与明星"角色互换"的方式（即"名人也是普通人"与"普通人也是运动明星"互相穿插交织），将 5 分钟的影视短片演绎得耳目一新，在诙谐轻松的氛围中体现出伦敦"全民奥运"的主题。

这些国家宣传片的创意策划与对外传播无疑证明，一部在艺术与技术上成功的此类短片可以为推广国家形象、增进跨文化传播提供创新思路和成功保障。因此，中国国家宣传片也在此环境中应运而生。

2009 年底，中国国家形象宣传片由国务院新闻办公室发起，并委

---

① 贾磊磊：《中国文化软实力提升的策略与路径》，《东岳论丛》2012 年第 1 期。
② 徐润东、张楠：《国家公关策略》，《国际公关》2011 年第 2 期。

托灵狮广告公司制作，分为《人物篇》和《角度篇》两部分。《人物篇》时长 60 秒，主要在国际主流媒体播放，以人物拍摄现场摆造型、一组组群像出现的形式，通过"中国人"概念打造中国形象，曾于2011 年 1 月 17 日在美国纽约时报广场大型电子显示屏上播出。《角度篇》时长 17 分钟，以短纪录片为载体，通过聚焦事实的方式，力图从更多角度、更广阔的视野展示当代中国。全片取材广泛、画面大气磅礴，尽显中华秀美山川、人文风情，塑造了一个繁荣发展、民主进步、文明开放、和平和谐的国家形象，其分为"开放而有自信""增长而可持续""发展而能共享""多元而能共荣""自由而有秩序""民主而有法制""贫富而能互尊"和"富裕而能节俭"8 个章节，从2011 年 2 月 3 日起通过探索频道的亚洲电视网及亚洲、欧美多家电视台境外播出①，并供我国驻外使领馆及重要外宣活动使用。

作为首部国家形象宣传片，《角度篇》和《人物篇》引起了国内外的广泛关注，标志着中国的国家形象传播进入一个全新阶段。本文立足于中华文化走出去这个大背景，从国家形象宣传片影音传播与视听表达入手，通过与丹麦国家形象宣传片、伦敦申奥宣传片等经典之作进行对比，分析中国国家形象宣传片《角度篇》和《人物篇》在策划创意上的优势与不足，借此为中国形象跨文化传播提供策略与启示。

二　中国国家宣传片的策划创意分析

中国传统文化在跨文化传播中一直是各类作品渲染的重点，外国公众对中国的理解常常也停留在兵马俑、长城、丝绸和瓷器这些传统中国表征的层面上。事实上，随着中国经济的腾飞和社会的进步，当代中国国家形象已经远远超越了"四大发明""文明古国"的表意空

---

① 杨慧峰：《国家形象片〈角度篇〉在光明网首播》，2011 年 2 月 12 日，光明网（http://politics.gmw.cn/2011-02/12/content_ 1603555. htm）。

间，"我们期望别人认同的文化也不只是古老的传统文化，更重要的还是期望世界能够认同我们当代的文化形象。为此，我们应当按照当代文化的构成元素来配置中国文化产品的内容，来搭建中国文化产业的交易平台，来铸造我们的国家形象，来传播我们的文化软实力"①。文明、兴旺、和谐的中国社会与勤劳、质朴、聪慧的中国人民已经在新世纪展现出当代中国的风貌，而这些图景在中国国家形象宣传片中从人物形象、叙事角度、色彩构成、结构节奏、音乐影响与英文解说中得以淋漓尽致地展示。这种基于影像与音乐的跨文化传播方式无疑树立了成功的传播模式。

第一，丰富的人物形象符号从视觉直观上吸引关注。

"文化具有对符号的依赖性。文化总是依赖特定的语言、文字、肢体语言、图像、符号、声音等符号系统来传播，表现着独特的语意"②。由于语言"巴别塔"的存在，跨文化传播尤其注重对视觉符号的理解和运用。《人物篇》和《角度篇》里所有极具符号意义的人物都经过严格的筛选，出场顺序也几经推敲。一方面，《人物篇》以客观叙事的方式直接呈现以人物为中心的视觉符号，在冷静中凸显张力。其中展示了包括章子怡、邰丽华、吴宇森、宋祖英、刘欢、郎平、姚明、丁俊晖、袁隆平、吴敬琏、杨利伟在内的，涵盖文艺、体育、商界、模特、航天等各行各业的数十个杰出华人，"人是国家最重要的元素，而且近些年来中国人的精神面貌有很大提升，尤其在西方不断诟病中国人权背景下，短片选择人物形象演绎国家形象是个正确决策"③。他们优雅的身姿、挺拔的气质、智慧的面孔、亲切的笑容，如一幅幅画卷向世界人民诠释着"智慧、美丽、勇敢、才能、财富"的中国人形象。另一方面，《角度篇》展示中国人群像，全片每个单元

---

① 贾磊磊：《中国文化软实力提升的策略与路径》，《东岳论丛》2012 年第 1 期。
② 单波：《跨文化传播的问题与可能性》，武汉大学出版社 2010 年版，第 207 页。
③ 宁海林、吴国华：《视觉表征 ACTE 模式视域中的〈国家形象宣传片——人物篇〉》，《新闻与传播研究》2011 年第 4 期。

中出现的人物都是这段历史的见证者，他们有的是精英，有的是享受着这种改变所带来的利益的普通老百姓，他们脸上洋溢着幸福的笑容，表达着自信和太平盛世下的满足。这些人物的出现，使世界看到了中国切切实实的发展，看到了中国普通百姓真实的生活面貌。而且，真实、朴素、乐观、自信的普通百姓形象的出现，也弥补了中国为数不多的国家形象宣传中，概括而模糊的中国人形象。

但从另一个角度看，大量出现的公众人物过于符号化，形象稍显呆板，难以代表中国 13 亿普通百姓，呈现的画面仅仅浮于表象，隐含型的人物表达方式缺乏必要的动感与情感互动。"短片中人物的含蓄微笑、威严与美国人的热情、开放不相协调，而那些不同于他们文化的形象是很难被他们接受的。因此，人物的肢体语言、面目表情以及整幅画面要饱含情感，才能够与观众产生互动效果"①。更为重要的是，这些公众人物作为中国的名片，在国内拥有较高知名度，但根据相关调查，外国受众更愿意看到名片之后中国人的真实面貌。改革开放 30 多年来中国翻天覆地的变化、每一个普通中国人发自内心的骄傲，才是国家形象宣传片应体现的主题，但在制作中却没有找到有力的体现方式。

第二，客观的叙事角度增强宣传片的可信度。

传播学中的"使用与满足"理论提出，受众的主体能动性对传播效果具有制约性作用，国家形象宣传片的目标受众很明确，是把中国介绍给世界各国特别是欧美国家的受众。鉴于此，《角度篇》选择了标准浑厚的英文解说，以第三人称的叙述，旁观中国改革开放 30 多年来日新月异的飞速发展。片中人物的台词设计，表达了普通百姓的切实感受，从另一个层面见证了中国这些年的发展，结尾处通过真诚的孩子、朝气蓬勃的年轻人之口喊出"中国加油、世界你好"，充分

---

① 宁海林、吴国华：《视觉表征 ACTE 模式视域中的〈国家形象宣传片——人物篇〉》，《新闻与传播研究》2011 年第 4 期。

展示了中国人青春、活力的一面，这也正是中国发展面貌的真实写照"CHINA ON THE WAY"。和解说词相辅相成的，是大气磅礴的画面内容，包括航拍的人文、风景画面，普通百姓的生活场景。大量经过特效处理的画面，不仅给人以美感，同时也彰显着中国日新月异的变化，让人从画面的动感中领略到中国快节奏的发展，与表现内容非常契合。但作为一部国家形象宣传片，在"编码—解码"的过程中，虽然在传播者编码时考虑到了尽量接近受众的语境来优化传播效果，但在受众接受时却容易造成角度的混乱。比如采用英文解说虽然大大方便了外国受众的信息接收，但却像中国人在接受西方的采访，过于迎合西方视角，可能在外国受众接受时产生对抗式解读，削弱中国国家形象自信与从容的一面。

《角度篇》采用散点透视的方式，运用了单人、多人以及多视线重合的视点从不同角度进行展示，试图层次分明地呈现中国的方方面面，从这个层面上讲，宣传片取得了一定的成功。但从创作者角度汇集起来的众多视点，却始终让人感觉有点纷乱，难以给受众留下较深的印象。比尔·尼科尔斯指出，影片制作者始终控制着全部表达的行为，真正的"合作"根本无法实现①，《角度篇》的不足在于完全是制作者根据他们的标准和职责来表现他人，使出镜的人物在表达时显得被动、呆板、脸谱化，缺乏"集体归属感"。首先，改革开放30多年来，中国的城市飞速发展，农村也在发生着翻天覆地的变化，"农民工"这个中国独有的群体，日益受到国家和人民的重视，这是中国人倍感欣慰的，但这更是应该做的，而且现阶段还做得远远不够；计划生育政策作为中国特色，其实施保障了国家的稳定与发展，但面向强调人权、鼓励生育的外国受众传播时，则会产生误解，甚至做出错误的解读。其次，创意的缺失，使全片失去了亮点。国家形象宣传片，不管它肩负着怎样的使命，终究还是一部宣传片，就要遵循宣传片也

---

① ［美］李·R.波布克：《电影的元素》，中国电影出版社2006年版，第123页。

被称为广告片的原则——让受众心动，以至留下深刻的印象。《伦敦申奥片》抛弃了单纯地用国家文化与经济优势的视觉镜头盲目堆砌，片中满脸是泥的练撑竿跳的建筑工人冲着镜头憨厚而笑，体现了典型的自嘲式的幽默，几乎所有的受众都会报之会心的笑容；而《丹麦交响曲》所营造的那种悠闲、舒适、有张有弛的意象，则是一个富裕小国的自信与自足，深深地吸引了受众。

第三，中国红的色彩提升视觉感染力，激发国外受众的兴趣。

色彩作为影视语言不可或缺的表现形式，它已经超越了原来意义上的含义，开始作为深化内容、渲染情绪或表现思想的造型元素，体现出的是艺术表达的功能。[①] 国际大品牌在中国投放的广告片中，"中国红"是最为抢眼的色彩，他们充分利用了中国人对于红色的由衷热爱。伴随着文化的积淀，"中国红"已成为中国人心中不可替代的色彩，是喜庆的象征，是蓬勃向上的激情，是勇往直前的动力，也是中国国旗的颜色。在本组国家形象宣传片中，《人物篇》以中国红的主基调向受众展示了中国各界的精英人物，他们或时尚靓丽，或英姿飒爽，或睿智持重，或风度翩翩，也向世界传递着一个自豪的信息——"我们都是中国人"。

《角度篇》为了全方位展示多样内容，色彩的运用极为丰富，也沿用了"中国红"的主基调，红色的国旗频频出现，飘扬在北京的胡同里、天安门广场和孩子的手中，飘扬在上海现代化建筑的上空，飘扬在海上科考基地的上空。在不同的单元中，红色墙壁的古建筑也时时出现在不同的场景中，红色的服装、红色的奥运夜空、红色的世博中国场馆、红色的代表喜悦和欢庆的气球、红色的中国传统戏剧舞台、红色的现代建筑、红色的布达拉宫，将观众带入了传统古朴而又充满朝气和热情的中国的大街小巷。"色彩感知是人类共同的心理感受，它不受地域、民族、国家、文化、年龄、性别等因素的影响。色彩是

---

① 王丽娟：《影视鉴赏与荧屏写作》，南京师范大学出版社 2012 年版，第 148 页。

一种文化，对色彩的感知就是一种文化现象"①。从视觉艺术的角度，色彩感知能够超越时空、国别语言的限制，直接表现中国人蓬勃向上、开放包容的精神状态相得益彰。

第四，传统与现代感交融的音乐超越语言和影像无国界传播。

音响作为重要的艺术创作要素，是影片中除人声和音乐以外的所有声音。著名导演安东尼·奥尼曾说过："我非常重视声带，我总是在这上面下很大工夫。我说的声带是指自然音响，即背景噪音而不是音乐……常规的音乐很少能跟影像融为一体；其作用多半是催人入睡，不让观众欣赏跟前的景象而已"②。《丹麦交响曲》是一部很好的利用音响进行剪辑和营造气氛的宣传片，该片没有使用一句解说词、台词和字幕，但整个片子中充满了各种生动的音响：咕咚的水声、清脆的鸟鸣、蜜蜂的嗡嗡声、整齐的脚步声、马蹄声、自行车的铃铛声、现场演奏乐器的声音、工业流水线的声音、现场嘈杂的人声、伐树声、喷水声、剪刀声、风声、雨声、狗吠、牛叫，然后通过剪辑，将这些自然音响和画面巧妙地融合，音响被音乐化了，而音乐又成了音响结构，和谐自然，声画合一，为受众营造了丹麦人真实、丰富、生动的生活场景。

音乐也是影片创作的重要元素，音乐和影像的成功结合创造了电影音乐，大大地丰富了影片的表现力和感染力。音乐是极具民族性的，中国传统音乐博大精深，乐器种类繁多，作为中国第一部真正意义上的国家形象宣传片，音乐应该既能很好地体现中国特色，又能为表现主题增色、感染观众。《人物篇》和《角度篇》都选择了一种极具现代感的、节奏明快的音乐，虽然很符合宣传片节奏及表达需要，但若能选择中国特色的音乐或乐器演奏，则能更好地表现中国传统文化。而且由于通篇采用解说词，因此音乐经常被淡化，尤其是在解说词出

---

① 田洁：《张艺谋电影中的"中国红"元素》，《新闻界》2010年第3期。
② [美]比尔·尼科尔斯：《纪录片导论》，中国电影出版社2007年版，第56页。

现的时候，这样就大大减弱了音乐所独具的感染力。

第五，结构与节奏的平稳有序展示中国气度和风范。

《人物篇》以 60 秒版本为例，共 24 个镜头，每个镜头约 2—4 秒。过度闪回的结构和缺乏相关背景预设的人物呈现很难达到充分的传播效果，"大多数美国人只认识姚明等少数中国各界明星。……尤其是在纽约时代广场绝大多数人行色匆匆的广告环境下，人们一般不太可能顿足仔细端详，很可能至多只知道是在播放中国的形象宣传片，至于片中有谁以及表现什么内容就不得而知了，因此大大削弱了传播效果。"①《角度篇》以字幕将短片划分为 8 个单元，每个单元 2 分钟左右，属于平均分配，每个单元除了配合解说词展示的画面以外，选取 2—3 人面对镜头阐述对相关内容的感受，两个单元之间采取简单的黑屏和字幕硬性衔接的方式，结构比较规整，但却使整个片子的衔接过于刻意，容易打断观众思维，同时也让人觉得呆板、缺少创意和活力。

对比《伦敦申奥片》，该片采用非常简单而充满活力的奔跑作为线索，将观众带进了伦敦的角角落落，向受众展示了伦敦乃至整个英国的骄傲，展示了伦敦人对于体育的执着和运动精神。英国名人尽显，但都以普通人的身姿出现在伦敦街头，包括宣传片的配音歌曲演唱者，都与伦敦的普通人融为一体。该片在剪辑上也颇费心思，精巧流畅而不露痕迹，英国式幽默贯穿全篇，为整个宣传片的气氛调节增色不少。

影片的节奏是由画面节奏和声音节奏共同作用而形成的。画面节奏主要利用镜头之间的时值长短、场面调度、蒙太奇以及镜头之间的色调、光线、色彩和景别的对比变化等手段形成。声音的节奏主要由语言、音乐和音响三个元素作用完成。②《人物篇》采用舒缓的节奏，通过朴素的剪辑，将一张张含蓄恬静的笑脸展示给观众，镜头平稳，

---

① 宁海林、吴国华：《视觉表征 ACTE 模式视域中的〈国家形象宣传片——人物篇〉》，《新闻与传播研究》2011 年第 4 期。

② 李理：《试论声音对影片节奏的控制作用》，《北京电影学院学报》2001 年第 2 期。

衔接流畅，但缺乏节奏感，显得比较僵化、缺乏活力，很容易使西方受众产生中国经济腾飞后中国人自负、傲慢的刻板印象。"尽管短片想表达这种含蓄的'淡定、自信'，一些外国人可能根本就不理解，甚至会让他们误认为是'保守''呆板''矜持''自负'等负面形象。""短片可以展现那些人物各自背后的精彩故事，尤其是具有划时代意义的图像，没有必要非要拍摄现场摆造型"①。

第六，英文解说从语言上弥补跨文化传播的鸿沟。

李·R. 波布克指出，在绝大多数纪录片里，都使用解说声带来提供信息、配合画面，解说常被用来表明时间的推移或提供影片画面未能包含的信息②。贾尔斯在言语"趋同现象"（convergence）中分析到，讲话者将语言调节到与接收者相同或相似的语言上来可以增加传播效果。基于此，《角度篇》采用了英文解说词，严谨、缜密，追古溯今，上至天文地理、下至人文风情，全方位概括了中国近年来发展的方方面面。但中国语言独具魅力，其丰富的词汇、抑扬顿挫的语调及其体现出的意境，都是其他语言所难以企及的，如果只是为了方便沟通，可以采用中文解说加英文字幕。另外，解说词贯穿全篇，对于解说词的过度依赖，使得画面的表达力减弱，画面成了解说词的辅助元素，背离了影视艺术的初衷，也在一定程度上削弱了《角度篇》画面和现场同期声所能够带给观众的视觉冲击和感染力。我们国家拍摄的宣传片，包括城市宣传片有一个共同的特点：画面加解说词，而且往往是解说词从头至尾，与画面重复甚多，这种模式可以上溯到我国最早电视风光纪录片。然而作为影视作品，视觉语言应是第一位的，丰富、形象的视觉语言给观众带来的视觉冲击是其他艺术手法所不可企及的，当然，声音元素作为补充，不可或缺，但在我们的宣传片中，却有本末倒置之嫌，《角度篇》因此显得严肃有余而活泼不足。

---

① 李理：《试论声音对影片节奏的控制作用》，《北京电影学院学报》2001年第2期。

② ［美］李·R. 波布克：《电影的元素》，中国电影出版社2006年版，第111页。

三　中国国家宣传片的跨文化影响与启示

2011 年 1 月 17 日，中国国家形象片《人物篇》在纽约曼哈顿的时报广场电子显示屏循环播放，产生了轰动效应，此后新华社以巨资租下美国纽约时报广场最显眼广告牌，旨在宣传"中国国家形象"。2011 年 8 月 1 日，以"典型中国，熊猫故乡"为题的成都市城市形象宣传片亮相美国纽约时报广场电子屏①；就在同一天，美国纽约时报广场的电子显示屏上播放了"中国酒业大王"五粮液的宣传片②；9 月 10 日，有着"天下第一村"美誉的江苏省华西村形象宣传片出现在美国纽约时报广场新华社电子屏③。这些面向西方受众传播的宣传片旨在诠释独特的中国城市形象、中国新农村形象以及中国企业的品牌文化。正如国家京剧院院长宋官林所言，文化"走出去"是一个由浅入深、由点到面、由表及里的过程，不能硬走，不能草率、一窝蜂，要让国外的观众与我们产生文化认同。对外文化传播是构成和影响一个国家"软实力"的重要变量，文化由于具有以价值观念为核心的内在特质，因此文化对认知主体的影响是无形的和"柔性"的。文化"有一种以思想（精神或意识）为特征的、无形的集体认同力和感召力，这种集体认同力和感召力被国际政治学者称为'文化力'（culture Power）。"④

中华文化相对于西方文化，是一种异质性的东方文明，是文化他者存在。和谐文化间性的形成有赖于多元文化的"共义域"的实现，除了通过汉语教育、国际新闻传播之外，国家宣传片的拍摄是一次有

---

① 李影：《成都城市形象片亮相纽约时报广场 延续"熊猫"元素》，2011 年 8 月 3 日，新华网（http：//news. xinhuanet. com/2011-08/03/c_ 121761461. htm）。
② 吴晓颖：《"五粮液"走进美国纽约时报广场》，2011 年 8 月 3 日，经济参考报（ht-tp：//jjckb. xinhuanet. com/2011-08/03/content_ 324771. htm）。
③ 孙彬：《"华西村"亮相纽约"中国屏"》，2011 年 9 月 13 日，新华网（http：//www. js. xinhuanet. com/wuxi/2011-09/13/content_ 23688738. htm）。
④ 孙红霞、李爱华：《文化外交的独特价值》，《山东师范大学学报》（人文社会科学版）2007 年第 1 期。

益的尝试。一方面，国家形象宣传片对当代中国形象定位准确，又考虑到与他国文化的差异性，从影音表达上比较成功。《角度篇》《人物篇》制作精良、画面大气，也取得了较好的跨文化传播效果。同时也要注意到，从整个拍摄策划的创意上来看，中国国家宣传片可能还存在对西方受众的接受心理与习惯不够了解、难以和目标受众产生文化认同等一系列问题。"改善中国对外的国际形象要从媒介环境和个体经验认知框架构筑两方面入手……信息的发布应该注重多元化和事实性，而不是媒介议程设置框架太明显和过于口号化的宣传"①。因此，国家形象宣传片存在的不是"拍什么"的问题，而是"怎么拍"的问题，从视角、结构、音响、人物、背景、铺垫共同结合，以更完满地设置意象，形成无须语言交流即可被接受的氛围和境界。

更进一步，仅仅依靠视听语言的策划和创意形成优质的跨文化传播文本，并不足以实现中国文化走出去的目标。有研究成果表明，来到过中国的美国受众对中国国家宣传片可以产生共鸣，而大多不了解中国的受众很难从宣传片的视觉影像中吸取资源。因此，文化不仅要"走出去"，还必须能够"请进来"，只依靠推送的方式不管文化产品制作得如何精良也无法达到感同身受的效果。"从文化传播的角度说，文化交流和传播从来都是双向的，单纯地把文化贸易理解成出口是不全面的"②。

在跨文化传播的语境中，中国国家宣传片虽然在名人明星效应的运用、影视语言的无国界传播上取得了一定突破，但当代中国国家形象的传播不能只依赖一部成功的影视宣传作品，而应当借此契机，全面提升中国的文化软实力。在信息交互的新媒体时代，跨文化传播不是孤立地依靠某一部作品，更有赖于整个中国文化产业的全球发展作为基础。首先，继续建立"孔子学院"等传统文化教育基地，以语言

---

① 徐剑、刘康、韩瑞霞、曹永荣：《媒介接触下的国家形象构建——基于美国人对华态度的实证调研分析》，《新闻与传播研究》2011年第6期。

② 齐勇锋、蒋多：《中国文化走出去战略的内涵和模式探讨》，《东岳论丛》2010年第10期。

教育扩大文化影响面，树立历史文化大国的形象；其次，为中国流行影视作品的海外发行寻找平台，学习美国连续剧与日本动漫产业的全球传播方式，利用新媒体推送中国优秀影视作品，树立时尚文化大国的形象；再次，推进旅游文化、服饰文化、饮食文化等物质型文化产业，吸引外国受众来到中国、了解中国、认同中国、推广中国，除了走出去，还要请进来；最后，利用公共外交、政治对话、经济合作的方式全方位扩大中国的影响力，树立和谐向上、蓬勃发展的国家形象，从感知、认知、信任、关注等有效心理模式的形成来产生文化浸润，以增强跨文化传播的可信度与影响力。

（作者：肖雪锋）

名人策略在国家品牌形象
建设中的应用分析

2010 年 7 月，国务院新闻办公室正式启动国家形象系列宣传片的拍摄工作，宣传片分为两个部分：30 秒的国家形象广告片《人物篇》和 15 分钟的国家形象宣传片《角度篇》。国家形象广告片《人物篇》里，吴敬琏、姚明、章子怡、李嘉诚、宋祖英等 50 位中国各领域的杰出人士分组亮相，诠释中国形象。该国家形象广告片计划在国庆前投放于国际主流媒体，面向世界观众。这是继去年"中国制造"形象广告在 CNN 美国有电电视新闻网播出之后，中国主动出击塑造国际形象的又一重要举动。

国家形象，是国家文化软实力的重要标志。随着全球化时代的到来，"国家形象更加直接、更加有力地影响着国家的政治、经济、外交与军事等方面，因而国家形象被提升到文化战略的高度，被认为是一种国家软实力"①。国家在公众心目中的形象可简称为国家形象，"国家形象是一个综合体，它是国家的外部公众和内部公众对国家本身、国家行为、国家的各项活动及其成果所给予的总的评价和认定。国家形象具有极大的影响力、凝聚力，是一个国家的整体实力的体现"②，国家形象是国家综合实力中的"软实力"，它直接影响到一个

---

① 杨冬云：《国家形象的构成要素与国家软实力》，《湘潭大学学报》（哲学社会科学版）2008 年第 9 期。

② 管虎：《国家形象论》，电子科技大学出版社 2000 年版。

国家的公信力。美国学者约瑟夫·奈于 20 世纪 90 年代初便提出了"软实力"并称其为世界政坛成功之道。其中，作为"软实力"有机组成部分的国家形象，在政治、经济和外交等国际事务中发挥的重要作用已经得到了普遍的认可，以国家形象为依托的"软实力"影响力已经映射到国际社会的各个领域。在全球传播时代，以形象、品牌构建和声誉管理为核心的国家形象战略成为提升国家核心竞争力的有力保障。在"品牌化"国家的过程中，国家品牌形象形成于国内外公众对于品牌资产组成部分的认知，国家品牌形象是国家品牌资产价值的重要驱动因素。

名人策略在企业品牌形象传播中的应用由来已久，利用名人自身拥有的公众识别度、美誉度及其特定的人格魅力，将名人与具体产品或品牌结合、嫁接、联系起来，名人策略已经成为全世界通用的现代市场营销手段。虽然普通商品或企业品牌与国家品牌形象是两个存在很大差异的概念，但是名人策略在国家品牌形象建设中的应用具有其不可替代的优势。

一 国家品牌形象建设中应用名人策略的优势

1. 名人符号在跨文化传播中更具沟通优势

国家品牌形象基于公众对国家的认知，而公众对国家的认知主要通过两种途径：亲身经历和通过媒介产品，即通过媒介塑造的"拟态环境对该国形成的印象"。其中，媒介"拟态环境"又分为自我（本国）塑造和他者（别国）塑造两种。故在国家品牌资产管理中，较为可控的认知途径为自我构建的媒介"拟态环境"部分。[①] 国家形象广告对国家品牌形象的塑造具有直接效益的作用。

广告信息在传播过程中不论是早期的 AIDMA 模式（Attention 注意，Interest 兴趣，Desire 购买欲望，Memory 记忆，Action 购买行动）

---

① 戴丽娜：《基于"软权力"构建的国家形象广告研究》，《新闻记者》2010 年第 3 期。

还是后来的 AISAS 模式（Attention 注意，Interest 兴趣，Search 搜索，Action 购买行动，Share 分享），Attention，始终是广告传播中需要解决的首要问题。国家品牌形象传播需要面对跨文化传播语境，因此传播符号的恰当选择直接决定有效传播能否实现。名人拥有较好的公众识别度，合适的名人在广告传播中的出现能够减少受众的距离感。美国广告大师詹姆斯·韦伯·扬曾指出"广告发挥作用的首要原则是要为广告产品建立熟悉感"，为此他提出两种建立熟悉感的途径，其中之一便是在广告中使用消费者熟悉的人物、环境、事件。选择信息传播者与接收者共同知识经验领域范围内的名人作为沟通符号，是迅速建立受众熟悉感的最佳手段之一，也是在跨文化传播语境下，有效保证国家品牌形象传播效果的基础与前提。

2. 名人广告战略有助于国家品牌资产的创建

从公共关系学角度来看，一个国家文化影响力的高低取决于其所拥有的品牌资产，其中包括物质资产、人力资产、文化资产。而名人正是一个国家的人力资产的重要组成部分。应用名人策略的国家形象广告本身会增进公众心目中名人作为一个国家的人力资产的重要性与影响力，以此达到巩固一个国家人力资产的价值和一个国家的文化影响力所拥有的品牌资产。

3. 名人符号具有形象化特点，有助于形成国家品牌形象联想

国家品牌形象建设实际要完成的任务是改变公众对该国的认知形态，其中起到重要桥梁作用的就是其"形象传播形态"，通过对公众进行该国形象传播形态的沟通，完成将该国家的"现实形态"转化为"公众认知形态"。在此过程中，国家品牌形象是一个相对抽象的概念，难以用具象化的符号进行表述，而名人则是一个具体而生动形象的符号。米开朗琪罗说：艺术真正的对象是人体。对一个国家而言，其最生动的表情便是人，尤其是名人。名人策略利用名人将抽象的国家品牌形象具象化，把一个名人与一个国家联系起来。一方面，利用名人的公众识别度在短时间内引起公众关注；另一方面，通过名人的

"意见领袖"作用改变公众态度。名人本身就是某个领域的专家，具有很强的权威性与号召力，同时通过晕轮效应对公众产生影响，公众会将其对名人的喜爱转移至该国国家品牌形象，并对该国国家品牌形象产生肯定的态度转变与积极的情感，从而强化公众对该国国家品牌形象的正面感观或改变对该国国家品牌形象的负面态度。

4. 名人策略有助于形成品牌差异，塑造国家品牌形象的个性特征

"阉鸡不能称雄于鸡的王国"是广告大师大卫·奥格威的至理名言，品牌的核心之一便是最大限度地追求差异化。一个强势品牌必须有一个清晰、丰富的品牌识别，以此增强公众对品牌的识别，产生丰富的品牌联想。一方面，名人拥有的公众识别度令其成为一种稀缺资源，能够在短时间内拦截受众的注意力，难以被模仿，以此保证品牌形象的独特性；另一方面，不同的名人具有不同的鲜明个性特征，能够加强国家品牌的差异化定位。

二 国家品牌形象建设中应用名人策略的风险与挑战

1. 名人能否代表一个国家的品牌形象

国家形象是"一个国家综合实力与民族精神的表现与象征，是一个国家极其重要的无形资产"①。与国家形象的概念范畴相比，名人形象则会显得有些单薄。目前，名人的概念局限于在某项事业领域具有突出成就的个人，社会个体在某具体行业内获得的影响力能否强大到足以代表一个国家的品牌形象还有待商榷。此外，名人策略本身具有传播的风险性。名人作为社会个体，具有若干不可预测和难以控制的风险性，例如其影响力的局限性、负面新闻、个人形象的国际化认可程度等，这些都使得在国家品牌形象传播中应用名人策略具有很大的风险性。

---

① 杨冬云：《国家形象的构成要素与国家软实力》，《湘潭大学学报》（哲学社会科学版）2008 年第 9 期。

2. 什么样的名人才能代表中国国家品牌形象

我国依靠强大的政府资源已经建立起了从中央到地方、从境内到境外具有相当规模的对外传播体系，与此相对，我国的国家文化影响力和国家形象力与改革开放 30 余年以来获得的经济实力的飞速增长并未能够达到同步。2008 年北京奥运会是中国向世界展示自己国家品牌形象的一次绝佳机会，让世界聚焦中国。此后席卷全球的金融风暴再次将中国推向世界舞台的中心。在世界舞台上，由对象转为主体的中国，必然会承载更多的责任与期待。如果说之前世界讨论的是"世界需要一个什么样的中国"（世界经济论坛主席施瓦布），现在应该讨论的是"中国需要一个什么样的世界"。伴随中国综合国力的不断提升，中国国家品牌形象建设的主旨转变为向世界说明中国。与此相对应的是，在国家品牌形象建设中应用名人策略的挑战也转变为，向世界说明一个什么样的中国，什么样的名人才能代表中国。

3. 传统的传播渠道能否依然保证国家品牌形象传播的效果

国家品牌形象传播属于跨文化传播范畴，媒体传播环境比普通的企业品牌复杂很多，通常涉及国内媒体的海外版和境外媒体的组合，按照传统的惯例，其中会以国际知名电视报纸媒体为主，例如 CNN（美国有线电视新闻网）、BBC（英国广播公司）、《纽约时报》《华盛顿邮报》等。但是在以互联网为中心的全球传播时代，传统媒体不但投放费用高昂，而且其单向的传播模式的效果已经开始逐渐下降，强调双向互动的传播模式的传播优势已经日益凸显。为保证名人策略在国家品牌形象传播中的传播效果，更加多元化的媒体传播渠道的选择也显得至关重要。

三 名人策略在国家品牌形象建设中的应用建议

1. 依照国家品牌形象的定位选择名人

从罗瑟·瑞夫斯的 USP 到艾尔·里斯、杰克·屈特的定位，始终都在强调广告传播中通过独一无二的销售主张进行消费者的心理占位。

作为一个强势品牌，其所代言的名人必须与品牌识别高度契合，国家品牌形象的塑造也需要根据其自身的定位甄选名人。在选择之前应该清晰回答以下问题：该国国家品牌形象的定位是什么？品牌的核心价值是什么？整体的品牌传播战略、策略是什么？目标沟通对象是谁？拟定的名人的个性和特点是什么？这些特质与该国国家品牌形象的内涵是否吻合？该名人在公众心目中的知名度、美誉度如何？有无产生负面新闻的可能？

2. 名人选择范畴的多元化

人是一个国家最生动的表情与最重要的资产。但是，名人并不是一个国家唯一的"人力资产"，其中还包括普通人、劳动力、国民性等三个方面。[①] 人是塑造国家品牌形象的重要元素，无论是名人、普通人，还是劳动力和国民性都可以成为国家品牌形象的表现要素。例如，印度一直以劳动力为其对外传播的核心要素，强调印度所拥有的大量能够讲流利英语并熟知电脑与软件技术的人才。还有一些国家以其所拥有的独具一格的"国民性"，作为该国国家品牌形象的重要元素，比如法国人的浪漫与创造力，美国人强调个人奋斗的精神都是难以被复制与模仿的国家品牌形象资产。此外，也有以知名卡通形象为国家品牌形象代言的国家，2008 年 3 月 19 日，日本外务省举行了一个特殊的"外交使节就任仪式"。日本乃至世界各国都家喻户晓的卡通形象"哆啦 A 梦"正式"接受"日本外务大臣高村正彦的"任命"，成为日本历史上第一位"动漫文化大使"，承担向全世界宣传日本动漫文化和提高日本对外形象的重任。这也是日本外务省在其 2007 年 11 月 1 日开始的海外安全宣传活动中，起用"给人安心与安全感"的漫画形象铁臂阿童木为"海外安全大使"后所采纳的第二个人气动漫形象。

因此，在国家品牌形象传播中应用名人策略时，可以考虑将"名

---

① 史安斌：《国家品牌、形象与声誉》，《国际公关》2009 年第 2 期。

人"的选择范畴扩大，充分调动、展示、提升一个国家所拥有的"人力资产"的魅力与形象。

3. 政治人物的名人形象战略

美国《时代》曾经两次把邓小平评为年度风云人物，在国外影响非常巨大，对西方公众提升对中国的认识起到积极的促进作用。国家形象是一个相对抽象的传播概念，名人则是一个具体的概念。政治名人形象战略是指通过把政府官员"名人化"后，利用名人效应，把抽象的国家形象具体化、把一个政治名人与一个国家联系起来，在与此名人相关信息的沟通传播过程中，完成该国家与政府形象的传播和塑造。

4. 结合数字新媒体，优化国家品牌形象的媒介传播效果

媒介介于国家与民众之间，形成一种三角互动关系。媒介既受国家制约，又在一定程度上引导民众。随着以互联网为代表的数字技术的不断快速发展，塑造国家品牌形象的传播环境与以往传统的大众传播环境相比，发生着巨大变化。新的数字媒体技术让受众，即民众被高度赋权，受众在传播中的参与热情与能量将被前所未有的激发。奥巴马的脱颖而出证明了数字新媒体对政治的影响，它为美国塑造了一个黑皮肤的偶像总统，也为全球提供了国家品牌形象建设的新思路。以互联网为代表的数字新媒体已经成为一种超越疆土、全球通达的传播媒介，是国际传播的重要组成部分。放眼全球，以互联网为代表的数字新媒体正在成长为国家品牌形象塑造过程中不可或缺的重要力量。

从"什锦八宝饭"到地方政府领导网络留言，均表示我国已经开始对促进互动与网络民主的尝试。与此相比，西方国家对数字新媒体与国家形象建设的结合程度更高。2009年5月，美国白宫在My Space和Facebook两家知名社交网站上开设网页，还在微型博客服务网站Twitter上发布第一批讯息；2009年7月，英国政府发布Twitter使用指南，以促进各政府部门与民众的沟通。这些事例表明国家形象建设完全可以借力数字新媒体平台，以此保证沟通的及时性与亲切感，提升

国家与公众的互动温度，而数字新媒体也不可避免地成为国家形象建设的重要力量。

在这种全新的媒体环境中，国家形象的塑造必须紧密结合数字新媒体的渠道特点与传播特性，以此有针对性地制定塑造国家品牌形象的传播策略。

5. 应用时机的多元化

在国家品牌形象塑造过程中应用名人策略，如果能够结合相宜的实际，则能更好发挥名人对公众注意力的拦截力，抓住铸造、维护或修复国家品牌形象的最佳时间契机，展开相应的传播活动，以此达到事半功倍的传播效果。

（1）在境外举办的国际大型会议与活动期间，投放应用名人策略的国家品牌形象广告

在世界范围内有较大影响力的大型会议、活动等事件在境外进行期间，推出在此事件相关领域内享有知名度与影响力的名人为代言的国家品牌形象广告。借助该名人在行业内的影响力与国内外知名媒体以及公众对此会议活动的高度关注，双重提升国家品牌形象的传播效果。

（2）在境内举行的国际大型会议与活动期间，投放应用名人策略的国家品牌形象广告

国际大型会议与活动在中国本土进行期间，中国本身就是世界传媒与公众的注意力焦点，借助这种强大的聚焦优势，在此时期配合推出在世界范围内拥有较大公众关注度、并与此会议活动事件有关的名人代言的国家品牌形象广告活动。借助世界对中国本土的关注，主动推出国家品牌形象传播活动，最大化开发、利用此类事件对塑造中国国家品牌形象的媒介传播价值。

（3）危机事件结束后，有针对性地投放应用名人策略的国家品牌形象广告

大型危机事件的发生会对一国国家品牌形象造成不同程度的损害，

例如，我国的王家岭矿难对中国国家形象产生的负面影响；又如，墨西哥卡尔德隆政府自 2006 年年末成立后，为推动与贩毒组织的全面战争而输送了大量军队和警察，但是暴力事件此起彼伏，加上媒体的接连报道，使得游客和外国投资企业对墨西哥形成了暴力的国家印象，对其旅游业和吸引境外投资都产生了较大影响。对此，墨西哥政府在 2010 年展开积极的世界性的国家品牌形象宣传活动，以期消除之前墨西哥在公众心目中留下的暴力印象。在危机事件得到解决后，应及时推出以修复为目的的国家品牌形象传播活动，配合在国内外公众心目中具有较高知名度与可信度的名人，以此修复危机事件对该国国家品牌形象造成的损害。

（作者：王佳炜）

我国城市形象的营销策略研究

城市形象犹如人的形象，自从有了城市便产生了形形色色的城市形象。早在原始公社向私有制转化过程中，城市形象就已经开始出现，那时候"石墙、城楼、雉堞围绕着石砌和砖造房屋的城市"，就是最早的城市形象。城市形象系统不仅包括城市景观、城市生态等物质要素，还包含城市文化、居民素质、政府效率和廉政形象，管理制度、服务质量、社会安全感，以及城市的开拓创新氛围等众多无形要素。从这个意义上说，城市形象是一个城市有别于其他城市的深刻印象，是城市外观和内在气质的结合，是城市物质文明和精神文明的有机统一体。

一　城市形象营销

随着城市化进程的加快和经济全球化的挑战，经济、人才、社会、文化等资源的区域化乃至全球化流通不可避免地导致各城市之间在资金、技术、知识、知名度等方面的激烈竞争。众多的城市开始认识到城市形象在新时期的重要价值——只有塑造出独特的、民族的、个性化的城市文化与形象，才能产生巨大的城市凝聚力，促进人流、物流、信息流的合理流动，增强城市的交流性、世界性、竞争性，促进城市的经济发展和人民生活水平提高，使城市在竞争中获得优势。因此，塑造城市形象已成为许多城市、地区乃至国家的战略工程，今天更多的城市已将塑造良好城市形象提升至城市发展策略的位置。中国很多有眼光的城市经营者也已经开始用整体的思路去经营城市，打造城市的全新形象。从"花城巾帼竞芳菲"的"广州城市形象大使"竞选活动，到各个城市争先恐后地在全国电视台和地方电视台投放形象广告，可以看出，城市形象的塑造已成为今天城市竞争的主要方面。

对企业形象营销的理解扩展至城市领域，可以称作城市形象营销。它与企业营销一样，有定位、设计和传播的过程。城市形象营销以现状调查为基础，将预先策划出的特定的城市形象作为主题，然后在实践中，将城市的所有活动都围绕着这个主题不断强化，同时将实践成果借助传播媒介向外扩散，把城市本身特色充分显示出来。它允许城市能够操纵可变的环境并且建设性地对变化中的机遇和威胁做出反应，其目的是整合城市环境资源。

二 我国城市形象营销现状

我国城市形象营销在城市形象设计和城市形象传播方面取得了一定的成就，但由于我国城市形象营销起步比较晚，从整体上来看发展还处于探索和初级阶段，缺乏有效系统的规划和科学的设计；部分城市已具有营销理念，但不普遍；理论和实践都有待创新。

1. 城市形象定位模糊

城市形象定位是城市形象营销的核心，城市形象定位是否准确直接影响到城市形象营销的效果。所谓城市形象定位是指在分析和调查城市发展历史和现状的基础上，结合城市静态的、动态的比较优势，结合未来发展态势和区域分工，确定出最具生机的城市个性特征，即确定城市在国内或国际范围内独有的发展优势位置。但最近我国有些城市形象的广告定位比较模糊，广告拍得也没有个性、新意，很难给人留下深刻的印象，直接影响到城市形象的营销效果。

探究其深层原因是城市对自身处在中国这个大环境的位置不是很明确，也没找准自己和竞争对手的差异。而且还存在一个定位观念上

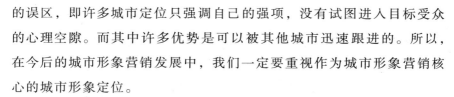

的误区，即许多城市定位只强调自己的强项，没有试图进入目标受众的心理空隙。而其中许多优势是可以被其他城市迅速跟进的。所以，在今后的城市形象营销发展中，我们一定要重视作为城市形象营销核心的城市形象定位。

2. 城市形象传播出现误区

如今的城市形象广告总竭力把地方特色表现得淋漓尽致，或是历史的沉淀，或是文化的内涵，或是现代化的设施，应该说品牌意识还是相当强的，但随着各城市在广告方面的投入出现了难以遏制的态势，随之也陷入了一定的误区。

（1）城市形象广告不具个性

城市形象广告不具个性，没有明确的市场定位。城市广告宣传旅游就该极力促销旅游产品，招商就该强调人力物力资源、市场前景等，而目前城市广告大多数只是浮光掠影地扫描一下城市，无非是出现花花草草、高楼大厦之类的影像，非常抽象地显示城市实力，重视觉效果而轻理性诉求，没有自己的个性，很难给人留下深刻的印象，难以达到吸引旅游和投资的目的。

（2）城市形象宣传本末倒置，重眼前轻长远

一些城市为了宣传自己，过于注重人造景观。如有些城市将天然的小河瀑布开发成整整齐齐的水泥加石块的河沿；几百年的老街古树药王庙，改造成大理石夜光灯加草坪的城市中小广场。这样的旅游竞争是建立在对文化与自然毁坏的基础上，没有历史底蕴的沉淀，它的开发将难以持久。

3. 整合传播策略欠佳

从整合营销传播的角度来看，整合营销传播不仅把营销和传播全面结合在一起，甚至进一步认为在这个一体化、多元化的竞争时代，"营销即传播，传播即营销"。所以，整合营销传播是城市形象营销不可缺少的一部分。

根据目前各城市的形象传播状况，可以说在形象的整合传播方面

做得普遍较差，无论是传播工具的整合，还是传播过程的整合，都存在很多问题。突出表现在传播工具使用比较单一，没有整合利用电视、报纸、网络、杂志、户外、画册、展板等多种媒体，以及公关、事件营销、直销等其他传播手段开展360度的形象传播，传播的范围、时间、手段都有很大的局限性，对目标公众的覆盖面比较窄，有效到达率也比较低；同时，仅重视"点"上的宣传，忽视和缺少城市整合营销传播战略规划，没有根据公众对城市形象的认知与评价要素，以及本城市的现状、特色、优势等，来全面构建城市形象传播战略与策略。城市形象定位不够准确、鲜明，主题信息不够突出，在传播过程中没有注意信息的一致性，没有开展长期性、系统性的宣传。因此，导致城市形象传播的效果不够显著，良好的城市形象也没有树立起来。甚至有的城市根本就没有整合传播意识，不懂得如何开展整合传播。

三 提升我国城市形象营销水平的对策

1. 用文化塑造和营销城市形象

注意力经济时代，城市之间的竞争表现为对公众注意力的争夺，城市的发展也日益注重城市形象的经营，因而城市形象变得比以往任何时候都具有更加重要、更加实际的意义。文化作为城市的灵魂乃是构成城市形象的主要内涵，在城市形象的塑造中，文化因素具有不可替代的作用。塑造美的城市形象，势必要丰富城市的文化内涵（这种文化内涵是现代文化和历史、文物、风景各种要素的组合），提高城市形象的文化含量。而城市文化的有效传播可以提高城市形象营销的水平，是城市形象营销必不可少的一部分。

2. 明确城市形象定位

制定城市形象营销战略的核心工作是做好城市形象定位。在不同的发展时期，城市面临的发展环境与发展机遇不同，城市的发展战略目标与发展重点也肯定不同。那么，与此相适应的城市形象建设与广告传播目标也应有所不同。城市形象定位也应体现这种需要与变化，不能一成不变，必要时还要重新定位，所以这里特别强调"在某一时期内"这一概念。城市形象定位的目的与本质就是一定时期内达到城市形象建设与传播的基本目标，即在公众心目中形成一个具有某一或某些鲜明个性特征与比较竞争优势的城市印象。这个或这些个性特征与优势是这座城市所特有的，是城市的领导者期望被广大公众所接受并认同的。准确的定位可以提高城市形象营销水平，比如我国将大连定位为"浪漫之都"，南昌为"现代军都"，深圳为"精彩、欢乐之都"，杭州是"世界休闲之都"等定位就比较准确、鲜明，大大提高了该城市形象的营销水平。

3. 城市形象多样性传播

城市形象传播是城市形象营销计划的实施者利用一定的媒介载体，将信息或观点有计划地与公众进行交流的过程。城市形象营销不仅要求利用设计手段为城市形象的变更作出努力，以赋予城市更大的吸引力，使之易于被更多的目标对象所接受和认识，而且城市形象营销的实施者必须与他们现行的和潜在的目标对象沟通。现代营销管理理论和实践从企业营销的角度，归纳和提炼了多种信息传播工具可用以推动信息传播，如媒体广告、直接营销、促销、公共关系、个人销售等。但是在针对城市形象传播的实际操作中，比较有效的信息传播渠道是：媒体广告和城市事件。

（1）媒体广告

根据城市的形象战略需要和城市财力，拟订好广告媒体组合策略和计划方案积极开展广告宣传。通过对城市形象特征和广告特点的分析，结合各媒体特征，整合运用各媒体做好城市形象传播。关于城市形象的宣传重点则是运用好电视、网络、报纸和户外广告牌。

（2）城市事件

每年组织开展一些有较大影响力的经济、文化等公关活动或事件营销活动，通过活动开展城市营销与品牌传播，进而提高公众对城市的知名度、认知度、认同度与美誉度，提升城市形象。城市的大型经济与文化活动是一个城市形象和城市文化水平、城市文化特色及城市文化整体性的体现和象征。城市举办的任何一项面向社会各阶层公众，尤其是由广大外部公众参加的政治、经济、文化、体育等大型活动，对扩大城市影响力、提升城市形象将起到积极的促进作用。因为活动本身可吸引很多外部公众参加，让公众在活动中更好地了解、感受本城市的发展变化，提高对本城市的知名度与认知度。另外，活动本身还可吸引很多新闻媒体的关注，增加本城市在媒体的曝光度，从而大大提高本城市的知名度、认知度。比如，上海举办的 APEC 会议、昆明举办的世界园艺博览会、北京于 2008 年举办的奥运会、广州一年一度的广交会、大连的国际服装节、青岛的国际啤酒节、潍坊的国际风筝节等，都是一些在国内外有重大影响的活动，这些活动的开展对提高这些城市在国内外的知名度与影响力产生了积极的作用。

4. 做好城市形象评价

城市形象评价是对城市形象营销计划的信息反馈，是利用城市形象评价工具，建立适当的分析模型，获得实际城市形象要素与期望城市形象要素差距图表的过程，以了解城市形象营销计划实施效果。

积极参加城市形象相关评选活动，并做好相应宣传工作。每个城市都要积极创造条件搞好城市软、硬环境建设，积极参与能提升城市形象的一些荣誉性评选活动，诸如中国品牌经济城市、国家园林城市、中国最具经济活力城市、中国大陆最佳商业城市等。参评本身一方面可极大地促进城市形象建设和发展；另一方面也可以借此机会提高城市的知名度和影响力。如果能获得相应荣誉，则又极大地提高了城市的美誉度。

总之，塑造、提升城市形象是一个长期的系统工程，不可能一蹴而就。必须在抓好城市形象的内部规划建设的同时，整合运用各种传播手段，才能使传播工作富有成效，从而促进城市形象的塑造和提升，实现城市形象营销的目的。

操作城市形象营销比操作企业形象营销要困难得多。一个典型的

198

企业拥有清晰的权力和等级脉络。而城市则是一个"漫长的战场"。城市分别代表政府力、市场力和社会力的利益集团的此消彼长，竞争权利推动他们各自的竞争日程和策略。城市不能仅仅观望并惊讶于瞬息万变的市场，更不能漠然无知于市场，而应该认识到他们必须如企业组织的运营模式一样来运营城市形象营销。它的挑战便是将城市形象自身作为一个功能整体来设计，该体系能够消化可能的外来影响的震荡，同时快速和高效地适应新的发展和机遇。

（作者：陈红）

论城市形象传播中的城市宣传语

自 1999 年山东省威海市在中央电视台投放第一条城市形象广告以来，我国城市在形象传播方面积累了一定的科学经验，如借重大事件进行宣传，采取科学的频道组合进行广告投放等。① 但当前我国的城市形象传播还存在诸多问题，突出体现为宣传语的科学性、策略性不足，无法取得较好的传播效果。因此，如何依托城市自身特色和历史文化资源，设计合适的城市宣传语，以加强城市形象传播是目前大部分城市需要深入思考的问题。

一 城市宣传语的特征

城市宣传语也叫城市理念标识，或者城市广告口号，是城市广告定位的集中体现。一般来说，城市理念标识应具有以下几个特征。

1. 简明性

城市宣传语的一个鲜明特点是简单明了。首先，语言应该简洁凝练。城市宣传语是一种在各种公开场合运用的口头语言，在面向公众传播时，常常是一晃而过，因此应该尽量做到长话短说、以少概多、辞约意丰。例如，秦皇岛的城市宣传语"夏都的感觉真好"就非常简洁明了，用"感觉真好"这一个笼统的、口语化的知觉动

---

① 寇非：《城市品牌传播中的城市广告探析》，《新闻战线》2009 年第 2 期。

作来概括秦皇岛给人的感官印象。其次，城市宣传语传达的意义应该准确清晰。语言表述必须明明白白、直截了当，不可含含糊糊、吞吞吐吐、模棱两可。如东莞和武汉的城市宣传语"魅力新东莞""万里长江，魅力武汉"就太笼统模糊，不够清晰准确。形式上的简短与表达上的精练可以使城市宣传语起到良好的宣传、鼓动和祈请效用。

2. 大众化

城市宣传语主要是用来广泛传播吸引受众的。如果受众听不懂、看不明白，就失去了传播的意义。考虑到传播对象的心理和文化水平，城市宣传语一般多使用口语等大众化语汇，并且句子结构简单，尽可能把抽象、深奥、罕见的事物具体化、通俗化、普通化。通俗易懂才能便于深刻记忆，而语义明了的语言，人们更容易接受。让人能一听就懂，一看就明。汕头的城市宣传语"海滨邹鲁，美食之乡"中用的"邹鲁"就过于生涩、难懂，不利于受众接受。[①]

3. 富有韵律感

口号最初就是用来呼喊和传诵的，城市宣传语作为一种口头语言，必须富有韵律感，朗朗上口、和谐悦耳，才能为受众所喜闻乐见，取得好的传播效果。如河北沫水一处景区的宣传口号"休闲度假好去处，河北沫水野山坡"就通过平仄相协调达到韵律感。再如"中国庐山，春如梦、夏如滴、秋如醉、冬如玉"，利用排比的形式，节奏感很强，极富韵律美。

二　当前城市宣传语设计的低俗化倾向分析

近几年，城市形象宣传语设计出现低俗化倾向，对城市形象的传播可谓是负面强化，举例如下。

---

① 马梅：《格式塔——旅游地形象宣传口号的原型分析》，《城市规划汇刊》2004 年第 3 期。

1. 盲目使用网络热词——广东省佛冈宣传语"更近,更爽,更给力"分析

2010 年,佛冈县在全国悬赏公开征集旅游标志和宣传口号,最终从上万件作品中选定了"更近,更爽,更给力"这一宣传语,当地政府认为这适时跟进了网络热词,也契合佛冈县以"发展休闲度假会议旅游为主体,努力充当现代都市人健康加油站、心灵充电器的战略定位"。

一个好的城市宣传口号,不仅要能够吸引外界的注意,还要能彰显城市特色、提升城市的文化内涵。但佛冈"更近、更爽、更给力"的宣传语一经推出,即有很多争议。首先,"给力"这一网络热词有待未来考验,虽然在 2010 年比较红,包括《人民日报》都采用它作为头版标题,但其究竟能流行多久还不得而知。其次,"更近、更爽、更给力"虽然当时引人注意,但并没太多的品牌想象空间。好的城市宣传语应该着眼于长远的发展,力求通俗明白又意蕴无穷。

2. 利用歧义吸引眼球——湖北利川宣传语"我靠重庆"分析

2011 年 6 月,重庆多条线路的公交车身上出现"我靠重庆,凉城利川""龙船调的故乡,我靠重庆"等广告语。当地政府认为湖北利川市与重庆两区四县接壤,气候清凉,是避暑的好去处,因此宣传语试图表达靠近、依靠的意思,希望利川的旅游市场能依靠重庆客源做强做大。

《广告法》中规定:广告内容应当有利于人民的身心健康,遵守社会公德和职业道德。"我靠重庆"一语双关,有脏话嫌疑,被认为是对公众注意力极力争夺的庸俗之作,是对公众的"算计",落脚点是旅游利益的攫取。在信息化和网络化时代,语言发展很快,俚语、网络语言让一些词语意义发生了变化,广告业主、代理商在发布投放广告时应慎用俚语和网络语言,保证广告用语的准确规范,力避公众的歧义解读,要求广告的创意者深谙网络语言,规避由歧义和谐音产生的误读。而广告审批部门也应了解和掌握语言发展的变化,充分考

量其社会传播效果，切实把好规范广告用词的第一道关口，否则易闹出笑话，产生不良社会影响，从而损害政府公信力。

3. 违背社会主流道德文化习俗——江西宜春宣传语"一座叫春的城市"分析

2010年3月，宜春旅游政务网上一则"一座叫春的城市"的宣传广告，虽然成功吸引了无数的眼球，但引发了众多嘲讽，成为网络上的笑话。

在追求眼球效应和经济利益最大化的今天，有的城市宣传语的设计已经突破了审美、道德甚至法律底线，为此不惜抛却一座城市的格调。"宜春，一座叫春的城市"，据悉，这条城市宣传语是宜春市旅游局联合国内知名旅游营销策划专家共同策划的营销策略，并获首届"休闲、旅游营销创新奖"。众所周知，城市宣传语在明确城市功能定位、推动城市走向世界、增强市民认同感等方面都发挥着积极的作用，但泛滥的城市形象宣传语非但不能体现出城市的特色和风貌，反而成为一座城市的笑柄。好的城市宣传语应该同时具备效率和效益两个标准，效率就是宣传语能不能达到让更多人关注的目的；效益就是会不会带来负面的影响，会不会违背社会主流的道德文化习俗。①

城市宣传语的本质功能是宣传及推广城市，传播良好的城市形象，以实现利润，但其表现形式却具有文化意义上的导向性。城市宣传语蕴含了一定的生活态度和价值取向，对受众的价值观产生影响。这就要求，设计城市宣传语的时候，不能一味地为了吸引眼球而陷入低俗化的泥淖，因为这将造成整个社会的混乱无序。②

三 城市宣传语设计应遵循的原则

2012年7月，在深圳罗湖、南山、宝安等地都看到了一则户外公

---

① 张芳山：《城市宣传语与品牌营销》，《决策》2011年第2期。
② 孙舒景：《论商业广告语对青少年个人主义价值观的影响》，《中国青年研究》2012年第2期。

益广告——"来了，就是深圳人；来了，就做志愿者"，显示出深圳对外来人口包容以及爱心。"来了，就是深圳人"，这句简单质朴的城市宣传语，散发着浓浓的草根味道，表达了居住在这个城市里的人们内心一种深深的对归属感的呼唤，也代表着深圳的包容性格，以及移民城市的独特气质。没有吸引眼球的低俗，但却感动着每一个看到它的人，恰到好处、恰如其分地烘托了广告主题。这一城市宣传语的成功，说明城市宣传语的设计应遵循以下原则。

1. 城市宣传语的设计必须体现科学的城市定位

艾·里斯与杰克·特劳特提出的"定位"理论被美国营销学会评选为有史以来对美国营销影响最大的观念。根据定位理论，城市形象的定位就是通过传播活动为城市形象在公众心智中建立一个有利的位置。城市定位必须统筹考虑城市形象传播的目标受众、竞争范畴以及差异点，并在此基础上提炼城市定位。但需要注意的是，城市形象定位和城市宣传语是两个概念，城市形象定位是对城市形象的把握和整体包装整合，侧重对内，是城市核心竞争力的表述，是对城市本身的了解和研究；城市宣传语是城市形象定位的集中体现，是对城市的宣传和推广，侧重对外，是城市核心竞争力与目标客户群对接的表述。

"更近，更爽，更给力""我靠重庆"以及"一座叫春的城市"等城市宣传语，定位模糊、形象低俗，很难在目标受众心目中产生差异点，广告效果也就可想而知。曲阜是山东省西南部的一个县级市，因其为古代伟大的思想家、教育家、儒家学派创始人孔子的故乡而广为人知，其城市宣传语"孔子故里，东方圣城——曲阜"，准确地抓住了"孔子故里"这一元素，语言简练、内涵丰富，定位准确、表达鲜明，说服力强。

2. 城市宣传语的设计应该掌握正确的表达方法

城市宣传语的设计要解决两个问题，一是对与错；二是好与坏。如果说"城市宣传语的设计必须体现科学的城市定位"解决的是对与错的问题，那么"城市宣传语的设计应该掌握正确的表达方法"关注的则是好与坏的问题。话有三说，巧说为妙。城市宣传语应该选用人性化的语言、恰当有效的修辞方法，以打动目标受众。

城市宣传语传播的目的在于目标群体能否产生心灵互动，并自觉或不自觉地做出宣传语拟定者所期望的行动。鉴于此，在设计宣传语时，要尽量从目标群体的角度来思考问题，饱蘸感情笔墨，以情感人。江西婺源的宣传语"寻访中国最美的乡村和最美的山"，把婺源的特征提炼为"最美的乡村"和"最美的山"两个元素，令人向往。再如"巴厘岛：印度尼西亚群岛最闪亮的珠玉"，用"闪亮"的"珠玉"，强调巴厘岛的美丽出众。城市宣传语的设计还应该选用一些恰当的修辞方法，如对偶、押韵、比拟、比喻、双关等，以创作出多姿多彩、生动活泼，具有表现力的标语口号。厦门的城市宣传语"城在海上，海在城中"，分别在每句的一、三位置做了置换，营造出了别样的优美意境。无锡城市宣传语"充满温情和水"，用细腻缠绵的温情和清澈柔滑的水，比喻无锡温柔的江南水乡特质，温婉动人。

城市宣传语是一种文化存在，一则好的城市宣传语会提升该城市的整体品位，拓展该城市形象的传播空间和传播效果。因此，在设计城市宣传语时，应该掌握城市宣传语的特征，摒弃当下城市宣传语设计的低俗化倾向，巧妙运用城市宣传语设计的原则。

（作者：肖雪锋）

从"移风易俗"谈百年西安易俗社的品牌传播推广

　　易俗社原名"易俗伶学社",1912 年 8 月 13 日(农历七月一日)由同盟会会员李桐轩、孙仁玉发起创建于西安。作为近代戏曲改良运动中持续时间最长、影响最大、创作最丰、留下最多经典剧目的团体之一,易俗社经历并实践了诸多开创性的工作,如:第一次明确提出使秦腔服务于社会改革的进步主张;第一次按资产阶级民主方式建立新型的秦腔剧团领导机构;第一次创文人与艺人结合进行秦腔艺术改革的先声;第一次在秦腔戏曲剧团内建立了包括专业、业余在内的创作队伍;第一次建立了文化与业务、训练与演出相结合的秦腔戏曲学校性质的剧社,并创建了分班训练,择优逐班递补的方法;第一次在秦腔戏曲团体里建立正规的教练(导演)制度和舞台监视(监督)制度;第一次利用现代传媒技术传播秦腔等。①

　　新中国成立后,易俗社被收归国有;经历了 20 世纪 90 年代中后期的惨淡经营,2005 年与秦腔一团、秦腔二团、五一剧团一并被整合组建为西安秦腔剧院,下设易俗社、三意社两个分公司;2007 年划归西安曲江新区管委会管理;2009 年正式挂牌成立西安秦腔剧院(曲江)有限责任公司;2011 年易俗社剧场重装开业,出售最高达 8000 元的"天价"戏票,以高级文化会所的姿态再现三秦古城。

---

　　① 鱼闻诗、薛赠禄:《"古调独弹"——西安易俗社解放前的历史经验》,《西安易俗社七十周年资料汇编》,1982 年版,第 20 页。

从爱国救亡时代到新世纪文化振兴，"易俗社"的名号被继承了下来，无论是改制后的"易俗社"企业，还是修缮一新的"易俗大剧院"，仍然延续着"最负盛名"秦腔演出团体的称号，也自然享受着知名品牌所带来的效益。在经过了近十年的蛰伏重建后，易俗社实现了与"曲江"的强强联合，推出了以《梦回长安》为代表的新科技作品，并通过区隔市场定位了高端人群。然而在"曲江模式"光环映照下，今天的易俗社是否仍旧在传承其原生文化品牌的核心要义，支撑易俗社百年不朽的品牌精神是否与现代新科技盛装之下的文化符号相得益彰均是当下不得不深入研究的课题。

一 易俗社的品牌精神

品牌精神是施展品牌力量的动力，是支撑品牌存延的渊源，是实现品牌心灵专有的途径，是释放品牌魅力的灵魂所在。

1912年《易俗伶学社缘起》开宗明义，对于该社成立以及命名予以说明："爱结斯社，取名易俗，意在移风易俗，俾久压于专制之民程度骤高，有共和之实焉。声音之道，与政相通，于以为补助之，教育庶有当也。"[1] 其后在1919年以及1931年《易俗社章程》中，均于第一章第一条倡言："本社以编演各种戏曲，补助社会教育，移风易俗为宗旨。"[2] 高培支1929年易俗社第七期毕业训词亦云："所负责任，即是改良社会，改良即是革命，革命即是易俗。时间无停止，革命无停止，社会无停止，易俗无停止。任大责重，来日方长。"[3] 考"移风易俗"一词本出于古代"乐教"传统，儒学经典对之多有论述，如《礼记·乐记》有云："故乐行而伦清，耳目聪明，血气和平，移风易俗，天下皆宁。"《荀子·乐论》有云："故乐行而志清，礼修而行成，耳目聪明，血气和平，移风易俗，天下皆宁，美善相乐。"《孝经·广要

---

① 《易俗伶学社缘起》，公益印刷局1912年排印本，第1页。
② 《章程》，《陕西易俗社第一次报告书》，《陕西易俗社简明报告书》1931年油印版。
③ 《陕西易俗社第二次报告书·今昔比较》，酉山书局1929年排印本，第48页。

道》有云："移风易俗，莫善于乐。"立意均在转移社会风气，整饬陈习旧俗，没有比音乐教化更能深入人心的方法了。易俗社在特定的历史语境下，对这一"美乐相善"的"乐教"传统既有继承，亦有发展，"声满天下，遍达于妇孺之耳鼓眼帘，而有兴致、有趣味，印诸脑海最深者，其惟戏剧乎？戏剧之于社会，为施教育之天然机关。譬如血管，我但于化血之本原，易其质料，有新鲜之血出，则东方病夫安见不顿释痼症，霍然以兴耶"，① 体现为透过最通俗、最被广泛人群喜爱的戏曲形式实现对民众的启蒙，达成号召反帝反封建的目标。

易俗社对于这种"移风易俗"思想的实践主要体现在剧目建设和内容改良上。易俗社奠基人之一的李桐轩早在 1913 年即撰专稿《甄别旧戏草》，将传统秦腔剧目"以影响于人心为断……是以甄别旧戏分之为可去者、可改者、可取者"②，认为其中内容荒淫的 158 种应被剔除，43 种可以用于改编后演出，另 130 种为优秀剧目。为了编写"新戏"和改良"旧戏"，从创办伊始，易俗社就设有专业作者，并逐步形成了自己的创作队伍，总计创编大小剧本 600 多种。整体而言这些剧目大都具有资产阶级民主主义、爱国主义思想倾向，如提倡婚姻自由、男女平等，提倡兴办农业、学习文化科学知识、反对迷信、缠脚、蓄辫、赌博、吸食鸦片，以及从其他方面揭露旧社会黑暗等。也正是基于对易俗社"移风易俗"这一精神的深刻认知，向来称"对于戏剧，我完全是外行""对于中国戏剧史，我又是完全的外行"（《脸谱臆测》）的鲁迅先生以易俗社同人，能于民国初年即站在平民的立场，联合艺人，改良旧戏曲，推陈出新，征歌选舞，写世态，彰前贤，借娱乐以陶情，假移风而易俗，唱工艺精，编述宏富，因而题赠"古调独弹"匾额，于褒扬之中，寓有规勉之意。③ 著名戏剧史家徐慕云十

① 《易俗伶学社缘起》，公益印刷局 1912 年排印本。
② 李桐轩：《甄别旧戏草》，陕西易俗社 1917 年排印单行本，原载 1913 年《易俗杂志》。
③ 李约之：《谈"古调独弹"》，载薛绥之《鲁迅生平史料汇编》第 3 辑，天津人民出版社 1983 年版，第 795—797 页。

分推崇易俗社"不尚陈旧之老剧，时常编排有益于世道人心之警世新剧，以符'易俗'之名"的戏曲实践，并寄望"俾秦腔能认真负起移风易俗振聋发聩之戏剧使命，因更深信秦腔终有弥漫全国之一日"。①

综上可知，就其创设缘起、立社宗旨与历史传承而言，百年"易俗社"品牌的精神内涵可高度凝练为"移风易俗"四字。

二 易俗社的品牌价值

中国成为全球第二大经济体的事实在一定程度上可以解释当下我国城市居民精神消费陡增的现象，传统曲艺、话剧、歌舞，戏曲经商业包装后常常会迅速取得市场关注，收益斐然。而诸如 8000 元一张的"天价"戏票仅靠炒作概念就能锁定高端商务市场吗？会不会由于今天流行回归传统而去听戏，明天又因为潮流变化而追逐高雅歌剧呢？

品牌从来就不是为解决眼下问题的，精神层面的共鸣才能实现烙印心灵、"品牌不死"的远大战略。因此易俗社的品牌价值绝不能仅从名头上来衡量和挖掘，简单贴上"易俗社"的标签并不能换取长久的价值实现。其实，近代历史上的"易俗社"并非仅陕西一家，济南、天津都曾出现过以"移风易俗"为纲的同名戏剧班底，但只有陕西易俗社"办的最有成绩，支持也最久"（欧阳予倩语）。像 1917 年创建的以演出京剧和山东梆子为主的山东易俗社，就在八年后停办了，虽也曾红极一时，但从根本上与其他戏班并无实质之异，"易俗"之名于其剧社而言，不过是和它同时代如"庆乐社""富连社"一般的普通称谓罢了，并不具有品牌价值。

品牌价值跃然于产品之上，是产品价值外的超额部分，或体现为品牌商品与无品牌商品所较之差额。一场戏曲表演，名家名角出演的就比普通演员会卖更高的票价，甚至同一个演员成名前后的身价也大相径庭，这恰是名人品牌满足的别样内心感受带来的价值体现。那么

---

① 徐慕云：《中国戏剧史》，上海古籍出版社 2001 年版，第 83—85 页。

除"听戏"这件事本身在外的诱惑力和心理满足就是易俗社品牌价值的显现,"品牌成为消费者选择商品的重要依据"①。

百年历史和"移风易俗"构成了易俗社品牌价值的两大核心要素。如前文所述,中国现存百年的剧团唯有易俗社一家,这种专有是无须设定的,而且不可复制,这是能对其他竞争品牌产生一票否决效果的先天优势。百年时间蕴含着历史传承,从美好愿望到身体力行,易俗社在时代变迁中用喜闻乐见的戏曲形式对一代代民众进行着启蒙,"移风易俗"始终是支撑易俗社壮大发展的精神力量。当戏曲究竟应当"娱乐"还是"教化"的争论声不绝于耳之时,百年易俗社却早就给出了"移风易俗"的最佳答案。"移风易俗"的精神为沧桑意味十足的百年品牌注入了时代感,它是该品牌在新时期得以重塑发展的灵魂。

三 易俗社的品牌传播建议

早期的易俗社已然具备了品牌化发展的基础,它既拥有足以造就相当知名度的品牌名称,还形成了深入人心的品牌个性,同时又有辅助教化社会的品牌意义。可以理解早期的易俗社处在品牌化过程的初期,是一个品牌从属于产品的阶段,即大众因为追捧作品、演员和表演而逐渐对品牌肯定的时期,而这一时期正是易俗社历史上最为人称道,也是迄今最辉煌的时刻。辉煌过后的低迷却客观上加速了易俗社品牌化的进程,由于今天人们已不再熟悉它所生产的文化商品,这使品牌名称的重要性较之从前显得更加突出了,易俗社从此进入了产品从属于品牌发展的更高阶段。在品牌大行其道的今天,适逢文化振兴的大好时机,试为易俗社的品牌化传播建言如下。

1. 回归核心品格构建品牌商品

产品是品牌的底线,其品质是品牌价值的保障。在"移风易俗"的产品设计理念的指导下,易俗社一直以来非常重视创作、改编排演

---

① 许基南:《品牌竞争力研究》,经济管理出版社2005年版,第1页。

新剧，惯用于传统的秦腔程式装载用以教化的立意，通俗地讲就是"老瓶装新酒"。如前所述，在新中国成立前的三十七年间易俗社总共编写了大小各类剧目600余种，20世纪50年代易俗社积极编演了大量现代戏（如《刘胡兰》《保卫和平》《两家亲》《走上新路》《大家喜欢》等），新编古代剧（如《鱼腹山》《红娘子》《关羽之死》《廉颇蔺相如》《四进士》《斩马谡》等）；"文化大革命"结束以后，易俗社尽管仍有新编现代戏《西安事变》《白龙口》，以及新编历史剧《卓文君》《冼夫人》等优秀剧作出现，但是比之新中国成立前的三十七年与20世纪50年代，易俗社在剧目建设方面似乎遭遇了新时期戏曲创作中普遍存在的"瓶颈"现象；已很难再看到像《三滴血》《火焰驹》等经得起时间考验、久演不衰的优秀作品出现了。① 窘境似乎自转企之后有所改观，易俗社先后创作排演了《李白》《郭秀明》《梦回长安》《柳河湾的新娘》等新作品，且均取得了较好的市场反响。但眼下的得益是否真实表明了辉煌的重现，大投入高产出又是否真能成为独领风骚的手段呢？大型秦腔交响诗画《梦回长安》，在秦腔表现中加入了交响乐、高科技等现代化技术手段，是在程式上对传统戏曲的一种创造性运用，成为当前知名度最高、影响最大的易俗社代表作。暂且不论该作品继承了多少传统秦腔的式样，但其在思想内涵方面的表现远不及视觉感官刺激强烈却是不争的事实，这多少与"移风易俗"的品牌精神产生了出入。诚然《梦回长安》作为一种探索和尝试并无可厚非，况且又通过定位旅游市场取得了不俗的成绩，但其一旦作为易俗社品牌的代表性产品就不免背离之嫌了。《梦回长安》在易俗剧院演出1年后，成立了与易俗社并行的独立演出分公司，并移至大唐芙蓉园演出，不能不说是个明智之举。另外，关于易俗社剧院

① 注：权宽州《剧目建设的新成就》论及易俗社在新中国成立后的剧目建设时云："易俗社在新中国成立后除了整理改编本社的传统剧目之外，还积极上演了原来的秦腔传统戏，移植上演兄弟剧种的优秀剧目，突破了'只演本社戏'的狭隘思想，这是一个很大的进步。"文载苏育生主编《易俗社八十年》，三秦出版社1992年版，第101页。事实上，这种对"只演本社戏"传统的突破，与其说是"很大的进步"，毋宁说是易俗社剧目建设遭遇"瓶颈"的反证。

将目标人群定位于"40 岁以上的成功人士",推出 380—8000 元高票价的做法,也和"移风易俗"的目标精神相矛盾,人为制造的价格门槛是无法实现"启迪民智"夙愿的,"把社会效益放在首位"始终是平衡文化品牌"经济效益和文化效益二者关系的最佳逻辑顺序"①。

作为中国唯一的百年戏曲团体,易俗社应当肩负起传承的历史使命,紧紧围绕"移风易俗"来构建生产自身的文化商品。在旧社会易俗社推出了大批反帝反封建的文化作品,借古讽今、针砭时弊,必要时还进行过长达 257 天的全国巡演,以扩大传播的影响力。今天的易俗社也唯有延续这样的精神开展生产创作,并形成一批能够真正启蒙民众的秦腔艺术作品,才能从根本上实现品牌的价值。

2. 细分市场定位领袖品牌

其实从一开始易俗社就已经先人一步做出了对目标市场的取舍,它通过剧目的"去取"净化了戏剧空气,将受众推扶向趋于典雅的审美,这在《甄别旧戏草》的贯彻执行中得以充分体现。同时由于易俗社擅长创编排演新戏,就与其他以传统剧目表演为主的如三意社、榛苓社、正俗社等剧班形成了区隔,在内容方面易俗社擅长表演才子佳人题材的生旦戏,有别于传统齐全的四梁八柱。②

针对现今多元的文化消费市场,"易俗社"的品牌搭构需要建立

---

① 刘磊:《文化产业振兴背景下陕西广告业发展存在问题解析》,《新闻界》2011 年第 4 期。
② 注:徐慕云《中国戏剧史》(上海古籍出版社 2001 年版,第 84—85 页)在论及秦腔角色时认为秦腔诸角色中除青衣、花旦、老生、小生、文丑均有正戏以外,像铜锤戏"唱词太长而乏韵味",副净"绝无惊人艺能","刀马旦戏亦甚寥寥""开口跳及唱工老旦,均不常看见","武生方面,扎靠戏不多","武净及猴儿戏,则付阙如",故而在感慨秦腔"就角色上言,实不如皮黄为整齐精密而全备焉"的同时,寄望"使陕西梆子中各项角色,均能获平等之地位,以免有厚薄重轻之憾。俾花脸、副净、武净、长靠武生、老旦、开口跳、刀马旦等,各有专戏,则习之者自必日众,而不患不为世重"。而秦腔在角色行当上的这种不平衡,衡诸易俗社则更为明显,如杨公愚《高举毛泽东文艺思想的旗帜继续前进》即认为易俗社剧本创作及舞台表演以生旦戏为主的原因一方面固然在于作家生活经历和阶级地位的局限;而另一方面则不得不归因于易俗社生、旦演员的人才辈出,在创作剧本的时候过多地考虑如何发挥本社名角演员的特长,导致了戏路狭窄——生旦戏多,其他行当的戏少。据《西安易俗社七十周年资料汇编(1912—1982)》第 10 页。不过从市场定位层面审视这一问题,易俗社角色行当分布不平衡的这一不足恰恰可以视为其在实践"补助社会教育、移风易俗"内在精神过程中的区隔策略。

在更加准确合理的市场划分和组合之上。当前秦腔的主要市场多在农村和郊县，戏迷也多为中老年族群，从区域和消费力等方面来看这都存在明显的局限性。近年来城市居民对文化消费的重视程度明显增强，其中年轻人又表现得极为活跃，因此都市新戏迷和潜在的青年文化市场应成为"易俗社"关注的重点目标。他们将形成品牌消费中的中坚力量，占据对"易俗社"品牌忠诚者的大多数，他们也将成为受到启蒙的核心群体。此外，已经被重点打造的商务市场可以作为第二层级开发，以占领高端，便于自上而下的延伸，风格化的梨园式小剧场可能更加适合商务谈判和招待宴请。同时，在传统的农村市场，可以选择农民所喜爱的通俗作品，采用"送戏下乡"等亲切的形式丰富农村文化服务，打好群众基础，营造文化氛围。

易俗社拥有近千部原创和改编作品，有保存完整、沿用百年的表演场地，良好的口碑和戏迷基础，以及大批与名家及自身历史有关可用以书写品牌故事的素材，这些丰富的品牌资源造就了易俗社成为行业领袖的巨大可能。领导品牌需要针对不同层次市场有针对性的管理，只有做大整块"蛋糕"，才能实现领导品牌优势的最大化，忽略领袖定位是将易俗社武断定向高精人群所犯错误的另一原因。

3. 扩展视野整合资源加强品牌联合

"曲江"是陕西乃至全国知名的文化品牌，作为文化产业推广和城市营销的经典性案例"曲江模式"在全国被广为学习和传颂。易俗社面貌的改观一定程度上也得益于与曲江的"联姻"，今天的易俗社归属于西安曲江文化产业投资（集团）有限公司旗下的西安秦腔剧院有限责任公司，是与三意社和梦回长安演出公司并列的三个非法人分公司之一。易俗社顶上了曲江品牌的光环，在经济收益方面也获得了一些甜头。二者的触碰虽未发生明显的化学反应，不能称为真正意义上的品牌联合，但却在客观上取得了一定的收效。尝试开拓思路，与其他品牌跨界建立有效联合是可供"易俗社"思考的品牌推广新路。

新中国成立前的易俗社除演出秦腔剧目外，还定期表演京剧等其他剧种，并且拥有不同的戏迷群。在今天多元的文化需求面前，提供多样的文化商品则更加有利于占领细碎化的市场。可以通过串演如京剧、豫剧、昆曲等戏剧形式，实现与这些文化品牌的联合，这不仅有利于网罗更多的消费者，而且会产生广泛的品牌联想，提升品牌好感，丰满品牌形象。

除创作演出外，易俗社还有培养教育专业人才的办学传统，新中国成立前易俗社先后招收了 13 期学生，毕业和肄业的近 600 名，成就了一大批知名演员，如旦角有刘箴俗、刘迪民、王天民等，小生有沈和中、路习易、康顿易等，丑角有马平民、苏牗民、汤涤俗等，须生有刘毓中、耿善民、雒秉华等，均各有所长，拥有广大观众。他们不仅学习戏曲，而且攻读文化课程，成绩合格结业后还发给专科文凭。今天的易俗社虽已无权兴办教育，但西安有近百所大专院校，很多还开设了与秦腔、戏曲相关的专业和课程。发挥自身优势协助高校培养，不仅能顺应中央"建设宏大文化人才队伍"的号召，又能实现与高校品牌的双赢，一方面沿袭了寓于教育的美誉；另一方面从中发现人才，为己所用，不失为名利双收之举。

马歇尔·麦克卢汉认为，"深入一种文化的最有效途径是了解这种文化中用于会话的工具"①，善用媒体，适时与媒介品牌合作除能增加品牌的曝光频率、扩大品牌影响力外，更会由于编码技巧的提升而有利于品牌文化的传播。如陕西电视台在 1979 年 7 月 1 日开播的《秦之声》栏目，距今已有 32 年的时间，共播出近 2000 期节目，是全国最早的戏曲栏目，连获七届"星火奖"名牌栏目称号。通过截取 2008 年第四季度该栏目收视率情况数据可以看出，其收视率省网平均 2.9%，市网 1.37%，市场占有率分别为省网 5.92% 和市网 3.74%，在陕西电视台新闻综合频道所有栏目的平均排名第 4。数据表明该栏目具有稳定的观众群和不俗的收视表现，更加难能可贵的

---

① ［美］尼尔·波兹曼：《娱乐至死》，广西师范大学出版社 2009 年版，第 10 页。

是对于一档连续播出 30 年的电视栏目来说这样的数据表现是惊人的。百年剧团和老牌栏目《秦之声》的混合回响将大大增进受众对双方品牌的认同。

表   《秦之声》2008 年 10—12 月的节目收视率情况汇总

	省网			市网		
	收视率 （%）	市场占有率 （%）	频道排名	收视率 （%）	市场占有率 （%）	频道排名
10 月 11 日	3.41	6.64	4	1.01	2.94	5
10 月 18 日	2.88	5.66	6	1.09	3.24	5
10 月 25 日	2.98	6.13	2	1.04	3.05	5
11 月 1 日	2.28	4.82	5	1.22	3.46	4
11 月 8 日	3.08	6.28	4	1.81	5.42	2
11 月 15 日	3.30	6.75	3	2.01	5.26	4
11 月 22 日	2.95	6.15	4	1.52	4.5	4
11 月 29 日	2.69	5.47	4	1.14	2.86	4
12 月 6 日	2.72	5.54	5	0.96	2.37	5
12 月 13 日	2.69	5.51	5	0.96	2.5	4
12 月 20 日	3.07	6.32	5	1.54	3.64	4
12 月 27 日	2.75	5.83	4	2.19	5.59	4
平均值	2.90	5.92	4	1.37	3.74	4

（表格数据来源为 2008 年央视索福瑞陕西电视台栏目收视率及时检测数据）①

4. 借助文化大发展大繁荣书写品牌传奇

21 世纪以来，我国的文化建设由单纯依靠文化事业转向文化产业与文化事业并行，以充分发挥文化产业在调整结构、扩大内需、增加就业、推动发展中的功能，进而增强文化在国际贸易和竞争中的实力。党的十七大明确提出，需要依靠公益性文化事业和文化产业两个有力武器推动文化的"大发展"和"大繁荣"，把文化发展列入与经济发

---

① 注：1. 此栏目为每周六晚 20：10 分播出；2. 10 月 5 日节目为十一黄金周特别栏目，故不作为常态分析。

展同等重要的主旋律。2009 年 9 月 26 日，在国际金融危机的新形势和文化领域改革发展的迫切需要下，《文化产业振兴规划》出台，进一步肯定了文化产业在市场经济条件下对繁荣发展社会主义文化，满足人民群众精神文化需求，推动经济增长等方面的重要作用。经多年的努力，西安易俗社完成了由事业单位向经营性文化单位的转企改制，真正开始了文化产业道路上的实践探索，并已初尝了产业活力和文化创新的硕果。在第十七届六中全会上，推动社会主义文化大发展大繁荣被作为重要议题，并审议通过了《中共中央关于深化文化体制改革、推动社会主义文化大发展大繁荣若干重大问题的决定》，决定将构建公共文化服务体系、优秀传统文化传承体系、现代文化产业体系等列为重要工作。在这样时代背景下，易俗社既需要合理扮演好在发展公益文化事业中的角色，肩负服务大众、保护秦腔、沿袭"移风易俗"精神的历史责任，又要坚持沿着文化产业发展的道路，充分发挥品牌的力量，最大限度地发挥它在成为新经济增长点和扩大文化消费等方面的经济效益。

快速发展的文化产业将形成更加繁荣的文化市场，迎来的崭新局面和取得成果也必将为品牌建设提供有利的资源和武器手段，其中以创新为核心竞争力的广告文化产业无论在品牌构筑还是传播环节都比从前的广告业有更强的能力。与传统广告业不同"广告文化产业是经济发展新形势下，与文化结合萌生的新产业形态，是基于广告业具有的文化特性，将广告业归入文化产业的发展轨道"①，它位于文化产业中增长速度最快的外围层，在更加注重与受众沟通建立品牌关系方面尤为见长。借助广告及其他文化产业的优势，发挥其"推动产品销售上的强大功效"，"提供更为专业的品牌和营销服务"②，将有利于打造百年易俗社为强势的中华文化品牌，参与世界文明对话，书写品

---

① 刘磊：《论广告文化产业的三重属性》，《当代传播》2010 年第 6 期。

② 刘磊、赵茹：《陕西广告文化产业发展的五点机遇》，《新闻知识》2010 年第 12 期。

牌传奇。

"一个人除非对供他选择的种种生活方向有所了解，否则，他不可能理智地委身于一种生活方式"①。品牌为历史传承和文化开发提供了由感召和沟通带来了解及委身的可能。当实体的文化遗产转变为抽象的符号，当耳目一新的剧目融练为"移风易俗"的精神，经历了百年沧桑的西安易俗社在文化大发展大繁荣的新时空迎来了终将不朽的品牌时代。

（作者：刘磊、敬晓庆）

---

① ［美］L. J. 宾克莱：《理想的冲突——西方社会中变化着的价值观念》，商务印书馆1983年版，第6页。

浅析公交移动电视广告的受众心理与传播策略

移动电视，顾名思义就是采用了先进的数字电视技术，可以在移动状态中收看的电视。它以数字技术为支撑，通过无线数字信号发射、地面数字接收的方式进行电视节目传播。移动电视最早出现在新加坡，2001 年率先在 1500 辆公交车上使用移动电视，随后迅速普及中国的香港、台湾等地区。2003 年 1 月 1 日，经国家广电总局批准，上海正式推出以公交车辆为主要载体的移动电视商用系统。随后，北京、南昌、兰州、青岛、济南、重庆等城市也纷纷跟进，在短短两三年时间内公交移动电视迅速遍及各大城市。①

《2007 年中国车载（公交）数字移动电视发展蓝皮书》指出，截至 2007 年 2 月，我国已经有 40 多个城市陆续开始在公交车上播放移动电视。蓝皮书还预测，2006—2009 年中国车载电视市场每年的增长率将超过 50%。② 由于公交移动电视具有覆盖面广、强迫收视、效果显著、反馈迅速，以及移动人群结构优势等众多特点，其广告优势也迅速被广大企业和代理广告商所认同，成为继互联网广告之后又一大新媒体广告。

---

① 谢萍萍：《公交移动电视广告"魅力无极限"》，《青年记者》2007 年第 3—4 期。
② 《新媒体优势彰显车载电视成投资新宠》，2008 年 1 月 17 日，记者之家（http://www.jizhezhan.com/newhtml/81604.htm）。

一 公交移动电视广告的现状与问题

《2007 年中国车载（公交）数字移动电视发展蓝皮书》指出，预计到 2008 年，其市场规模将达到 15 个亿。[①]而公交移动电视广告的迅猛发展与其自身的传播优势是分不开的。

1. 公交移动电视广告的传播优势

（1）媒体覆盖面广，接触频率高

有资料显示，上海每天有 500 万人次通过公交线路出行，平均每人在公交车上大约需花费 40 分钟时间；北京市公交车辆已达 2 万多辆，每天乘坐公交车的人次高达 1180 万，市民平均每周花费在公交车上的时间为 5.18 小时，年运营总人数近 50 亿人次。这些庞大的数字之下蕴含的是公交移动电视广告巨大的收视人群和发展空间。[②]

（2）环境封闭，频道唯一，"强制性"视听

相对于传统媒体，公交移动电视受众处于一个封闭的环境当中，受众不像在家里收看电视节目，具有自主选择节目和是否观看广告的权力，只要置身公交车内，就不可回避地会接受来自电视广告节目所传递的信息，传播信息流失比较少。

（3）广告成本较低

相对传统电视而言，公交移动电视广告传播所耗费的成本要低廉得多。根据江西传媒移动电视公司提供的数据显示，其移动电视广告的千人成本仅为 5.42 元，而传统电视的千人成本为 20.64 元，杂志为 20.80 元，报纸为 13.28 元，相差十分显著。[③]

正是由于公交移动电视广告具有诸多的传播优势，许多企业和广告代理商纷纷开始选择公交移动电视广告作为其营销竞争的又一

---

① 《新媒体优势彰显车载电视成投资新宠》，2008 年 1 月 17 日，记者之家（http://www.jizhezhan.com/newhtml/81604.htm）。

② 谢萍萍：《公交移动电视广告"魅力无极限"》，《青年记者》2007 年第 3—4 期。

③ 同上。

利器。然而，这一利器的价值虽然已经被充分认识，但在实际的运用中却是"好钢没有用在刀刃上"，在广告的传播策略上还存在一些问题。

2. 存在的问题

（1）对传统家庭电视广告的简单"移植"

目前在公交移动电视上发布的广告普遍采用家庭电视上播放的广告版本，无论广告内容还是广告的长度都是对传统家庭电视广告的简单"移植"，并没有根据公交车上的传播环境、受众群体和心理特性进行广告创意，这势必影响到广告的传播效果。

（2）广告传播处于"孤立"状态

目前，公交移动电视广告没有和公交系统的其他媒体广告（如车内广告、车身广告、候车亭广告、座位靠背广告等）有效整合起来，达到多点接触、连续传播、强化记忆的效果，而是处于各自为战的"孤立"状态，这同样也会弱化广告传播的效果。

从信息传播介质的角度来说，公交移动电视广告应从属于电视广告，但由于其广告载体的特殊性，公交移动电视广告与传统家庭电视广告的受众群体和受众心理都存在差异。在这个"以消费者为中心"的营销时代，要想实现良好的广告传播效果，就必须了解广告的受众，了解他们的心理需要，并以此指导广告的创作和投放。

二　公交移动电视广告的受众心理分析

1. 受众群体特征

（1）年龄特征

据调查显示，公交移动电视的受众以中青年居多，年龄集中在15—39岁。这一年龄段的消费者是市场上的主力消费群体。

（2）职业特征

公交移动电视的受众以公司职员、工人、服务业职员等上班族和中学生为主，他们是公交移动电视广告相对稳定的接受群体。

（3）学历特征

公交移动电视的受众大多受过中高等教育，以高中以上文化程度为主，整体教育状况良好。

（4）月平均收入特征

以西安、成都为例，公交移动电视的受众个人月平均收入在1000—2000元。北京、广州、上海等经济发达地区略高一些，以1000—2500元这一区间为主，但从整体上看，均属于中等或中等偏低收入群体。

正是由于具有上述这些特征，公交移动电视的受众在对广告的认知和接受心理上也呈现出一些独有的特点。

2. 受众心理分析

（1）求新、求异心理

公交移动电视受众以中青年为主。这一类消费群体，尤其是青年消费者富有活力和激情，在对事物的认知和接受上普遍存在求新、求异的心理，喜欢关注新、奇、异的事物，对于广告同样如此。因此新产品广告、创意独特新颖的广告都能够吸引他们的注意。

（2）功利心理

由于公交移动电视受众大多属于中等或中等偏低收入者，因此在产品的选择和消费上，一方面注重产品的实际用途，不做无谓的消费；另一方面注重付出和收益的对等性，期望以最小的付出获得最大的利益或满足。因此广告宣传的产品是否与他们生活需要密切相关、产品功效如何都将成为影响他们对广告认知和接受的重要因素。

（3）求便心理

在竞争激烈的现代社会，无论是上班族还是学生，时间是他们的宝贵财富，效率是他们的至高原则，因此无论是在物品的使用上还是信息的接受上，都希望能在有限的时间内以简便的途径或方式获得简洁有力的信息。

（4）自我表现的心理

每一个人都有自尊或自我表现的需要，当具备一定条件时就会尽可能地满足自我的这些需要。对于公交移动电视的受众来说,学生虽然没有经济收入,但处于青春期的他们更希望通过多种途径和方式表现自我个性和能力,而对于拥有中等收入的上班族来说,同样希望能通过自己的拥有物展现自我的追求与成就。

广告传播必须从目标受众的心理需求出发,因此公交移动电视广告也必须结合传播环境和受众心理的独特性,来挖掘广告传播策略。

三 公交移动电视广告的传播策略

广告传播策略的提出,可以从信源、媒介、信宿、传播环境,以及其他多种影响因素进行考虑,在这里,笔者主要从消费者对广告信息认知和接受的心理过程角度,结合公交移动电视广告的受众心理和传播环境提出广告的传播策略。

关于消费者对广告信息的认知和接受的心理过程的研究很多,其中美国著名营销专家刘易斯提出的"AIDMA说"被广大学者所认可,并在广告业界广泛运用至今。下面就结合"AIDMA"这一过程来探讨一下公交移动广告的传播策略。

1. A(Attention—吸引注意):强化声音刺激,注意广告更新

对于公交移动电视广告来说,要想吸引受众的注意,可以从以下两个方面考虑。

(1)强化声音刺激,注重语音形象的传播效果

公交车车厢的环境没有家庭室内环境的静谧与温馨,尤其在乘车高峰期,车厢环境更是拥挤不堪。在这种情况下,可视形象容易遭遇"传而不达"的尴尬状态,要想吸引更多的眼球关注广告画面是不太现实的。然而声音却可以穿越拥挤的人群实现信息的传播。因此,公交移动电视广告的创意应强化声音刺激,特别注重对语音介质传播功能的凸显与挖掘,如对声调、语调、语气、节奏、韵律、音响、音效等语音形象方面进行个性创作,以更好地吸引受众的注意。

（2）注意广告的更新变化

一般来说，公交车的受众具有相对稳定性，这就意味着同一受众群体会频繁接触某一广告。但如前所述，公交移动电视广告的受众具有求新、求异的心理，长时间、高频率地重复接触同样的广告信息，容易产生"感觉适应性"，从而降低对广告信息的感知和接收效果。因此，广告投放要注意更新变化，可采用间歇性、阶段性传播，以满足受众的心理需求，增强其对广告的注意。

2. I（Interest—产生兴趣）：运用情感诉求，唤起受众兴趣

在公交车内，信息虽然是封闭式、强制性传播，但也有竞争性，移动电视的其他节目信息与广告相互争夺有限的注意力资源。另外，受众身处拥挤嘈杂的车厢环境内，心情烦躁，情绪不稳定，不利于广告信息的接收。如何创造出一种融洽愉悦的气氛，给消费者造就一个良好的心境，成为公交移动电视广告有效传播的重要前提，而情感诉求的广告能较好地解决这一问题。

情感诉求的广告创意注重以情感人、以情动人，而且常以"满足人们自我实现、自我形象设计的需要为诉求重点"，也迎合了受众"表现自我"的心理，容易引起受众的注意和兴趣。

3. D（Desire—欲望）：运用强有力的USP，满足受众的产品需求

消费者是否会对广告宣传的产品产生欲望受两个重要因素的影响，一是消费者是否需要该产品；二是广告表现的产品功效能否满足消费者需要。公交车停车、报站、乘客上下车都会对移动电视广告传播形成干扰，使信息的传播呈碎片状。因此要在有限的时间内实现广告信息的完整传播，诱发受众对产品的欲望，广告创意必须简洁明了，通过强有力的诉求点展现产品带给受众的最大利益，满足其功利心理和求便心理。另外，产品的选择也很重要。有调查显示，公交移动电视受众容易关注的产品主要是日用品（尤其是食品）、常用药品、化妆品等。因此此类产品广告可以充分利用公交移动电视媒体诱发受众的消费欲望。

4. M（Memory—强化记忆）：充分利用边缘线索，强化记忆

广告心理研究表明，当信息加工的动机、能力、机会较少时，消费者会通过边缘线索，如广告中的名人、画面精良程度、音乐等进行信息加工，形成态度。而信息加工的动机又与消费者卷入有关。在公交车上，受众一般都是被动接收广告，主要关注的又是日用品之类的产品，属于低卷入者。此外，由于环境的嘈杂和其他信息的干扰，受众进行信息精细加工的机会也较少。在这种情况下，受众更容易通过边缘线索接受和记忆产品信息，因此可充分利用边缘线索强化记忆，形成积极态度，如名人广告、专家推荐、优美的音乐等。

5. A（Action—促成行动）：打好不同媒体广告的"组合拳"

根据广告心理学的研究，消费者从接收产品信息到产生购买行动还要经历一个购买决策过程，而购买决策会受到情境因素、社会文化和社会阶层等多种因素的影响，而非一则广告可以决定的。广告对于消费者购买行动的作用关键在于向消费者展示诱因，诱发消费者产生购买动机。

由于公交移动电视广告的画面传播容易受到干扰，遭遇"传而不达"的尴尬状态，所以声音刺激的传播效果会好些。但是画面产生的视觉刺激同样重要，动态的、精美的画面能将产品的诱惑因素展现得淋漓尽致，非常有利于诱发消费者的购买动机。在单一的公交移动电视广告无法实现音画的完美结合的情况下，只能通过不同形式的广告组合来实现视觉和听觉的共同刺激。此外，广告心理研究表明，由边缘线索形成的态度的稳定性和持久性相对较弱。从这个意义上说，公交移动电视广告要想实现长久的传播效果，就需要与公交系统的其他媒体广告，如车内广告、车身广告、候车亭广告、座位靠背广告等有效整合起来，打好"组合拳"，从多角度展现产品的诱惑因素，诱发购买动机，达到多点接触、连续传播、强化记忆的效果，促进购买行为的发生。

综上所述，公交移动电视广告要进一步提升其营销价值，实现预想的传播效果，必须结合公交移动电视媒体的特性，根据受众的心理制定科学、可行的传播策略。

（作者：陈红）

地铁媒体效果评估指标体系建构

作为基于统一标准平台的第三方数据供应商 AC 尼尔森、央视索福瑞等媒体调研机构因其专业化服务受到电视代表的主流大众传媒业的广泛认可，在提供电视收视等数据信息的同时，他们也为传统媒体效果的评估提供了参照模型和技术平台。然而较之传统媒体，户外媒体至今尚无成型的评估工具，加之同属户外媒体的众多形态间又存在较大差异，因此针对独特的媒介特性及受众行为模式开展具有针对性的调查与研究，建立符合特定媒体特征的效果评估方法及要素体系是当务之急。

一　地铁媒体效果评估现状及基本模式

21 世纪以来，迫于城市交通人口压力及城市化进程的加剧，国内大中城市纷纷开始筹建地铁。就西部地区而言，除西藏、青海、宁夏外，其他省份的省会城市均已启动地铁项目，重庆、成都、西安、昆明地铁已实现部分通车，兰州、乌鲁木齐、贵阳的地铁也都初步完成规划，并逐步开始动工。作为一种重要的城市交通出行工具，地铁在城市交通中的地位逐步提高，其信息传播平台价值和媒体广告价值无可置疑。随着人们生活方式的改变，商务、购物、休闲、旅游等活动的繁荣，居民在家的时间会越来越短，相反在户外停留的时间则越来越长，搭乘地铁等各种交通出行工具的频次也大幅增加。2013 年 CTR

发布的调查结果就显示：2012 年广告主使用过的户外广告媒体类型中，地铁媒体投放量仅次于传统媒体总和，地铁媒体 2012 年的营业额较 2011 年同期增长 13.22%，而 2011 年地铁广告市场规模较 2010 年增长了 29.78%。户外时间的增多意味着人们接触户外媒体的概率大大提高，而地铁则成为这场社会变迁中获益最大的媒介形态之一。

出于自身广告投放与媒体运营的需求，一些广告与媒体经营企业对地铁传媒进行过以效果为目标的调研，根据客流量、广告费用、广告版面、消费者出行习惯、受众覆盖高密度区域等笼统指标对地铁媒体接触率和到达率进行粗略估算。1999 年和 2002 年中国最大的户外媒体公司白马户外传媒率先在我国户外媒体领域建立起"可见机会研究（OTS）""实效鉴证（SOA）"和"户外广告发布效果预测模型（ACE）"3 项户外广告效果评估指标。2008 年，德高集团推出中国首个户外广告受众 R&F 到达率和频次的调研和评估模型，并分别在 2008 年和 2009 年将该模型应用在对上海巴士广告受众及北京地铁受众调研项目当中。2011 年框架传媒联合 CTR 共同推出专门用于评估楼宇电梯媒体影响力和广告效果的 FPS 精准定位工具。

但事实上，我国地铁媒介效果评估仍然停留在感性阶段，广告主、广告公司、媒体、专业调研公司等所采用的标准与程度差异甚大，所采用的标准与体系主要为以下三个层面。

一是从回忆、态度等心理效果指标层面出发予以评估。例如：CTR 通过对"过去一天是否看过""过去一周是否看过""过去一月是否看过"这三个指标来对地铁人群的媒体接触情况进行比较和考查。再如：针对乘客在地铁媒介接触时所产生的广告效果进行考察，如："地铁站内停留时间""车厢内停留时间""在静止过程中（候车）接触的广告比在行走中接触的广告更让我印象深刻""您可以回忆起最近一次乘坐地铁时所观看到的广告"等。

二是从广告效果评估的核心指标"到达率"出发予以评估，如：德高中国在 2009 年对北京地铁受众情况进行评估，则是提供两个关键性的媒介策划指标：到达率和接触频次以评估地铁媒体的受众曝光量。

三是从地铁媒介环境及媒介类型出发，考量地铁媒介接触情况及乘客对地铁广告内容的偏好情况。在面对形式多样的地铁广告时，媒介研究人员习惯于将他们熟悉的电视媒介收视率指标运用到诸如地铁电视等电子媒体中，再将发行量运用在诸如地铁报等平面媒体上以评估最有效的地铁广告投放策略。例如：在列车移动电视收视效果评估中，收视时长、收视率等传统电视效果评估指标仍然被作为核心指标被调查公司重点关注。或者将其他行业的方法与指标嫁接于地铁媒体上；再或是在地铁媒体广告效果评估中运用新的技术手段。

实践结果证实，以往这些惯用的媒体受众分析思路与效果评估模型在地铁媒体前却变得毫无用武之地，新的技术与方法也尚未形成系统的、科学的评估体系。

二 地铁媒体效果评估难点

地铁媒体缺乏科学统一的指标体系和效果评估模型，难以被科学量化。因此，其广告价值也很难得到广告主和媒介最大限度地认可与开发。主要原因有以下方面。

1. 地铁站点众多且地理属性差异甚大

地铁站点众多，且途经多种不同地理属性的街区。以西安地铁为例：截至 2014 年 4 月，西安地铁一号线和二号线全长 45.90 公里，全线投入使用的地铁站点 36 座。有覆盖金融办公区和高档 CBD 的北大街换乘站，有以百货商场、购物商业街为主的钟楼站和小寨站，也有以住宅区为主的行政中心站、安远门站及凤城五路站等，更有以会展文化体育为主的体育场站等。同时，地铁客流量极大，且能够接触到形形色色的人。以西安地铁二号线乘客数据为例，学生群体比例最高，占 27.5%；全民、集体国有企业或公司普通职员次之，比重为 16.6%；接下来依次为私营及个体劳动者 14.7%、下岗及待业人员 14%、商业服务人员 9.5% 等。根据《国家发改委正式批复我市城市轨道交通近期建设规划 (2013—2018 年)》，预计到 2018 年，西安市轨道交通客运量将达到每日 618.5 万人次，占公交出行总量的 45%。预计到 2020 年，西安市公共交通出行占机动化出行比例为 58.7%，而地铁出行则将占到公共交通出行量的 35%。地铁站点众多，人流量大，途经商业街区、学校、住宅区、银行、卖场、超市、建材城、超市等多种不同地理属性的街区，各站点媒体资源与环境差异巨大。因此想要对不同站点及周边环境不同种类的地铁媒体资源的发布情况进行实时监测，难度可想而知。

2. 地铁媒体资源分散且表现形式多样

地铁媒体资源分散，广告表现形式多样，广告类型繁多。通过 2013 年和 2014 年对西安地铁二号线各站点广告位的持续实地调研汇总发现：目前各站点均设有固定广告位，截至 2013 年 3 月，共计广告数量 5517 个，其中车站 3141 个，车厢内 2376 个。西安地铁媒体主要形态为平面性媒体、影像性媒体和流动性媒体三类：平面性媒体是西安目前最常见、铺设最广、数量最多的媒体形态，占现有媒体形态的 71%，广告位共 3919 个，主要表现为：灯箱、墙贴、挂画、车内看板，以及部分特殊形态；影像性媒体主要为车站固定电视、车载移动电视、LED 大屏和 LED 字幕，共计 1460 个；流动性媒体则以 138 个列车屏蔽门贴、《西安地铁新报》和其他免费读本为最常见的形式。[①]

流动性户外广告因为能够随着地铁的移动而在城市的不同地点出现，具有广泛的覆盖性；且地铁媒体类型繁多，很难像传统媒体，诸如报纸、电视等用单一类型指标体系予以评估；这些因素都大大加剧了地铁媒体效果评估的难度。

3. 地铁媒体受众移动性强

众所周知，"移动性"已成为现代社会最为显著的特征之一，"私

---

① 刘磊、程洁:《西安地铁传媒现状》,《当代传播》2013 年第 3 期。

人空间又逐渐从户内流动到户外"①。智能手机、IPad、笔记本电脑等移动的信息终端，使得信息的接收发送不再局限于固定的地理位置和特定的时间节点，而变得随时随地且随心所欲。媒介接触和消费的场所也逐渐从私人空间流动到了外部空间，接触方式也变得越来越灵活多变。同时，地铁乘客每日并不固定，乘客搭乘地铁作为出行工具，始终处在移动状态。移动性成为地铁媒体与电视、报纸、网络等传统媒体受众最大的差异之一，因此，尽管在地铁这一相对封闭的空间中，受众被迫接受铺天盖地的广告信息，但相对每一个独立的广告而言，其所停留的时间是非常短暂，甚至是没有任何停留与关注。

地铁这一载体存在一些天然性、结构性的空间与技术优势，以往媒介经营与广告创意等方面的诸多经验，其他各个行业的领先科技或者硬件方面的技术都可以应用于这一平台。同时，地铁站点众多，地铁媒体形式多样，可以有无穷的组合方式以满足广告主不同的投放目的，这些都极大地加剧了地铁媒体效果评估的困难。

三 地铁媒体效果评估指标体系构建

不可否认的是，地铁空间信息对受众的作用切实存在，并且影响着其对待商品或品牌的认知态度和消费行为，受众是地铁媒体效果评估不可忽视的重要因素，媒体效果应由受众接触广告的频次和接触后的态度共同决定。为提升地铁媒体的信息传播效能，充分发挥其在城市文化建设中的价值，结合以往户外媒体效果评价方法与工具，并在对西安地铁媒体的实证调研基础上，笔者从"居民出行""客流量""媒体特征""人群特征"等指标尝试建构地铁媒体的效果评估体系。

1. 居民出行

以往国内对地铁媒体受众的研究和调查通常情况下是按照人口统计变量来进行细分的。以 2000 年国家广告杂志社和 IAI 国际广告研究

---

① 王斌：《传媒业空间形态演化研究》，中国人民大学出版社 2010 年版，第 11 页。

所对北京地铁调查《北京地铁广告效果调查》为代表，研究人员对地铁媒体受众调查大多按照年龄、收入、学历和职业等人口统计变量来进行分析，这种方法成本较低、对访问者要求不高、操作简单、便于对受众进行调查与分析。但对地铁媒体而言，这种传统的调研方式忽略了地铁乘客的移动性特征，无法反映人群与媒体的有效接触。同时，地铁乘客在一天中的不同时间段、休息日与工作日的出行习惯是有很大差异的。而受众的出行习惯也会影响他们对广告的关注度。对受众的媒介行为进行考察，应将其放置于日常生活形态中去，在其所处的社会和文化网络参照体系中了解媒介接触情况，而不能将其从受众生活的社会环境中抽离出来。① 因此，作为一种交通类广告媒体，评估地铁媒体时除考量以上变量外，也应对其广告受众的出行目的、出行方式、出行时间等进行详细的记录。

居民出行调查是"对城市交通规划范围内实际居住人口（包括常住人口和暂住人口）在特定时间内的出行特征（如每次出行的起点、终点、出行目的、出行方式、出行起始时间、出行到达时间、中途换乘时间、出行距离等）、个人及家庭的基础信息（如每个家庭成员性别、年龄、职业、收入、户籍状况及家庭拥有交通工具的种类和数量等）进行调查"，其"目标是测量调查总体中一个样本群的移动性，以确定经过广告位的受众数量和人口特征。"② 该调查能够提供详细的居民出行形态数据和人口统计特征，并以此来精确掌握居民的出行习惯。

德高中国在 2009 年对北京地铁受众调研第一阶段中就委托 TNS 中国对样本每日的出行线路进行记录，收集北京地铁乘客每次出行使用的交通工具和使用时间等信息，采用日记卡的方式以获得居民出行形态原始数据。很多专业的市场研究公司如 CTR、AC 尼尔森在地铁受众调查中也开始偏向这种调研思路，只是至今还没有形成行业内统

---

① 程洁：《戴维·莫利的家庭电视研究——中国受众研究的一种新思路》，《当代传播》2013 年第 5 期。

② 周楠森：《城市交通规划》，机械工业出版社 2011 年版，第 16 页。

一的操作流程。2013 年在对西安地铁二号线受众调研中，我们已经考虑到居民出行习惯对地铁媒体广告效果的影响，在调研设计阶段就对相关变量进行了调整。研究结果显示，对西安居民出行习惯进行分析调查，有助于我们精准把握目标受众的媒介接触特征并有效评估地铁媒体的广告效果。

2. 客流量

客流量是城市快速轨道交通规划设计的主要依据，同时这一数据不仅可以辅助估算地铁媒体理论上最大的受众到达范围，也可与居民出行调查中获得的基础数据互为补充配合，确保对受众规模估算的准确性与精确性，保证地铁媒体效果评估的合理性。由于地铁站点众多且地理环境差别较大，不同时段、不同站点的客流量差异巨大，因此在进行媒体效果评估时需要考虑客流量带来的媒介接触频率、接触心态、认知效果等方面的差异。

3. 地铁媒体特征

地铁媒体效果评估除了要采集城市居民日常移动性轨迹路线、出行规律和乘坐地铁习惯等数据，还需要对地铁媒体内所有点位的媒体形态分布予以考察。地铁媒体所处位置不同，涉及空间的大小及广告形式的类别不同，每个广告位都拥有自己的独特性。静态的地铁媒体，如站台的灯箱、站厅的大型墙贴、楼梯旁的看板广告等，数量虽多，形式却较为单一；而流动的媒体，如车内媒体、屏蔽门贴广告等形式相对丰富，这些地铁媒体与受众的接触时间、频率和深度具有明显差异。因此，不同媒体所处的站点、线路和区域、媒体形态、大小、静止或运动等都应列入效果评估的指标体系。

4. 地铁人群总体特征

广告最根本的目标就是要能够捕捉到消费者的视线，引起其兴趣，最终促进其购买行为的完成。因此受众的特征与消费习惯，是地铁媒体效果评估的核心指标。2013 年对西安地铁二号线 17 个站点中的小寨站、南稍门站、钟楼站、城市运动公园站、会展中心站、市图书馆站和凤城五路站等 7 个站点乘客的抽样调查显示：西安地铁乘客大多为城市消费主力的上班族，学生群体消费能力虽小，但群体量比重较高，约占 27.5%，其未来消费潜力不可估量。同时，作为旅游重地的西安，外地游客这一群体量规模虽然小，但影响力却不容忽视，新奇的地铁广告形式会给他们留下深刻的印象，并进行跨地域的二次传播。而每两三天搭乘一次以上的经常性地铁乘客的显著特征则为 45 岁以下，拥有高收入和高学历的人群。德高中国对北京市地铁乘客特征的调研数据也表明，在白领人群中，一个标准的 100 块灯箱套装，可获得的 Grps 高达 607 个，比总体平均水平（428 个 Grps）高出了 42%。此外，地铁人群范围较广，不同群体的出行习惯与消费习惯差异巨大，因此评估时有必要对不同群体的行为特征与消费习惯予以描述。

5. 其他指标

在地铁媒体效果评估中，除了上述因素需要考虑外，地铁媒体自身不断推陈出新的创意，受众对地铁广告的态度、对其内容的回忆率、地铁媒体的地域性特点、地铁广告的互动等诸多因素也需要予以考量。以 2011 年夏天北京地铁站内"白加黑"广告为例，广告大胆利用光栅、红外线、冷光源的三重创意组合左侧光栅技术利用折射的原理，在不同的角度呈现出不同的图案，乘客随着视角的移动可以最左侧灯箱中男士的不同状态——昏昏沉沉抑或是精神抖擞。右侧冷光源技术可以使人体像电池一样由脚到头节节亮起，以夜间"充电"的概念生动展示该男士在夜间的恢复过程；而在中间位置，则有红外线装置等你感应，要白天精神好还是要黑夜恢复快——听你的。这样极具创意的地铁广告，给人耳目一新的视觉冲击。由此可见，广告创意对其传播效果评估具有重要影响。再以互动性为例，如今在地铁上使用手机的乘客越来越多，因此，地铁媒体与手机网络媒体的互动，地铁广告形式与微博、微信等传播形态的交互等也应当被充分考虑。

（作者：程洁、刘磊）

西安地铁传媒现状研究

除作为一种便利快捷的公共交通工具外，地铁在现代社会中还扮演着更多其他角色。通过与城市的有效互动，地铁传媒业已成长为传递信息、承载文化的重要媒介，它的出现不仅涉及人们的出行和生活方式改变，也对城市现有的媒介格局产生影响。

国外从传媒视角出发对地铁的研究多集中于形态、接触与效果、资源开发利用等方面，注重对地铁广告、地铁报，其对站点区域住宅的影响范围、广告资源开发的方式与估价方法等问题的研究。而国内的研究则起步较晚，方向主要集中在媒体经营、文化传播、城市个案等思路，然而此类成果中真正以地铁媒体为对象的研究还比较少。

2011年9月16日，西安地铁二号线正式通车，标志着西安媒体及受众将呈现出新的变化。因此，笔者及研究团队在二号线通车后的一年多时间里，先后三次就西安地铁媒体的形态、受众状况进行了较为全面的实地调研，以期记录西安当前地铁媒体发展的状况。

一　西安地铁媒体的规模及形态

地铁媒体主要是指一切存在于地铁所在空间，以乘客为主要信息受众的媒介形式，普遍分布于乘客可能到达的通道、扶梯、售票厅、站台和地铁车厢等处。车站媒体、车厢媒体和地铁报是最主要的三种类型。由于广告收入在地铁运营收益中占据着极其重要的地位，因此

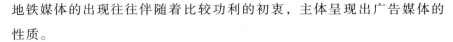

地铁媒体的出现往往伴随着比较功利的初衷，主体呈现出广告媒体的性质。

1. 西安地铁的媒体规模

截至 2013 年 3 月底，西安已开通地铁线路一条，即"西安地铁二号线"（一期）。该线路沿西安城市中轴线修建，贯穿南北，全长 20 公里，共设车站 17 座，22 列地铁双向对开，每日共发车 230 班。通过对各站点广告位的实地调研统计，目前西安地铁各站点均设有固定广告位，共计数 5517 个，其中车站 3141 个，车厢内 2376 个。此外，西安地铁还拥有一份固定发行的周刊免费地铁报，发行量为 15 万份。

2. 西安地铁媒体的主要形态

西安地铁的媒体形态目前可按主流三大类，即平面、视频和地铁报来划分。

平面媒体是户外媒体中最传统的种类，也是西安目前最常见、铺设最广、数最最多的媒体形态，已有广告位共 4057 个，主要表现为灯箱、墙贴、挂画、车内看板、屏蔽门贴以及部分特殊形态。

视频媒体具有视听结合的效果优势，易于引起持续关注，是占据"无聊时空"最佳的媒介形态之一。西安地铁目前共拥有视频媒体 1460 个，包括：车站固定电视、车载移动电视、LED 大屏和 LED 字幕。

地铁报是地铁传媒中流动性特征最强的种类，具有便于携带保存，允许多次传播的优势。目前西安只有一份渠道发行的地铁报，名为"西安地铁新报"，该报规格为 4 开，每期 16—24 版，发行量为 15 万字以上，内容以新闻、商业资讯和文娱信息为主，每周一到周五上午在地铁沿线各站点免费发放。该报还设立了官方微博，将报纸信息延伸至线上传播。

3. 西安地铁媒体的站点分布

西安现已投入使用的地铁站点共 17 座，共设有 56 个出入站口，广告位共计 3141 个。

综观各站点媒体数量和分布，"北大街"站作为与即将开通的一号线交汇的换乘站，和位于城市中心的"钟楼"站拥有媒体的绝对数量最多，可从媒体规模上认定为一级站点；"市图书馆""体育场"和"凤城五路"站数量虽也较多，但主要是由于较多重复的屏蔽门贴所致，而最主要的媒体（灯箱、视频、墙贴）数量相当，故"行政中心""会展中心""小寨""永宁门"被认定为二级站点；"大明宫西""安远门""龙首原""南稍门"和"运动公园""纬一街"可被认定为三级站点；而拥有媒体绝对数量最少的"北苑"和"北客站"被认定为四级站点。

4. 西安地铁媒体的位置分布

地铁媒体按空间位可分为通道媒体、扶梯媒体、售票厅媒体、站台媒体和车厢媒体。根据实地调查统计，西安地铁二号线通道媒体数量总数为 719 个，主要形式有墙贴、灯箱、通道电视和 LED 大屏；扶梯媒体 799 个，其中包括两侧挂框和整幅大型墙贴；售票厅媒体 348 个，形式主要为墙贴、大厅电视和灯箱；站台媒体 1275 个，涉及灯箱、站台电视、挂画、墙贴、屏蔽门贴、包柱等比较丰富的形式；西安地铁二号线每列地铁三动三拖共 6 节车厢，每节车厢内规划 10 块看板和 8 台车载电视，共有 22 列编组列车，车厢媒体总数共计 2376 个，其中车内看板 1320 块，车载电视 1056 台。

按受众所处位置分析西安地铁媒体的分布发现，车厢内的媒体数最多，站台上媒体类型最丰富且设置最多，而乘客在车厢内和站台上多为停滞状态，滞留时间也相对较长，滞留时间与媒体数类型成正比。另外，乘客在途经扶梯、通道、售票大厅时大多处于运动之中，所以少量和分散的媒体策略是颇为合理的，设法寻求更符合受众接触习惯和准确到达的传媒形态及信息传播方式应该成为下一步媒体开发利用关注的焦点。

二 西安地铁媒体信息的内容构成

作为新兴的公共信息媒体平台，西安地铁承担着发布公众信息、传递商业资讯、倡导公益风尚、传播城市文化的功能使命。在对西安地铁媒体信息内容的细致梳理过程中，研究者发现新闻、公告等信息的传播主要依靠视频媒体完成，极少有平面媒体涉及公共信息。而有关公益和城市文化宣传内容的信息则被视频和平面媒体所同时涉猎，除在固定广告位予以刊播外，一些站点的通道、大厅和站台也规划了镶嵌有地域文化符号的主题空间，如"南稍门""体育场"站就设计了由秦腔脸谱、皮影等元素构成的文化墙。

鉴于地铁媒体的商业属性，广告仍然占据其信息内容的主体，通过对2013年3月西安地铁二号线全部平面媒体的统计分析得知，除53个空白广告位外，商业广告和公益广告分别占媒体总数的81.1%和17.6%，其中商业广告内容主要涉及餐饮、招商招聘、金融、数码家电、汽车、地产等17个以上类别。餐饮服务、企业形象、教育培训、艺术品投资四类广告数且最多，占了商业信息总数的55%。

三 西安地铁媒体受众流分析

统计数据显示，西安地铁二号线开通首日客运量为15.4万人次，运营一年多来，最高客运量达日30万人次，这在某种程度上反映了西安地铁的受众人口规模，特别是对了解和计算其中移动媒体部分，即车厢内媒介信息的到达颇有价值。然而由于地理位置、受众构成、周边环境等因素的影响，不同站点媒体的受众接触与信息传播效果也不尽相同。

基于地理位置、现有媒体数、是否换乘站等依据，笔者选取"小寨"和"凤城五路"两站作为样本，分别在工作日和休息日进行了全天各时段人流量的统计调查。

1. 样本选择依据

第一，两个站点在规模上比较接近，都设有三个出站口，一个售票大厅；而且现有的媒体分布也比较接近，均被认定为二级站点。第二，两个站点一南一北，小寨位于城南，是西安较为成熟的商业中心；而凤城五路在城北，是近年新兴的人口聚集区。第三，在未来的规划中，"小寨"站是与三号线交汇的换乘站点，而"凤城五路"则不是换乘站。两个样本，既有规模上的相似性，同时也存在位置、环境和动态的差异。

2. 两站同日人流变化情况比较

调研人员分别在 2013 年 3 月 21 日（周四）和 3 月 23 日（周六）6：30—22：30 全天时段内，对两个站点的人流量进行了分时统计。使用观察法，每小时取五分钟，分别统计各站口的进出人数，并累计平均计算出每分钟出入该站点的人流量。

比较分析发现，无论工作日或是休息日，"小寨"和"凤城五路"两站点的人流变化都呈现出了明显差异。其一，就人数而言，出入"小寨"的绝对人数远高于"凤城五路"，这种差距在休息日表现得尤为显著。其二，两个站点的人流高峰不同，一方面体现为高峰所处的时段位；另一方面也体现在高峰持续的时长。其三，不同时段"小寨"出入站人数基本能保持一致，而"凤城五路"站在大多时间里的出入站人数都不均衡，呈现了上午进站人数多，午后出站人数多的规律。

产生人流差异的因素很多，比如"凤城五路"周边多为住宅区，所以会出现早出晚归人数多的情况，而小寨为比较成熟的商业区，因此绝对人流量大且高峰时间久。结论充分证明了不同站点存在特有人流量变化特征的现实，故相同的传媒形态和策略可能由于传播时机、媒体位置、信息内容、接触习惯等因素而形成完全不同媒介接触效果的可能。

3. 工作日与休息日人流量变化情况比较

对比分析两个观测样本工作日和休息日全天进出人流量变化情况发现，虽然"凤城五路"和"小寨"均有各自的特点，但它们在人流量改变上却拥有一些相似之处。

首先，从整个轨迹来看，两站工作日的人流量高峰非常明显，即早晚时段，如第一个高峰都出现在了 7：30—8：30，而后一个高峰期则分别出现在 17：30—20：30 中的不同时间；而在休息日两个站点的轨迹曲线明显较为平缓，特别是"小寨"的两个高峰期合并为了一个长达 7 小时的持续高峰。其次，在工作日早班发车时两个站点的出入人数均高于休息日，第一个人流量高峰都较休息日更早出现；相反，工作日的末班发车时站点出入人数均少于休息日，且后一个人流量高峰都早于休息日结束。最后，休息日总体的人流量远高于工作日。

两站点工作日人流量高峰变化与市民上下班高峰情况基本一致，同时，休息日"凤城五路"与"小寨"站更高的人流量也为整条地铁二号线休息日客流高于工作日的结论提供了重要参考。自身特征不同的两个样本，在工作日和休息日人流量对比中出现的诸多相同变化说明，西安地铁受众整体上具有一致的可循规律，这些规律将是地铁媒体进一步有效使用和创新规划的前提依据。

4. 两站各时段人流量情况比较

通过对"凤城五路""小寨"工作日和休息日全天人流量的对比分析发现，除个别时段外，无论工作日或休息日，"小寨"全天的人流量总量远高于"凤城五路"。

此前，研究者曾依据媒介规模对西安地铁二号线各站点尝试进行分级，"凤城五路"和"小寨"虽均被认定为二级站，但媒体总量和种类方面前者都略多于后者，这与两站受众数量恰恰相反。地铁媒体是从属于地铁的非独立性资源，"效用的大小取决于其规模和客流量大小，随地铁运营的变化而变化"，[①] 因此媒体评估就显得有失偏颇，欲对西安地铁媒体全貌进行勾勒描摹，还需要综合考虑媒介人口、受众需求等参数，进行更加系统深入的分析研究。

四 对西安地铁传播的思考

传媒经济学认为"媒介是一个将各种资源投入转化为信息产品的组织"[②]，以媒介内化的组织成本取代不易受控制的市场交易成本是媒

---

① 赵坷：《从信息载体的角度解析地铁传媒资源开发》，《现代城市轨道交通》2011 年第4 期。

② 赵曙光、史宇鹏：《媒介经济学》，湖南人民出版社 2003 年版，第 31 页。

体存在的理论依据。从该视角研究信息产品、传播方式、受众变化，是为媒介经营者在资源稀缺的情况下作最优选择提供决策依据的，其根本动机是实现利润的最大化。经营性收益是城市轨道交通的重要经济命脉，地铁媒体具有产业和市场属性，扩大收益是其"选择要素投入和信息产品的生产、传播数量"①的原则宗旨。在可分配要素稀缺的假设面前，西安地铁传媒产业需要在规模经济和边际效益之间寻找到自己适合的发展方向。

面对社会化媒体的冲击，传统以平面视频为主、表现内容形式粗放的传播手段愈发不适应地铁媒体扩大收益，相反随时间推移利润递减的边际开始向内出现收缩，西安地铁传媒产业可能面临不进则退的现实性问题。在受众乐于支付的定价范围内，偏好与机会成本是影响受众需求的主要变量，使用更符合目标受众接触习惯、选择更有吸引力的传播形态将直接关系其需求满足。媒体创新引起的传播效果提升可以为地铁媒体打开新的利润空间。在其他发达城市，丰富的创意和先进的传媒科技被运用在地铁站和车厢内。香港投资 20 亿港元策划兴建了迪士尼专线列车，广告信息被精彩的植入了整条地铁；上海地铁在检票闸口等处使用了全息投影、裸眼等高新技术，开发了互动型灯箱，还制作播出了全国首部地铁电视剧《晴天日记》，其中巧妙地植入了星巴克等品牌产品；而北京等城市开始注重地铁与新媒体的互动，微博、微信、二维码、Wi‐Fi 等技术手段越来越多地与传统媒体形成联动。

"一种新媒介的长处，将导致一种新文明的产生"②，西安地铁媒体自诞生之日起，就承担了"引进一种新尺度"③的任务，肩负了创造、维持、修复、改变现实的使命。西安地铁文化是并存于西安城市

---

① 赵曙光、史宇鹏：《媒介经济学》，湖南人民出版社 2003 年版，第 61 页。

② [加]哈罗德·英尼斯：《传播的偏向》，何道宽译，中国人民大学出版社 2003 年版，第 85 页。

③ [加]马歇尔·麦克卢汉：《理解媒介：论人的延伸》，何道宽译，商务印书馆 2000 年版，第 33 页。

文化的"支流",它们"在社会上的建立和巩固是通过传播来达到的"。① 西安地铁传媒的发展,在充分考虑市场因素、追逐经济目标的同时,还需要兼顾实现其进入文化、传播城市形象等社会效益目标,媒介利润最大化是在社会效益的约束下才能得以实现的。

(作者:刘磊)

---

① 〔美〕斯坦利·巴伦:《大众传播概论媒介认知与文化》,刘鸿英译,中国人民大学出版社 2005 年版,第 16 页。

创新融合与坚守阵地

——校园融媒体文化育人平台路径探索

2014 年的"五四"青年节，习近平总书记在北京大学视察时指出："青年的价值取向决定了未来整个社会的价值取向，而青年又处于价值观形成和确立的时期，抓好这一时期的价值观养成十分重要。"①

在大学生社会主义核心价值观培育的过程中，校园媒体发挥着重要作用。然而，飞速发展的新媒体给传统校园媒体带来巨大的冲击。热衷接受新鲜事物的大学生开始远离传统校园媒体，主动、频繁地接触与使用新媒体。因此，在坚守宣传教育与舆论引导阵地的基础上，进行深层次的媒体创新与融合，构建新型校园融媒体文化育人平台，发挥价值观培育、文化引领的作用，是校园媒体必须面对的、具有实践意义的重大课题。

一 直面挑战，创新完善：校园融媒体平台建设的意义与必要性

1. 校园媒体的重要意义

校园媒体是高校重要的思政教育阵地，同时也是校园文化营造、

---

① 徐京跃、霍小光：《习近平在北京大学考察时强调：青年要自觉践行社会主义核心价值观 与祖国和人民同行努力创造精彩人生》，《人民日报》2014 年 5 月 5 日头版。

岗位育人的重要载体。早在 2004 年，中共中央、国务院就在《关于进一步加强和改进大学生思想政治教育的意见》中明确要求"加强校报、校刊、校内广播电视和学校出版社的建设""主动占领网络思想政治教育新阵地"，以此"努力拓展新形势下大学生思想政治教育的有效途径"。因此，高校媒体要始终坚持正确导向，自觉服从并服务于国家大学教育方针政策，依托高校人才优势和学科优势，在高等学校深化教育教学改革、促进教学质量和办学效益不断提高、加强精神文明建设和培养高素质人才等方面发挥重要作用，革新观念，适应媒体发展趋势，锐意创新，加强管理建设，善于运用校园媒体唱响主旋律，培育社会主义核心价值观。

2. 传统校园媒体发展状况与困境

高等院校的校园媒体一般隶属校党委宣传部。从新中国成立之初，高校就十分重视校园媒体的建设和发展。经过数十年的发展，校园媒体已经形成较为完备的体系，主要包括校报、校园广播台、校园电视台和校园网络等；此外，社团报刊、院（系）报纸、校友联谊报纸、班级墙报、宣传橱窗、宣传条幅、LED 屏幕等也属于高校校园媒体。各类媒体相互配合充分发挥作用，各自发挥着其媒介优势，构建出图、文、声、色兼具的立体宣传与文化传播系统。

然而，伴随着科技的进步和媒体技术的飞速发展，传统校园媒体已经很难适应思政教育、舆论宣传、文化育人的需要。无论是报纸还是广播电视，都很难吸引广大学生的关注。校报、校刊发行量锐减，甚至停刊；广播、电视、校园网无人问津，影响力日渐衰落。由此看来，传统校园媒体的改革创新势在必行。

3. 新媒体的冲击与挑战

当今的媒体发展是新媒体飞速发展、分化传统媒体市场、影响力日益增强的时代。以"三微一端"（微博、微信、微视频和客户端）为代表的新媒体，改变了以往的信息传播方式，并由此引发文化构建变革，使社会生活的各个领域均受到广泛而深刻的影响。校园里，大学生们往往会使用 QQ、SNS、微信进行虚拟社交，利用微信公众号、客户端来获取信息，运用微博、朋友圈来发出言论。新媒体从生活、学习、交往等多个方面影响着当代大学生。

更为值得注意的是，在新媒体时代，人人都能够成为信息的传播者，各种不同的声音来自四面八方，"主流媒体"的声音逐渐变弱，传统校园媒体的功能日渐势弱，给培育大学生的社会主义核心价值观带来巨大的挑战。然而，当下许多高等院校或因对新媒体的发展不重视，或因观念、思维、技术等因素的影响，校园新媒体关注度不高，无法发挥思政、宣传、育人等功效。这也是校园融媒体平台建设的必要所在。

4. 大学生新媒体使用现状

新媒体已经是当下大学生接触时间最长、使用频率最为频繁的媒体。充分了解大学生新媒体使用状况，将有利于探索校园融媒体文化育人平台创新改革路径的探索。

有学者通过研究发现，当代大学生基本上都在使用新媒体。其中，每天使用新媒体 1—3 小时的占 41.2%，3—5 小时的占 25.2%，超过 5 小时的占 21%，不定时地发布微博、浏览微信、关注 QQ 空间更新是大学生团体重要的媒介习惯。[1] 而从大学生在新媒体的媒介行为上进行分析，最主要的问题是在媒介认知理解上既有一定认识但又表现认识能力不足，导致大学生在对媒介传播内容上批评能力较弱、网络道德和法律意识淡薄、媒介素养教育缺失等。[2]

二 创新融合，搭建平台：校园融媒体平台建设的路径探索

面对大学生社会主义核心价值观培育工作的极端重要性、当下校园传统媒体功能的不足，以及新媒体飞速发展影响扩大的情况，高校校

---

[1] 许灿荣、徐喜春：《新媒体环境下青年社会主义核心价值观的培育研究》，《青年探索》2015 年第 1 期。

[2] 王莲华：《新媒体时代大学生媒介素养问题思考》，《上海师范大学学报》（哲学社会科学版）2012 年第 5 期。

园媒体必须牢固坚守宣传教育、文化育人、舆论引导的阵地，并对传统媒体大胆创新，创办新媒体，构建全新的校园融媒体文化育人平台。

1. 自我创新：传统媒体深化改革

校报、校园广播、校园电视、校园网等传统媒体经过数十年的发展，有相当的物质基础与人才优势，能够全方位、多角度、立体地向师生传送最新社会资讯、传播先进文化思想理念，具有不可替代的作用。若能及时应对新媒体发展的趋势，挖掘自身的优势特点，及时进行深化创新改革，校园传统媒体依然能够充分发挥信息传播、舆论导向、宣传教育、文化娱乐和艺术熏陶的作用。校园传统媒体深化改革的路径主要包括以下方面。

首先，重视校园媒体的人才优势。高校负责校园媒体的工作人员，往往兼备思想政治教育能力、新闻理论与实践能力，学历较高，经验丰富。传统媒体的改革，首先要调动人才的创新积极性，并积极统筹管理，在传统媒体与新媒体融合的平台上充分发挥人才优势。

其次，传统媒体报道选题、内容创作上要符合大学生的实际需求。这个需求即包括大学生的学习、生活、就业等物质需要，更要重视大学生的心理诉求。只有报道大学生喜欢、愿意去关注校园媒体的内容，校园媒体才能发挥育人的功能。

再次，重视媒体平台的岗位育人功能发挥。在校大学生中，有很多热衷于新闻传播事业的同学，传统媒体可对学生开放，组建大学生记者团，在校园新闻实践的过程中对学生进行业务训练，同时也将党的新闻事业的基本原则传授给学生，起到岗位育人的作用。

最后，传统媒体要积极创新形式，与新媒体相互融合。传统媒体不能拒绝新媒体的发展，应充分发挥其人才优势、业务优势、经验优势等，与新媒体相互融合、相互配合，共同完成育人功能。

2. 媒介创新：创办各类校园新媒体

及时创办新媒体、办好新媒体已经成为高校媒体发展的共识。一个好的微博、好的微信公众号所能产生的传播效果，往往会超乎想象。

新媒体的概念由来已久，其所涵盖的媒体范围也随着时代的发展多次变化。2015年年初，人民日报新媒体版曾推出"关于新媒体的10个猜想"，其中提到的当前的新媒体主要是"三微一端"，即微博、微信、微视频和客户端。此外，以虚拟现实（VR）技术为代表的新兴技术也可能很快成为"新媒体"。

就高校校园媒体而言，当前主要的校园新媒体一般为微博、微信公众号。具体到管理层面，又分为由学校党委负责的官方微博、微信公众号，团委、学院等创办的微博、微信公众号，学生社团的微博、微信公众号以及师生自发运行的微博、微信公众号。高校在创办、运行和管理新媒体时，应注意以下几个问题。

首先，重视人才的培养，合理安排新媒体岗位。新媒体的运作有着即时性、突发性、交互性等特点，对人才的要求非常之高。除了培养新闻宣传的基本功以外，还要充分了解新媒体的运行规律。因此，高校应合理设置岗位数量，集中优势人力物力办好新媒体。

其次，改变传播语态，传播信息贴近师生。新媒体的特点决定着大学生群体不再愿意接受高高在上的训教语态。高校媒体管理者应主动了解当前新媒体的编写模式和行文语态，主动改变，适应发展。

最后，要及时关注新媒体的发展趋势，以较快的速度接触、了解、运用新的媒体形式。很多高校反应较慢，错过了微博、微信发展的黄金时期，也就错过了利用新媒体开展育人工作的黄金时期。因此，关注微视频、VR等新的媒介技术，在适当的时候开办新的媒体形式，是高校新媒体发展的重要环节。

3. 媒体融合：媒体融合搭建新平台

传统媒体与新媒体在内容采编、传播语态、终端选择等多个层面相互学习、相互借鉴，最终实现融合已经是当前主流媒体的现状及发展趋势。对于校园媒体而言，实现媒体融合的主要路径包括以下几点。

首先，思维融合。要将宣传教育思维与信息传播思维融合，将传统媒体采编思维与新媒体采编思维融合。宣教工作者要主动改变高高在上的训教语态，充分分析、了解受众的心理状态和媒体行为，改进宣传手段，创新教育方法，重视传播效果。

其次，人力物力融合。要打破传统媒体与新媒体之间的壁垒，人力物力统筹安排部署，发挥传统媒体在思想素质、业务能力上的优势，规范新媒体的实践操作；展现新媒体的创新能力与媒介优势，让媒体内容更加贴近大学生、更易被大学生所接受并喜欢。同时积极建设学生记者队伍，在发挥岗位育人功能的同时，能够更加接近年轻人的思维方式，了解年轻人的媒介行为，从而更好地完成校园媒体宣教工作。

再次，终端、渠道融合。新媒体终端则主要指电脑、平板电脑和手机。在校园中，大学生们往往对传统媒介终端不感兴趣，同时也不会主动关注校园官方新媒体。为此，终端、渠道融合的路径应针对大学生的媒介行为特点：第一步，校园传统媒体采编的优秀作品尽可能多的通过新媒体终端传播；第二步，利用传统媒体成熟的发行渠道来促使大学生关注校园官方新媒体。

最后，平台融合。在大学文化育人平台中，除了校园媒体以外，还包括各种思政课程、报告、讲座，以及规模不等的校内外各种学生活动。而在新媒体飞速发展的今天，"O2O"（Online to Offline，线上到线下）已经成为主流。校园融媒体平台的建设，应该充分融合各种形式的育人平台，在"线上"全程报道"线下"活动，在"线下"积极为"线上"吸引关注，相互融合，相互配合，才能更好地完成育人工作。

三 坚守阵地，文化育人：校园融媒体平台育人功能的充分发挥

构建校园融媒体平台最重要的功能，是充分发挥思政教育、文化育人和舆论引导的阵地功能。高校相关部门和教育工作者必须始终坚守阵地，绝不动摇。

1. 坚守核心：传播社会主义核心价值观，充分发挥文化育人功能

在新媒体盛行的当下，大学生所能接受到的价值观念愈发多元化、多样化，庞杂而又良莠不齐的信息，给传播社会主义核心价值观带来巨大的挑战。因此，构建校园融媒体平台，必须要坚持传播正能量，发挥文化引领及文化育人功能。在此基础上，校园融媒体平台的建设应注意以下几个方面。

首先，是要以新媒体的思维，充分发掘、加工、传播弘扬社会主义核心价值观的信息资源，充分发掘大学生普遍关注、关心的人和事，用有感情、有魅力的方式进行编辑与传播，从而起到更好的效果。

其次，是紧跟媒体技术发展的潮流，做最及时、"最潮流"的校园融媒体平台。要适应新媒体移动化、社交化、视频化的趋势，重视新的技术，做更符合时代校园和大学生需要的融媒体平台。

最后，要重视"显性"与"隐性"的宣传教育工作。校园融媒体平台应积极主动与学校课程建设融合与互动，在教学环节中实现"显性"宣传；利用校园融媒体平台，在学生关注度高、参与度高的各项活动中实现"隐性"宣传。

2. 转变观念：尊重传播规律，打造新型校园融媒体

重视受众、重视反馈、重视传播效果，是传播者想要达到目的所必须尊重的基本规律。与此同时，传播者们越来越意识到，在新媒体飞速发展的今天，受众的知识积累、社会身份、媒介选择使用、反馈机制等发生了天翻地覆的变化。对于校园融媒体平台的构建而言，要想最大程度的达到宣传教育的效果，必须充分尊重传播的基本规律。

首先，传播者必须树立新媒体思维，转变过去高高在上的姿态，以平等的视角去关注大学生，以朋友的身份去与大学生进行交流；不再将大学生视为被动接受信息的"受众"，而是能够积极主动接触媒体的"用户"，充分重视反馈机制，多听取大学生的意见和建议，深入学生生活，最终构建学生们会主动关注的校园融媒体平台。

其次，重视传播技巧的学习和使用。获取关注是实现效果的第一

步。校园融媒体平台首先要在传播技巧上下功夫，找到合适的方式方法，让大学生能够主动关注，从而才有可能实现传播者、教育者的既定目标。

最后，树立以传播效果为导向的传播观念。校园融媒体平台的管理者、媒体与教育工作者必须以实现传播效果（即教育目的）为目标，摒弃过去"传者中心论"的做法，从而真正实现文化育人功能。

3. 规避风险：坚持文化引领，杜绝网络糟粕

新媒体的飞速发展是一把双刃剑，信息传播者素质参差不齐、信息数量与内容庞杂混乱、信息传播渠道多样而难以控制、信息接受者与使用者媒介素养较低等问题，同样给校园融媒体充分发挥育人功能提出重要的挑战。因此，校园融媒体平台要始终坚持文化引领，杜绝网络糟粕，全面提高大学生的媒介素养，使其能够主动接受正能量的信息，"使学生免受媒介所传播的不良文化、道德观念或是意识形态的负面影响"①。做好这一点，应主要在以下几个方面下功夫。

从传播理念上，针对新媒体带来的文化糟粕，管理者和教育者首先不能简单地采取抗拒排斥的态度，要意识到文化糟粕之所以能够广泛传播，特别是在青少年群体中影响巨大是有其特有因素，要主动挖掘原因所在，对症下药，找到解决问题的途径。

从育人目的上，要努力培养大学生的媒介素养，使其能够具有甄别、鉴赏、审美与批判的能力，从而能够主动接受优秀文化信息，拒绝糟粕、冗余、虚假、错误的信息。

从传播技巧上，要积极分析大学生的心理特征与信息诉求，借鉴广为传播的大众文化在传播技巧上成熟的方式方法，改进校园媒体在传播技巧上的不足。

从传播内容上，要增加正能量信息传播的比重；要慎重对待负面

---

① ［英］大卫·帕金翰：《英国的媒介素养教育：超越保护主义》，《新闻与传播研究》2000年第2期。

信息的传播，不能完全不报道，也不能占据过大的比重；面对必须要报道的负面信息，尽量配发评论或引导性文章对负面事件进行分析，引导大学生理解并形成正确的看法和见解。

四 结语

综上所述，在新媒体飞速发展与高校宣传教育工作实际需要的双重压力之下，构建一个适应时代发展需要和大学生媒体诉求的校园融媒体育人平台显得尤为重要。因此，高校宣传教育与媒介工作者要努力在现有传统校园媒体的基础上进行创新与融合，充分发挥人才优势，改变传播观念，理解新媒介的特点与优势，最终找到一条符合育人需要的校园融媒体平台构建路径，并始终坚守思政教育、文化育人和舆论引导的阵地，为高等教育、为社会主义核心价值观的培育做出应有的贡献，培养出更加符合社会需要的优秀人才。

（作者：王嘉）

"微"媒体在校园文化建设中的
"大"作用

以博客、微博、微信为代表的网络新媒体的迅速兴起，是互联网时代技术创新的最新成果。较之报纸、广播、电视等传统媒体，新媒体展现出迥然不同的新姿。它具有即时性、交互性、开放性、可重复、容量大等特点，成为舆情传播、信息集散的载体和平台，极大地改变了校园文化的生态，大学校园呈现出多元共生、众声喧哗的景象。因此，加强对新媒体的研究，因势利导，科学管理，善加利用，努力使之成为传播社会主义先进文化的前沿阵地、提供公共文化服务的有效平台、促进人们精神生活健康发展的广阔空间，是摆在我们面前的一个新课题。

一 网络媒体为大学文化建设增添新平台

众所周知，新媒体的快速发展，不断改变着社会舆论的生成、存在与传播方式。据中宣部舆情信息局发布的《互联网发展的新趋势新情况》：从全球范围来看，社交网站正逐渐取代传统媒体成为人们获取新闻信息的主要渠道……在中国，网民往往把微博作为了解突发事件的第一信息源。而且，网民更相信由"网络好友"和"意见领袖"传递的信息。据有关调查，人们对网上信息的信任度不断提高，选择互联网作为可信新闻信息渠道的比例达39%。作为网民主体的青年人，尤其是青年学生手持手机、IPad 等移动终端在网络新媒体上关注

251

天下大事、交流互通、购物娱乐已是寻常事，成为他们日常生活的重要组成部分。

在大学校园中，网络成为很大一部分学生获取信息的主要途径，网络也从大众媒体走向具有强烈的个人特征的"自媒体"。新媒体不仅是师生员工之间交流、互动的"软利器"，也是开展思想政治工作的抓手、传承和创新文化的载体。新媒体最显著的特点是"即时性"、多点发布和"交互性"。"即时性"，体现为信息流在新媒体上的流动非常活跃，异常迅疾，往往是手指轻动，转瞬间信息便传播到万里之遥。信息不再由少数的专业媒体垄断发布，而是呈无规则的多点散射状态，互联网上数以亿计的博客、微博、微信均是各类信息的发布源。传统意义上的"互动"其内核也发生了根本性的变革。在新媒体里，"互动"不再是发送——接收——反馈简单的线性模式，不再是传统媒体时代弱势受众应对强势媒体的无奈之举，不再是居于中心地位的强势媒体对信息接受者的一种"恩赐"，而是媒介和受众的翻转与同一。在媒介的使用中，我们经常能感受到：在同一个时间和空间里，网络新媒体的使用者有可能既是媒介，又是受众。媒介使用者经常会在这两种身份之间自如切换而习焉不察。可以说，只有到了网络新媒体的时代，传播学中的经典命题"互动"才似乎有了完满的阐释和解答，才有了更为鲜活多彩的例证。信息的无缝衔接和迅疾流动，媒介和受众的同一带来"互动"的彻底实现，这些优势使网络新媒体获得了极大的成功，短时期内便拥有了数以亿计的拥趸。同时，也导致了传统媒体的主导地位受到了极大的冲击。

近年来，西安工业大学大力加强校园网的建设与管理。成立了信息化工作领导小组和专门机构，累计投入 2000 万元专项经费进行网络建设，进一步完善信息化制度建设，制定了《西安工业大学新闻宣传工作管理办法》《关于加强校园文化建设、完善服务平台若干问题的意见》《西安工业大学校园网管理条例》《西安工业大学校园网主页信息发布管理规定》《西安工业大学校内宣传设施管理暂行规定》《西安工业大学校园网网络信息安全管理规定》等一系列制度,搭建了弘扬主旋律、现代高效的网络新媒体平台。

二 网络媒体为大学文化建设聚集正能量

作为新思想、新文化的发源地,社会文化的引领者,知识的密集区和青年学生的聚集地,高等院校对网络新媒体风起云涌、异军突起的感受是"春江水暖鸭先知"。在应对互联网尤其是网络新媒体对大学文化生态的冲击与改变,着力解决随之而来的问题,积极开展相关研究,学校进行了一些有益的尝试,收到了一定的效果。

其一,对网络新媒体动态和穿梭其上的信息流进行汇集、分析和处置,建立网络舆情监控工作机制,并使之常态化。平时,学校根据网络舆情的情况掌握不同群体的思想动态,积极回应,有的放矢地发布引导性内容,以期达到"春风化雨"的教育效果。在出现突发事件时,学校利用网络新媒体及时发布权威信息,澄清事实,消止谣言,稳定师生情绪。目前,这项工作在高校业已常态化并建立了长效机制。

其二,积极开通官方博客、官方微博、实名认证微博和微信公共平台,利用网络新媒体积极介入师生关注的舆论场,及时发布引导性信息,进行"议程设置"创设网络议题,把握大学文化发展的走向。高校不仅把网络新媒体作为发布权威信息、沟通师生员工、开展主题宣传教育的平台,还鼓励引导学生社团组织开通微博、微信公共平台,用广大师生员工喜闻乐见的形式传播具有特色的大学文化。从而使具象的建筑物和抽象的精神性融为一体,对工作、学习、生活在其中的师生起到了潜移默化的引导和感染作用。

西安工业大学作为一所具有光荣传统的兵工院校,始终把建设具有兵工特色的大学文化作为一项重要的工作常抓不懈。学校结合自身特色,充分利用网络新媒体,把"忠诚进取,精工博艺"的办学传统、"敦德励学,知行相长"的校训和"兵工精神"的弘扬融入文化建设当中去。利用网络新媒体开办了"网上思政""网上党校""创建学习型党组织""校园文化""践行社会主义核心价值观""中国梦"等一系列主旋律专栏专题，在国家教育行政学院的网络平台上开办了"西安工业大学领导干部学习培训网络学校"。此外，利用兵器馆、校史馆、书法艺术馆、大学文化建设基地等具象的建筑和实物对学生进行"兵工精神"教育。注重发挥团学组织、相关部门及个人开通的微博、实名认证微博等网络新媒体的作用，为学生的成长成才提供精神动力和文化滋养。

三 "软""硬"兼优，开创大学文化建设新局面

当前，高校在网络新媒体的建设、管理与利用方面做了很多有益的工作，取得了一定的成效。我们要根据形势的发展与要求，充分发挥"微"媒体在文化建设中的"大"作用，进一步做好以下工作。

一是结合新出现的"云计算""物联网"等网络技术，加大对网络新媒体根植其上的网络硬件的研发与利用，构筑好平台。建章立制，推进网络依法规范有序进行。对新媒体上的信息流进行筛选和过滤，对其路径和管道加以掌控。网络新媒体带来了信息的自由流动和充分共享，畅通的言论通道与开放型舆论环境给人们交流思想提供了极大的便利。但是，信息的自由流动不能是无规则的紊乱流动，它必须在国家的法律、道德的约束之内。新媒体在发挥正能量的同时，也存在庞大的网络化虚拟空间冲击现实社会秩序、自媒体成为社会风险因素、信息安全和意识形态安全问题等隐患。新媒体中的信息往往真假掺杂，有时导致公众舆论呈现出一定的盲目性和不确定性，甚至造成误导。从而加剧了受众的盲从与冲动，也使得网络冲突与网络暴力现象突显。身处大学校园中的青年学生思想活跃，求新求知若渴，容易被网络新媒体上的一些言论所惑。我们必须坚持正确的导向，加强网上思想舆论阵地建设，积极培育和践行社会主义核心价值观，为青年学生的成长成才筑起一道安全的"防火墙"，真正使网络新媒体成为先进思想传播的新阵地、学习成才的新平台、文化建设的新空间。

二是树立"内容为王"的理念，我们要结合网络新媒体的传播特性，多开发一些贴近青年学生学习、生活实际的喜闻乐见的精神产品。媒体的表现形式各异，但受众的注意力永远停留在自己感兴趣的内容上。没有广大学生的高度关注和积极参与，就谈不上大学文化的感染和浸润。因此，要树立"内容为王"的理念。转变工作作风，转变言说方式。以社会主义核心价值观为指导，用勤奋学习、立志成才、品学兼优的学生的鲜活实例，来引导、激励青年学生弘扬正能量，投身实现中国梦的伟大实践。当然，这里所说的"内容为王"是符合党的教育方针、以学生为本、利于学生健康成长的丰富多彩的内容。需要强调的是，这种"满足"绝不能是一味简单的迎合，必须是在悉心研究和体察青年学生需求的基础上，经过升华的一种正能量的引导。

党的十八大报告指出，要加强社会主义核心价值体系建设，坚持不懈用中国特色社会主义理论体系武装全党、教育人民，推动中国特色社会主义理论体系进教材进课堂进头脑。同时还指出："广大青年要积极响应党的号召，树立正确的世界观、人生观、价值观，永远热爱我们伟大的祖国，永远热爱我们伟大的人民，永远热爱我们伟大的中华民族，在投身中国特色社会主义伟大事业中，让青春焕发出绚丽的光彩。"建设优秀的大学文化，其目的就是立德树人，使濡染其中的青年学生在"润物细无声"的过程当中受到熏陶，提高境界，提升修为，树立正确的世界观、人生观和价值观，成为德智体美全面发展的社会主义建设者和接班人。

在新媒体时代，我们要唱响网上主旋律，发展壮大积极向上的主流思想舆论。坚守党性原则和社会责任，保持正确的政治方向和舆论导向。要懂网知网，善于用网。要守土有责，净化网络文化环境。把"微"媒体建设成为传播社会主义先进文化、传播好声音、汇聚正能量的新阵地。

（作者：于孟晨）

255

学术期刊转型期陕西地方高校学报发展模式的思考

随着我国文化体制改革的深入推进，2012 年 7 月 30 日，国家新闻出版总署颁布了《关于报刊编辑部体制改革的实施办法》，该办法要求学术期刊转企改制，这标志着学术期刊体制改革进入了关键阶段，作为学术期刊重要组成部分的高校学报必将进入改革之列，与此同时大部分专业学术期刊已完成市场化的转型，这给高校学报带来巨大的挑战。如何在这一转制过程中把握发展机遇，厘清发展思路和准确定位，使高校学报在日趋激烈的期刊竞争中赢得一席之地，成为摆在每位学报工作者面前十分紧迫的问题。高校学报工作者对此做了大量深入的思考，陈浩元、林本兰[1]等人通过分析学报现状提出组建学报期刊集团的办刊模式。王素琴[2]通过对高校学报重新定位提出了"四化"运行模式。王士忠等人[3]剖析了期刊改革中创新办刊机制等相关问题，提出了"树立标杆""招兵买马""分门别类"联合办刊模式。焦红等人[4]通过剖析现有编辑模式，提出了充分利用新的信息传播技术的国

---

① 林本兰、刘俊英、荀志金等：《高校自然科学学报体制改革的难点和模式探讨》，《中国科技期刊研究》2013 年第 4 期。

② 王素琴：《出版体制改革大背景下高校学报的定位与"四化"运行模式》，《中国科技期刊研究》2011 年第 1 期。

③ 王士忠、冯民、张士莹：《高校科技期刊改革及其创新》，《中国科技期刊研究》2011 年第 4 期。

④ 焦红、高慧、郭远芳：《高校学报改革与发展之路》，《长春工业大学学报》（社会科学版）2005 年第 4 期。

际化办刊模式。林再兰①对校企联合办刊的必要性和可行性进行了调研，提出了校企联合办刊模式。朱明等人②通过分析国内外优秀学术期刊的办刊经验和先进观念，提出了产业化的办刊模式以及实施产业化的总体设想。本文的参考文献①—②在学术期刊转企改制背景下结合学报发展现状，提出了高校学报综合性到专业性的改革思路和高校学报集团化的发展模式。参考文献③—⑦结合各自期刊发展实际对办刊模式进行了思考，但未能从根本上化解体制性与结构性的矛盾，研究未涉及不同学报的定位差异以及不同学科领域的期刊自身内在办刊规律。学术期刊是学术传播的一种重要媒介，是学术成果展示的重要平台，是传播系统的组成部分③。在此系统中，构成要素之间、不同尺度环境之间、学术期刊与外部环境之间均存在密切的互动关系并保持着某种和谐。已有学术期刊的相关研究多侧重于学术期刊的发展困境、发现现状、变化趋势，以及学术期刊量化评价方法及评价指标体系等方面④⑤⑥。学报作为高校知识传播和学术交流的主阵地，展示着校内外学术成果，近年来随着其刊期和页码的变化，刊发论文数量的日益增加，有力地促进了学术成果的传播。文中通过分析在陕部分地方高校学报，提出了依托学校重点和优势学科打造专业化特色化期刊的转型思路。

一　陕西地方高校学报发展现状分析

据《2013 年版中国期刊引证报告》统计，作为教育大省的陕西，

---

①　林再兰：《校企联合办刊是科技期刊改革的新途径》，《长沙通信职业技术学院学报》2006 年第 4 期。

②　朱明、顾玉娥、周佩琴：《高校科技期刊办刊模式专业化与产业化的战略思索》，《编辑学报》2003 年第 3 期。

③　邵培仁：《媒介生态学——媒介作为绿色生态的研究》，中国传媒大学出版社 2008 年版。

④　赵枫岳：《我国学术期刊发展困境和成因研究》，《编辑之友》2012 年第 2 期。

⑤　万东升：《学术期刊传播力研究的现状与发展趋势》，《四川理工学院学报》（社会科学版）2013 年第 1 期。

⑥　魏晓峰：《国内学术期刊质量评价指标体系构建探索与实证研究》，《图书馆理论与实践》2013 年第 12 期。

其学术期刊在数量上已位居全国学术期刊前列，现拥有学术期刊212种①，其中高校学报达42种。陕西现有的高校学报中一类依托985、211高校，由于学校底蕴深厚，学科实力强，资源丰富，学报大部分为国内外知名数据库刊源，以《西安交通大学学报》（自然科学版）、《陕西师范大学学报》（哲学社会科学版）为陕西高校学报中学术期刊的翘楚。第二类为中央和陕西省共建高校，实则以陕西省管理为主，这类学校虽有自己的专业特色，由于期刊种类偏少，在栏目设置中往往大而全，难以做专做强，缺乏竞争优势。第三类为市属和部队地方高校，因其跨地域分布，办刊资源分散，虽地方特色鲜明，创办的刊物同样生存在期刊发展的夹缝中。虽然这三类陕西高校学报编辑同仁努力进取，所办学术期刊彰显专业和地方特色，但受地域分布及其区域经济基础、文化积淀、科技现状、科研实力等因素影响，其学术水平及学术影响远低于高密集学术期刊城市的北京、上海，同拥有学术期刊数量相近的四川省也存在明显差距。在陕地方高校学报发展要走学术期刊专业化，创建名刊或名栏，扩大学报学术影响力，除发挥自身优势学科外，应实现期刊联合（既要考虑期刊联合的内在规律性，又要兼顾期刊联合实现的可行性，正视学科层次水平客观上存在的差距，管理体制上存在的障碍，联合后如何保证办刊经费等问题）。为此，文中通过遴选在陕西地方高校学科层次相近、所处地域相同的8所作为研究对象，从2012—2013年所刊发稿件的数量、基金资助情况、作者群年龄层次和学科优势等方面进行分析，为陕西地方高校学术期刊联合和可持续发展提供理论依据。

1. 刊发稿件统计情况

陕西8所高校学报在2012—2013年稿件刊发数量和基金支撑稿件统计情况分别见表1和表2。

---

① 《2013年版陕西省期刊指标研究报告》，陕西省科学技术信息研究所2013年版。

表1　　　　　　　　2012—2013 年稿件情况统计

学报名称	篇数/篇	内外稿数量/篇	
		外稿	内稿
陕西科技大学学报	446	148	298
西安工业大学学报	380	77	303
西安工程大学学报	355	120	235
西安邮电大学学报	321	52	269
西安建筑科技大学学报	304	128	176
西安科技大学学报	284	169	115
西安石油大学学报	269	101	168
西安理工大学学报	182	14	168
合计	2541	809	1732

表2　　　　　　　　2012—2013 年基金资助情况统计

学报名称	篇数/篇	基金资助情况			
		国家级	省部级	地市级	其他
陕西科技大学学报	446	104	179	46	11
西安工业大学学报	380	89	126	30	2
西安工程大学学报	355	37	125	28	2
西安邮电大学学报	321	75	124	24	13
西安建筑科技大学学报	304	161	89	13	10
西安科技大学学报	284	94	56	11	16
西安石油大学学报	269	170	66	11	0
西安理工大学学报	182	111	40	1	1
合计	2541	841	805	164	55

2. 作者群结构统计情况

（1）作者群职称统计情况

职称在理论上是指专业技术人员的专业技术水平、能力及成就的等级称号，反映专业技术人员的学术和技术水平、工作能力及工作成就。就学术而言，它具有学衔的性质，因此，职称能够反映论文作者的学术水平。同时考虑到刊物还刊登有在读研究生以及校内外专业技术人员的论文，所以文中按副高以上、中级以下、在读研究生进行分类统计。统计结果见表3。

表3　　　　　　　　　　2012—2013 年作者群职称结构

学报名称	篇数/篇	作者群职称结构		
		副高以上	中级以下	在读研究生
陕西科技大学学报	446	204	145	97
西安工业大学学报	380	196	127	57
西安工程大学学报	355	213	118	17
西安邮电大学学报	321	96	108	117
西安建筑科技大学学报	304	169	73	62
西安科技大学学报	284	129	95	60
西安石油大学学报	269	86	80	103
西安理工大学学报	182	58	48	76
合计	2541	1151	794	589

表4　　　　　　　　　　2012—2013 年作者群年龄结构层次

学报名称	篇数/篇	年龄结构层次		
		≥55 岁	35—54 岁	≤34 岁
陕西科技大学学报	446	31	243	172
西安工业大学学报	380	24	247	109
西安工程大学学报	355	50	252	46
西安邮电大学学报	321	11	155	155
西安建筑科技大学学报	304	22	217	65
西安科技大学学报	284	18	187	79
西安石油大学学报	269	8	140	121
西安理工大学学报	182	—	—	—
合计	2541	164	1441	747

（2）作者群年龄结构层次统计情况

年龄是一种具有生物学意义的自然标志，反映个体的精力、生命状态等体征，与个人的业绩成就密切相关，因此分析作者群的年龄构成，有利于掌握学术论文产出的一般规律，进而为学报作者群的培育和稳定提供依据。表4给出了8所地方工科院校学报论文第一作者的年龄情况。从表1和表2可以看出：作为扎根高校的学报，在稿源方面有很大的优势，不论在稿件数量上，还是在内外稿用稿比例上都已为学报的后期发展打下良好的基础。统计的8所高校学报两年载文量合计2541篇，其中外稿809篇，表明学报已具备相当规模的载文量，并在校外形成了一定的影响力。在2541篇载文中，国家级基金项目资助论文比例为33.1%，省部级基金项目资助论文比例为31.7%，地市级基金项目资助论文比例为6.5%，国家级及省部级基金项目资助论文的比重总体上占到64.8%，这表明学报刊载学术前沿的学术论文已达到一定的数量。通过表3和表4可看出：陕西省8所地方工科高校学报副高以上职称的作者群两年合计1151人次，占到作者群总人次的45.3%；中级以下职称的作者群两年合计794人次，占到作者群总人次的31.2%；在读研究生的作者群两年合计589人次，占到作者群总人次的23.1%。论文第一作者中35—54岁年龄段占到作者群总人次的56.7%，小于等于34年龄段占到作者群总人次的29.4%，大于等于55年龄段仅占到作者群总人次的6.5%。作者群在35—54岁比例占作者群总人次比重最大，其次为小于等于34岁的。这表明学报已形成较大规模，且结构合理、队伍稳定的作者群。通过以上统计可以看到，陕西8所地方工科高校学报经过多年的发展，已为学报转型奠定了良好的基础条件，使学报专业化转型具备了现实可行性。

二　陕西地方高校学报专业化转型的思考

高校学报作为报道学术研究成果的重要理论刊物，长期植根于培养高层次人才的高等院校，这里科研设施条件完备，学术研究氛围浓厚，汇聚了各个学科领域的专家教授，尤其在重点学科上聚集了较多的高水平且有较大影响的学者，承担着大量高水平科研项目，从这些方面来看，高校学报拥有得天独厚的专业化办刊优势，因此学报要办出栏目特色、凸显专业特色，必须紧紧围绕学校的学科优势，尤其是重点学科。为此，必须掌握高校的优势学科情况，以便紧紧围绕优势学科设置学报栏目。

1. 陕西地方高校优势学科统计情况

文中所指优势学科包括省属普通高校国家重点学科、国家重点学科培育点、省级重点学科和省级重点扶持学科。以陕西省学位委员会1999—2007年历年省属普通高校重点学科建设名单（陕学位办〔2008〕5号）为依据，并结合2012年教育部学科评估结果来统计优势学科。统计各高校排名前三位的优势学科，结果见表5。

表5　　　　　　　　　陕西地方高校优势学科统计

学校名称	优势学科		
陕西科技大学	轻工技术与工程	化学与化学工程	材料科学与工程
西安工业大学	光电工程	机械工程与力学	材料科学与工程
西安工程大学	纺织与材料科学	服装工程（服装与艺术设计）	化学化工（环境工程）
西安邮电大学	通信与信息技术	计算机与自控技术	电子科学与技术
西安建筑科技大学	建筑设计及其理论	环境工程	结构工程
西安科技大学	采矿工程	安全技术与工程	矿物加工工程
西安石油大学	地质与勘探	石油工程	化学与化工
西安理工大学	水利水电工程	印刷包装技术与设备	机械工程

2. 优势学科相关栏目及稿件统计情况

作者群是期刊赖以生存发展的核心资源，稿源是学报发展与繁荣的源泉，任何期刊的专业化特色化发展，都离不开稿源的支持。作为高校学报也一样，只有在优势学科相关栏目上拥有稳定的稿源，才有条件基于现有优势学科相关栏目打造专业特色期刊。栏目是稿件的载体，研究论文的质量决定了栏目的水平。由于基金资助的研究论文关注的是一些学科前沿问题，是在新领域做的一些开创性工作，体现了学科的新进展，这些论文如能在优势学科相关栏目发表，

262

无疑会保证栏目质量，因此，统计学报优势学科相关栏目设置及刊文情况，有助于找出依托优势学科进行专业化办刊的薄弱环节和不足。文中对优势学科相关栏目刊文篇数及基金资助情况进行了统计，统计结果见表6和表7。

表6　　　2012—2013年优势学科相关栏目刊文情况分栏目统计

学报名称	优势学科栏目	篇数/篇
陕西科技大学学报	轻工技术与工程	66
	化学与化学工程	66
	材料科学与工程	49
西安工业大学学报	光电工程	46
	机械工程与力学	37
	材料科学与工程	52
西安工程大学学报	纺织与材料科学	80
	服装工程（服装与艺术设计）	58
	化学化工（环境工程）	43
西安邮电大学学报	通信与信息技术	122
	计算机与自控技术	63
	电子科学与技术	49
西安建筑科技大学学报	建筑设计及其理论	123
	环境工程	39
	结构工程	86
西安科技大学学报	采矿工程	50
	安全技术与工程	43
	矿物加工工程	29
西安石油大学学报	地质与勘探	86
	石油工程	99
	化学与化工	40
西安理工大学学报	水利水电工程	61
	印刷包装技术与设备	11
	机械工程	22

表7   2012—2013 年优势学科相关栏目刊文情况统计

学报名称	优势学科刊文总篇数/篇	基金资助篇数/篇
陕西科技大学学报	181	113
西安工业大学学报	135	102
西安工程大学学报	181	81
西安邮电大学学报	234	109
西安建筑科技大学学报	248	216
西安科技大学学报	122	87
西安石油大学学报	225	198
西安理工大学学报	94	86

3. 专业化转型的几点思考

（1）比较表1和表7发现，陕西省8所地方工科院校学报优势学科相关刊文篇数在学报总篇数中达到一定的比例，同时学报还刊发了相当数量的非优势学科论文，优势学科相关栏目刊发基金资助论文合计992篇。要办好专业性强的期刊，这就要求专注于某一专业领域前沿性研究成果的发表，能够对其进行深入跟踪报道，应减少甚至不发表与优势重点学科无关的论文，切忌把学报办成什么论文都发的"杂货店"，同时加强基金资助论文刊发力度。在组稿、选稿过程中，要对刊登的论文质量进行把关，重点遴选出在专业学科领域有重要影响的学科前沿的学术论文，优中选优，宁缺毋滥，绝不能饥不择食、滥竽充数，坚决剔除关系稿、人情稿、职称稿。并通过同行专家审稿来保证专业期刊学术质量，在审稿时，必须严格按照审稿要求对论文的创新性、科学性、实用性进行审查，力求论文在学术上有所突破，而不是简单重复他人的工作，同时要求审稿专家应以对学报、读者、作者高度负责的态度，严肃、认真、细致地做好审稿工作，把质量作为最高标准来确定稿件的取舍，对优秀的论文给予确认与推荐。一旦遇到与自己研究方向不同的论文内容，就要由其他相关人员来重新审阅，这样才能保证专业期刊的专业水准。

（2）通过表6发现，各自学报栏目设置上仍存在学科覆盖面不够专一，在专业栏目的设置过程中，栏目主题没按学科具体研究方向进行细分，所属栏目主题间内在关联度不高。而栏目主题设置是办专业性期刊的关键，栏目主题细分不合理将直接影响到期刊的影响力。因此，必须做好专业栏目主题细分，专注优势学科细分领域前沿性研究成果的发表。在此基础上，这些专业栏目要善于把握专业领域的重点、难点、热点，占领学术研究的前沿阵地；要不定期地以专题的形式报道研究最新进展，对有些尚未触及或研究不够透彻的领域应加大组稿力度，连续刊载，从而推动相关研究不断深入，持续扩大专业栏目在专业领域的影响力。通过专业栏目为相关专业领域研究构建一个开放交流的平台。栏目组稿不是把相关的稿件进行简单编辑校对后加上栏目名称这样简单。要善于通过前沿性、探索性、争议性问题，引导相关专家学者发文参与讨论，不断地激发作者的投稿热情和读者的兴趣，促进相关学术研究。另外，高校聚集了大批各领域专家教授，很多人承担了各级各类科研课题，这些课题结题时很多都要求公开发表一定数量的论文，因此编辑部应多与这些人员加强沟通，交换意见，主动向他们约稿；与此同时，还要走出去主动向著名国内外专家学者约稿，积极开拓稿源渠道。另外可以通过科研管理部门对专家教授的课题情况进行全面掌握，及时主动发表他们的最新科研成果，以便有效地提高专业栏目的学术影响力。

（3）通过表5和表7发现，陕西省8所地方工科院校在优势学科上各有特色，实力较强，但各学报之间未能对这些优势资源进行很好的分工整合，都未专注于某一专业领域，内容跨度大，单个领域的篇幅过小，基金资助比例跟国内外高水平专业期刊相比还不高。若依托各校优势学科，按照各校优势学科对学报栏目进行撤并，将分散的资源组织、集中起来，形成强势稿件资源，分工协作打造出一批专业期刊，期刊竞争优势将获得质的提高。比如，大连理工大学、天津大学、北京化工大学、清华大学等11所高校整合化工学科，集中全部资源联合创办了《高校化学工程学报》，该刊经过20多年来的不断发展，现已达到 20 所院校联合办刊的规模，已经成为我国化工学科领域有较大影响力的重要专业学术期刊。可见，联合同区域、同行业、同类型高校打造专业期刊群是高校学术期刊实现专业化的现实可选路径。由于各高校学报由各自学校主办，在人事、财务、日常运行上都由各校直接管理，行政隶属各自高校，因此学报必然要为学校各个学科开辟栏目，这显然与专业化办刊精神背道而驰。既然要联合打造专业期刊群，学报同仁就必须冲破现有体制机制藩篱，主管单位要切实担负起学报专业化转型重组的职责，统筹协调联合各方之间的利益，这对于高校学报向专业化期刊方向发展尤为关键。刊登什么专业领域论文，应聚焦在什么研究方向，如何占领期刊市场，怎样在专业领域做大做强，这些都需要由学报主管单位决策。

三 结语

高校学报要在学术期刊改革转型进程中，抓住我国期刊改制战略机遇期，在争取良好的政策支持的基础上，开拓思路，依托本校优势学科，在栏目设置、界定范围、发展方向上进行调整，打造强势专业栏目，走专业化发展道路，以专业期刊赢得竞争。加强期刊专业编辑、专业审稿专家队伍的建设，推动各学报之间合理分工，突出专业特色，联合打造一批专业期刊，让不同的学术论文能择刊而登。通过学报专业化转型这一可行路径来提升我国高校学报的学术水平与知名度，进而形成办刊特色，使高校学报真正成为学术期刊市场的重要力量。

（作者：于孟晨）

参 考 文 献

[1] （宋）黄唐：《十三经注疏》，中华书局 1980 年版。

[2] （宋）释普济：《五灯会元》，中华书局 1984 年版。

[3] （宋）程颢、程颐：《二程遗书》，上海古籍出版社 2000 年版。

[4] （明）王阳明撰、邓艾民注：《传习录注疏》，上海古籍出版社 2012 年版。

[5] （清）郭庆藩：《庄子集释》，中华书局 2006 年版。

[6] 《易俗伶学社缘起》，公益印刷局 1912 年排印本。

[7] 《陕西易俗社第二次报告书·今昔比较》，酉山书局 1929 年排印本。

[8] 徐慕云：《中国戏剧史》，上海古籍出版社 2001 年版，初刊于 1938 年。

[9] ［古希腊］柏拉图：《理想国》，吴松林、林国敬译，北京理工大学出版社 2015 年版。

[10] ［美］L. J. 宾克莱：《理想的冲突——西方社会中变化着的价值观念》，商务印书馆 1983 年版。

[11] ［美］丹尼尔·雷恩：《管理思想的演变》，中国社会科学出版社 1986 年版。

[12] 《马克思恩格斯选集》第 2 卷，人民出版社 1992 年版。

[13] ［美］尼古拉·尼葛洛庞蒂：《数字化生存》，胡泳、范海燕译，

海南出版社 1996 年版。

［14］［美］菲利普·科特勒：《国家营销》，华夏出版社 2003 年版。

［15］［美］丹尼斯·希金斯：《广告文案名人堂》，中国财政经济出版社 2003 年版。

［16］［美］斯坦利·巴伦：《大众传播概论媒介认知与文化》，刘鸿英译，中国人民大学出版社 2005 年版。

［17］［美］李·R. 波布克：《电影的元素》，中国电影出版社 2006 年版。

［18］［美］比尔·尼科尔斯：《纪录片导论》，中国电影出版社 2007 年版。

［19］［美］菲利普·科特勒等：《区域营销》（*Marketing Places*），翁瑾等译，上海财经大学出版社 2008 年版。

［20］［美］鲍勃·富兰克林：《新闻学关键概念》，诸葛蔚东等译，北京大学出版社 2008 年版。

［21］［美］肯特·沃泰姆、伊恩·芬威克：《奥美的数字营销观点》，中信出版社 2009 年版。

［22］［美］尼尔·波兹曼：《娱乐至死》，广西师范大学出版社 2009 年版。

［23］［美］谢尔·以色列：《微博力：140 字推爆全世界》，任文科译，中国人民大学出版社 2010 年版。

［24］［美］保罗·莱文森：《新新媒介》，何道宽译，复旦大学出版社 2014 年版。

［25］［美］罗伯特·斯考伯、谢尔·伊斯雷尔：《即将到来的场景时代》，周宝曜译，北京联合出版公司 2014 年版。

［26］［美］凯文·凯利：《必然》，周峰、董理、金阳译，电子工业出版社 2016 年版。

［27］［英］约翰·苏特兰：《畅销书》，上海文化出版社 1988 年版。

［28］［英］波蒂：《新媒体和大众想象》，牛津大学出版社 2001 年版。

［29］［英］戴维·莫利：《电视、受众与文化研究》，史安斌译，新华

出版社 2005 年版。

[30]［英］戴维·莫利：《传媒、现代性和科技："新"的地理学》，郭大为等译，中国传媒大学出版社 2010 年版。

[31]［英］维克托·迈尔－舍恩伯格、肯尼斯·库克耶：《大数据时代：生活、工作与思维的大变革》，盛杨燕、周涛译，浙江人民出版社 2013 年版。

[32]［加］马歇尔·麦克卢汉：《理解媒介——论人的延伸》，何道宽译，商务印书馆 2000 年版。

[33]［加］哈罗德·英尼斯：《传播的偏向》，何道宽译，中国人民大学出版社 2003 年版。

[34]［加］马歇尔·麦克卢汉：《理解媒介》，何道宽译，译林出版社 2011 年版。

[35]［日］小林一博：《出版大崩溃》，上海三联书店 2004 年版。

[36]［日］仁科贞文、田中洋、丸冈吉人：《广告心理》，外语教学与研究出版社 2010 年版。

[37]［意］雅斯贝斯：《历史的起源与目标》，华夏出版社 1989 年版。

[38]［澳］欧文·E.修斯：《公共管理导论》，张成福、王学栋等译，中国人民大学出版社 2007 年版。

[39]《毛泽东选集》，人民出版社 1991 年版。

[40] 丁俊杰：《现代广告通论》，中国物价出版社 1997 年版。

[41] 龙永枢、杨伟光：《领导者媒介形象设计》，社会科学文献出版社 1997 年版。

[42] 胡宁生：《中国政府形象战略》，中共中央党校出版社 1998 年版。

[43] 郭庆光：《传播学教程》，中国人民大学出版社 1999 年版。

[44] 陈筠泉、殷登祥：《新科技革命和社会发展》，科学出版社 2000 年版。

[45] 管文虎：《国家形象论》，电子科技大学出版社 2000 年版。

[46] 罗刚、刘象愚：《文化研究读本》，中国社会科学出版社 2000 年版。

[47] 江林：《消费者心理与行为》，中国人民大学出版社 2002 年版。

[48] 胡申生、李远行、章友德：《传播社会学导论》，上海大学出版社 2002 年版。

[49] 丁家永：《广告心理学——理论与策划》，暨南大学出版社 2003 年版。

[50] 赵曙光、史宇鹏：《媒介经济学》，湖南人民出版社 2003 年版。

[51] 张政、彭健：《城市文化品牌》，中国戏剧出版社 2003 年版。

[52] 赵中生、李勇：《中国城市营销实战》，中国物资出版社 2003 年版。

[53] 张乐山：《广告武林秘笈》，中国物价出版社 2003 年版。

[54] 黄合水：《广告心理学》，厦门大学出版社 2003 年版。

[55] 宋玉书、王纯菲：《广告文化学》，中南大学出版社 2004 年版。

[56] 郑昭：《中小城市营销》，国防科技大学出版社 2004 年版。

[57] 刘彦平：《城市营销战略》，中国人民大学出版社 2005 年版。

[58] 许基南：《品牌竞争力研究》，经济管理出版社 2005 年版。

[59] 臧海群：《受众学说：多维学术视野的关照与启迪》，复旦大学出版社 2007 年版。

[60] 胡晓云：《中国农产品的品牌化中国体征与中国方略》，中国人民大学出版社 2007 年版。

[61] 谢俊：《虚拟自我论》，中国社会科学出版社 2008 年版。

[62] 邵培仁：《媒介生态学——媒介作为绿色生态的研究》，中国传媒大学出版社 2008 年版。

[63] 周宁、张李义：《信息资源可视化模型方法》，科学出版社 2008 年版。

[64] 王伊礼：《我国网络广告存在的问题及其管理对策》，华中师范大学出版社 2008 年版。

[65] 李永刚：《我们的防火墙：网络时代的表达与监管》，广西师范大学出版社 2009 年版。

［66］李娜:《欧美公共广播电视危机与变迁研究》,中国传媒大学出版社 2009 年版。

［67］单波:《跨文化传播的问题与可能性》,武汉大学出版社 2010 年版。

［68］金惠敏:《积极受众论——从霍尔到莫利的伯明翰范式》,中国社会出版社 2010 年版。

［69］王斌:《传媒业空间形态演化研究》,中国人民大学出版社 2010 年版。

［70］周楠森:《城市交通规划》,机械工业出版社 2011 年版。

［71］王丽娟:《影视鉴赏与荧屏写作》,南京师范大学出版社 2012 年版。

［72］黄传新:《社会主义意识形态吸引力和凝聚力研究》,学习出版社 2012 年版。

［73］刘芳:《信息可视化技术及应用研究》,浙江大学出版社 2013 年版。

［74］《2013 年版陕西省期刊指标研究报告》,陕西省科学技术信息研究所 2013 年版。

［75］Berger, P. G., Ofek, E., Diversification's Effect on Firm Value, *Journal of Financial Economics*, Vol. 37, 1995.

［76］Mihalis Kavaratzis, G. J. Ashworth City branding, *An Effective Assertion of Identity or a Transitory Marketing Trick*? Place Branding, Vol. 3, 2006.

［77］L. Crystal Jiang & Jeffrey T. Hancock, "Absence Makes the Communication Grow Fonder: Geographic Separation, Interpersonal Media, and Intimacy in Dating Relationships", *Journal of Communication*, Vol. 63, 2013.

［78］［英］大卫·帕金翰:《英国的媒介素养教育:超越保护主义》,《新闻与传播研究》2000 年第 2 期。

[79] ［英］戴维·莫利:《让新技术世界里的错位者重返家园——一种媒介社会学批评》,《山西大学学报》2011年第2期。

[80] ［日］冈崎茂生:《创视界的品牌构筑:如何定义品牌?》,《广告大观综合版》2009年第8期。

[81] 钱穆:《天人合一论——中国文化对人类未来可有的贡献》,《中国文化》1991年第4期。

[82] 李桐轩:《甄别旧戏草》,陕西易俗社1917年排印单行本,原载《易俗杂志》1913年。

[83] 田军:《强化学报编辑的精品意识》,《青岛大学师范学院学报》1997年第4期。

[84] 李军:《论学报编辑的精品意识》,《学报编辑论丛》1999年第8期。

[85] 陈志良:《虚拟:人类中介系统的革命》,《中国人民大学学报》2000年第4期。

[86] 芮月英:《学报编辑的精品意识》,《镇江师专学报》(社会科学版)2001年第1期。

[87] 吴文:《四大传媒特质比较》,《浙江大学学报》2001年第2期。

[88] 李理:《试论声音对影片节奏的控制作用》,《北京电影学院学报》2001年第2期。

[89] 廖为建:《论政府形象的构成与传播》,《中国行政管理》2001年第3期。

[90] 张维佳:《关中方言的形成及新时期关中方言研究现状》,《榆林高等专科学校学报》2002年第3期。

[91] 常庆:《网络媒体对传统传播方式的转变》,《当代传播》2002年第3期。

[92] 陆国庆:《区位品牌:农产品品牌经营的新思路》,《中国农村经济》2002年第5期。

[93] 薛敏芝:《论现代城市的形象构建与传播设计》,《上海大学学报》

（社会科学版）2002 年第 7 期。

［94］谢蕾：《高校学报编辑的精品意识浅论》，《北京邮电大学学报》
（社会科学版）2003 年第 1 期。

［95］易行健、杨碧云、聂子龙：《多元化经营战略、核心竞争力框架
与股权结构》，《南开管理评论》2003 年第 2 期。

［96］尹春霞：《浅谈学报编辑的精品意识》，《黄石教育学院学报》2003
年第 3 期。

［97］朱明、顾玉娥、周佩琴：《高校科技期刊办刊模式专业化与产业
化的战略思索》，《编辑学报》2003 年第 3 期。

［98］刘小燕：《政府形象传播的本质内涵》，《国际新闻界》2003 年
第 6 期。

［99］马梅：《格式塔——旅游地形象宣传口号的原型分析》，《城市规
划汇刊》2004 年第 3 期。

［100］萧大勇：《试论高校学报编辑的精品意识》，《辽宁经济职业技
术学院学报》2004 年第 4 期。

［101］张玲：《媒介素养教育——一个亟待研究与发展的领域》，《现
代传播》2004 年第 4 期。

［102］刘志炜：《谈谈学报编辑的品牌意识》，《安徽大学学报》（哲
学社会科学版）2004 年第 6 期。

［103］李婷：《DM 发展历程》，《传媒》2004 年第 11 期。

［104］叶险明：《马克思的哲学革命与哲学的现实基础——兼论关于
虚拟与现实关系研究的方法论》，《哲学研究》2005 年第 2 期。

［105］焦红、高慧、郭远芳：《高校学报改革与发展之路》，《长春工
业大学学报》（社会科学版）2005 年第 4 期。

［106］张再兴：《我国高校网络思想教育的十年历程和发展》，《思想
教育研究》2005 年第 7 期。

［107］王安中：《公交移动电视广告应用策略探微》，《中国广告》2005
年第 7 期。

［108］郭守亭：《对我国实施农产品品牌工程的几点思考》，《农业经济问题》2005 年第 12 期。

［109］孟媛：《我国互联网信息内容管理和法规体系》，《出版参考：业内资讯版》2005 年第 5 期。

［110］金妍、徐磊：《浅析移动数字电视的受众及广告资源》，《湖南大众传媒职业技术学院学报》2006 年第 3 期。

［111］郝振省：《从第四次国民阅读调查看我国出版业新走势》，《特区实践与理论》2006 年第 3 期。

［112］靳明、周亮亮：《绿色农产品原产地效应与品牌策略初探》，《财经论丛》2006 年第 4 期。

［113］林再兰：《校企联合办刊是科技期刊改革的新途径》，《长沙通信职业技术学院学报》2006 年第 4 期。

［114］孙红霞、李爱华：《文化外交的独特价值》，《山东师范大学学报》（人文社会科学版）2007 年第 1 期。

［115］曾庆仪：《对期刊网站建设的思考》，《江西电力职业技术学院学报》2007 年第 1 期。

［116］谢萍萍：《公交移动电视广告"魅力无极限"》，《青年记者》2007 年第 3—4 期。

［117］韦柳融、王融：《中国的互联网管理体制分析》，《中国新通信》2007 年。

［118］张莹：《从方言节目看分众传播的兴起》，《今日南国》2008 年第 3 期。

［119］黄俐晔：《农产品区域品牌研究》，《贵州社会科学》2008 年第 4 期。

［120］杨桂芳：《谈学报编辑的精品意识》，《河北青年管理干部学院学报》2008 年第 5 期。

［121］贺玲：《论政府形象的影响因素》，《北京工业大学学报》（社会科学版）2008 年第 8 期。

［122］杨冬云：《国家形象的构成要素与国家软实力》，《湘潭大学学报》（哲学社会科学版）2008 年第 9 期。

［123］李雪松、张丽萍：《网络环境下作品传播方式的改变及其对合理使用的影响》，《科技信息》2009 年第 8 期。

［124］曹劲松：《政府新闻传播中的形象设计与塑造》，《现代传播》2009 年第 9 期。

［125］凌一、娄悦：《政治传播生态中新媒体的优势》，《当代传播》2009 年第 2 期。

［126］史安斌：《国家品牌、形象与声誉》，《国际公关》2009 年第 2 期。

［127］黄湘：《浅谈高校学报编辑的精品意识》，《赤峰学院学报》（汉文哲学社会科学版）2009 年第 2 期。

［128］寇非：《城市品牌传播中的城市广告探析》，《新闻战线》2009 年第 2 期。

［129］王东维：《延安时期思想政治教育有效性的经验及其启示》，《思想理论教育》2009 年第 2 期。

［130］刘飚、邢飞、徐威：《国外科技期刊网站的调查与思考》，《中国科技期刊研究》2009 年第 20 期。

［131］刘英、曾丽：《浅谈期刊网站管理及评价系统》，《中国科技期刊研究》2009 年第 20 期。

［132］胡志勇：《浅析新时期如何加强高校马克思主义意识形态建设》，《世纪桥》2009 年第 21 期。

［133］于建华、李霞：《2009：新媒体管理中存在的问题及对策》，《华北水利水电学院学报》2009 年。

［134］张东：《互联网微内容对我国社会转型的作用与影响研究》，《理论探索》2010 年第 1 期。

［135］王佳炜：《数字新媒体为我国政府形象塑造提供新思路》，《新闻界》2010 年第 2 期。

[136] 戴丽娜:《基于"软权力"构建的国家形象广告研究》,《新闻记者》2010 年第 3 期。

[137] 田洁:《张艺谋电影中的"中国红"元素》,《新闻界》2010 年第 3 期。

[138] 淦家辉、彭支援:《网络沟通下政府形象的塑造》,《长安大学学报》(社会科学版)2010 年第 4 期。

[139] 邓胜利、胡吉明:《Web 2.0 环境下网络社群理论研究综述》,《中国图书馆学报》2010 年第 5 期。

[140] 刘磊:《论广告文化产业的三重属性》,《当代传播》2010 年第 6 期。

[141] 王媛、杨聚、刘永昌:《我国科技期刊自建网站现状与分析》,《科技与出版》2010 年第 7 期。

[142] 孙艳兰:《"诚品"之后,谁是下一个"书店神话"?》,《观察与思考》2010 年第 9 期。

[143] 齐勇锋、蒋多:《中国文化走出去战略的内涵和模式探讨》,《东岳论丛》2010 年第 10 期。

[144] 刘磊、赵茹:《陕西广告文化产业发展的五点机遇》,《新闻知识》2010 年第 12 期。

[145] 刘雪立、方红玲、苗媛:《五种综合性眼科学期刊论文下载量与被引量的关系及部分论文的量引背离现象》,《中国科技期刊研究》2010 年第 21 期。

[146] 王子蕲:《网络时代社会主义核心价值体系教育传播方式创新》,《思想理论教育》2010 年第 23 期。

[147] 余秀才、徐颖:《我国互联网的法制管理问题及其完善》,《三峡大学学报》(人文社会科学版)2010 年第 32 期。

[148] 高宏存:《比较视野下网络新媒体管理机制探索》,《比较与研究》2010 年第 12 期。

[149] 高宏村、于正:《感知国家话语下市场话语的脉动——我国网络

新媒体管理政策的宏观思考》，《汉江大学学报》2010 年第 6 期。

[150] 陈峰、王亚秋、刘畅：《高校科技期刊网站建设浅析》，《学报编辑论丛》2011 年第 1 期。

[151] 王素琴：《出版体制改革大背景下高校学报的定位与"四化"运行模式》，《中国科技期刊研究》2011 年第 1 期。

[152] 徐润东、张楠：《国家公关策略》，《国际公关》2011 年第 2 期。

[153] 张芳山：《城市宣传语与品牌营销》，《决策》2011 年第 2 期。

[154] 张建胜：《政府传播主体的社会责任——以"10·24"周口地震为例》，《新闻爱好者》2011 年第 3 期。

[155] 刘茂华：《新媒体在危机报道中的传播策略》，《信阳师范学院学报》（哲学社会科学版）2011 年第 3 期。

[156] 赵坷：《从信息载体的角度解析地铁传媒资源开发》，《现代城市轨道交通》2011 年第 4 期。

[157] 刘磊：《文化产业振兴背景下陕西广告业发展存在问题解析》，《新闻界》2011 年第 4 期。

[158] 宁海林、吴国华：《视觉表征 ACTE 模式视域中的〈国家形象宣传片——人物篇〉》，《新闻与传播研究》2011 年第 4 期。

[159] 王士忠、冯民、张士莹：《高校科技期刊改革及其创新》，《中国科技期刊研究》2011 年第 4 期。

[160] 朱鑫榕：《我国农产品品牌战略发展对策研究》，《生产力研究》2011 年第 5 期。

[161] 徐剑、刘康、韩瑞霞、曹永荣：《媒介接触下的国家形象构建——基于美国人对华态度的实证调研分析》，《新闻与传播研究》2011 年第 6 期。

[162] 胡杰：《网络环境下的政府形象塑造》，《中共中央党校学报》2011 年第 8 期。

[163] 彭兰：《碎片化社会背景下的碎片化传播及其价值实现》，《今传媒》2011 年第 10 期。

[164] 周傲英、周敏奇、宫学庆：《计算广告：以数据为核心的 web 综合应用》，《计算机学报》2011 年第 10 期。

[165] 朱俊刚、李洪丹、段家喜：《科技期刊如何加强网站资讯建设——以中国光学期刊网为例》，《中国科技期刊研究》2011 年第 22 期。

[166] 刘月平：《准公共产品视角下区域品牌建设实证研究》，《商业时代》2011 年第 28 期。

[167] 贾磊磊：《中国文化软实力提升的策略与路径》，《东岳论丛》2012 年第 1 期。

[168] 吕耀怀：《当代西方对公共领域隐私问题的研究及其启示》，《上海师范大学学报》（哲学社会科学版）2012 年第 1 期。

[169] 孙舒景：《论商业广告语对青少年个人主义价值观的影响》，《中国青年研究》2012 年第 2 期。

[170] 巢乃鹏、袁光峰：《媒介融合时代中国出版业的战略选择》，《出版发行研究》2012 年第 2 期。

[171] 赵枫岳：《我国学术期刊发展困境和成因研究》，《编辑之友》2012 年第 2 期。

[172] 王莲华：《新媒体时代大学生媒介素养问题思考》，《上海师范大学学报》（哲学社会科学版）2012 年第 5 期。

[173] 钱宇平、但海林：《多元文化背景下大学生价值观教育探究》，《学校党建与思想教育》2012 年第 6 期。

[174] 王乾任：《诚品经验不可复制只能参考》，《出版参考》2012 年第 7 期。

[175] 高国伟、张光华：《"微"传播语境下大学生马克思主义信仰教育探究》，《学校党建与思想教育》2012 年第 11 期。

[176] 陈金星：《当代大学生意识形态领域面临的冲击及对策》，《社科纵横》2012 年第 12 期。

[177] 覃事太、吴长锦：《加强意识形态建设的若干思考》，《思想理

论教育导刊》2012 年第 12 期。

[178] 习近平：《紧紧围绕坚持和发展中国特色社会主义 学习宣传贯彻党的十八大精神》，《求是》2012 年第 23 期。

[179] 王景周、黄建军：《广东省科技核心期刊网站互动性调查研究》，《中国科技期刊研究》2012 年第 23 期。

[180] 程维红、任胜利、路文如：《2007—2011 年中国科协科技期刊网站建设进展》，《中国科技期刊研究》2012 年第 23 期。

[181] 赵俊、李海亮、陈灿华：《网络出版平台对高校学术期刊发展的影响——以〈中南大学学报〉网站为例》，《科技与出版》2013 年第 1 期。

[182] 万东升：《学术期刊传播力研究的现状与发展趋势》，《四川理工学院学报》（社会科学版）2013 年第 1 期。

[183] 冯支越、彭雪松：《大学生网络媒介素养培养方式研究》，《北京教育》（高教版）2013 年第 1 期。

[184] 林于良：《西方消费主义对中国主流价值观的影响及其应对》，《理论导刊》2013 年第 2 期。

[185] 尚庆飞：《坚持共产主义理想性与现实性的科学统一》，《南京邮电大学学报》（社会科学版）2013 年第 3 期。

[186] 刘磊、程洁：《西安地铁传媒现状》，《当代传播》2013 年第 3 期。

[187] 张建军、李春风：《新形势下学术期刊编辑的不足与提升途径》，《编辑学报》2013 年第 4 期。

[188] 罗自文：《网络趣缘群体的基本特征与传播模式研究——基于 6 个典型网络趣缘群体的实证分析》，《新闻与传播研究》2013 年第 4 期。

[189] 林本兰、刘俊英、荀志金：《高校自然科学学报体制改革的难点和模式探讨》，《中国科技期刊研究》2013 年第 4 期。

[190] 熊小健、殷勤、赵静雯、胡德平：《微博时代高校意识形态宣传

话语体系传播：问题与创新》，《思想理论教育》2013 年第 5 期。

[191] 程洁：《戴维·莫利的家庭电视研究——中国受众研究的一种新思路》，《当代传播》2013 年第 5 期。

[192] 张幸芝、徐东东、贾菲：《基于响应式 PC 设计的教务系统移动平台研究与建设》，《软件》2013 年第 6 期。

[193] 张树明：《基于响应式 PC 设计的网页模板的设计与实现》，《计算机与现代化》2013 年第 6 期。

[194] 郭晓科：《数据新闻学的发展现状与功能》，《编辑之友》2013 年第 8 期。

[195] 刘欢、卢蓓蓉：《使用响应式设计构建高校新型门户网站》，《中国教育信息化》2013 年第 9 期。

[196] 陈艳红、宗乾进：《国外微博研究热点、趋势及研究方法：基于信息计量学的视角》，《国际新闻界》2013 年第 9 期。

[197] 郭莉萍：《发展网络文化，加强大学生主流意识形态的教育》，《高校思想政治教育》2013 年第 9 期。

[198] 王国燕、汤书昆：《论科学成果的视觉表达——以 Nature、Science、Cell 为例》，《科学学研究》2013 年第 10 期。

[199] 魏晓峰：《国内学术期刊质量评价指标体系构建探索与实证研究》，《图书馆理论与实践》2013 年第 12 期。

[200] 郭擎擎：《网络时代加强社会主义意识教育的思考》，《人民论坛》2013 年第 17 期。

[201] 李若溪、游中胜、田海江：《我国学术期刊的网站建设现状调查与网络期刊进化趋势分析》，《中国科技期刊研究》2013 年第 24 期。

[202] 尚亿军、马加名：《"微时代"大学生网络思想政治教育新阵地的探索与构建》，《思想教育研究》2014 年第 4 期。

[203] 黄丽丽、冯雯婷、翟向诚：《影响虚拟社群信息分享的因素：多层分析视角》，《国际新闻界》2014 年第 9 期。

［204］ 王建南：《把握高校意识形态工作复杂性和主动权》，《思想教育研究》2014 年第 10 期。

［205］ 高宇璇、王锐：《互联网时代对我国社会主义意识形态建设的影响》，《课程教育研究》2014 年第 12 期。

［206］ 于孟晨、张立新、潘秋岑：《科技期刊网站的内容设置与定位思考》，《理论导刊》2014 年第 12 期。

［207］ 王达品、丁贞栋：《加强高校意识形态工作的思考》，《思想理论教育导刊》2014 年第 12 期。

［208］ 冯慧：《高校意识形态建设面临的挑战及应对》，《红旗文稿》2014 年第 12 期。

［209］ 曹德欣：《略论"微时代"背景下的大学生思想政治教育》，《学校党建与思想教育》2015 年第 1 期。

［210］ 许灿荣、徐喜春：《新媒体环境下青年社会主义核心价值观的培育研究》，《青年探索》2015 年第 1 期。

［211］ 彭兰：《场景：移动时代媒体的新要素》，《新闻记者》2015 年第 3 期。

［212］ 胡小洋、李小涛等：《"信息可视化"主题下的多学科知识结构探究——基于 2004—2013 年 WOS 数据库的文献计量和内容分析》，《图书馆学研究》2015 年第 5 期。

［213］ 柴玥：《〈中国国家地理〉新浪微博传播效应分析》，《中国科技期刊研究》2015 年第 5 期。

［214］ 涂海丽、唐晓波：《微信功能需求的 KANO 模型分析》，《情报杂志》2015 年第 5 期。

［215］ 陈大勇：《切实加强高校意识形态工作的几点思考》，《思想理论教育导刊》2015 年第 5 期。

［216］ 苏铁柱：《网络新媒体背景下高校意识形态教育与安全建设》，《湖北科技学校学报》2015 年第 6 期。

［217］ 严卉、张慎、谢雪婷：《基于响应式技术的电子商务网页重制作》，

《科技创新与应用》2015年第7期。

[218] 张国祚：《怎样看待意识形态问题》，《红旗文稿》2015年第8期。

[219] 沈荟、王学成：《新媒体人际传播的议题、理论与方法选择——以美国三大传播学期刊为样本的分析》，《新闻与传播研究》2015年第12期。

[220] 蒋晓丽、梁旭艳：《场景：移动互联时代的新生力量——场景传播的符号学解读》，《现代传播》2016年第3期。

[221] 孙坤明：《陕西大学生"三个自信"状况研究》，《西安建筑科技大学学报》（社会科学版）2016年第3期。

[222] 孙洲：《社会主义意识形态教育阻抗现象及其对策研究》，《兵团党校学报》2016年第5期。

[223] 唐世刚、许苏明、王学俭：《论西方民主输出图景下的我国意识形态安全建设》，《社会科学论坛》2016年第10期。

[224] 张成琳：《网络吐槽现象的舆论引导策略研究》，《西部广播电视》2016年第11期。

[225] 代洪宝、张立新、刘永生、张佰儒：《浅谈新媒体对意识形态教育的影响》，《新西部》2016年第12期。

[226] Burkhard R., *Learning form Architects*, *The Difference between Knowledge Visualization Information Visualization*, In Eight International Conference Information Visualization (IV04), London, 2004.

[227] 鱼闻诗、薛赠禄：《"古调独弹"——西安易俗社解放前的历史经验》，《西安易俗社七十周年资料汇编》，1982年版。

[228] 《章程》，《陕西易俗社第一次报告书》，《陕西易俗社简明报告书》1931年油印版。

[229] 李约之：《谈"古调独弹"》，载薛绥之《鲁迅生平史料汇编》第三辑，天津人民出版社1983年版。

[230] 韩建芬：《多元文化背景下大学生理想信念教育研究》，硕士学

位论文，漳州师范学院，2012 年。

[231] 李汉：《论"虚拟"和现实的关系——兼论"虚拟现实"的实践论意义》，硕士学位论文，首都师范大学，2008 年。

[232] 林瀛瀛：《响应式设计技术在视频网站开发中的应用》，硕士学位论文，东华大学，2014 年。

[233] 王嘉琦：《互联网背景下我国网络群体性事件防范和处置对策研究》，硕士毕业论文，苏州大学，2016 年。

[234] 中国社会科学院：《2006 城市竞争力蓝皮书：中国城市竞争力报告》，2006 年。

[235] 顾海滨：《城市营销五大问题》，《经济参考报》2003 年 2 月12 日。

[236] 卜昌伟：《金丽红谈畅销书秘诀》，《京华时报》2004 年 11 月12 日。

[237] 姜戎：《我写〈狼图腾〉》，《新疆经济报》2004 年 5 月 21 日。

[238] 刘芳：《学报编辑的"四意识"》，《中国新闻出版报》2006 年3 月 6 日。

[239] 李章军：《毫不动摇坚持和发展中国特色社会主义　在实践中不断有所发现有所创造有所前进》，《人民日报》2013 年 1 月 6日头版。

[240] 徐京跃、霍小光：《习近平在北京大学考察时强调：青年要自觉践行社会主义核心价值观　与祖国和人民同行努力创造精彩人生》，《人民日报》2014 年 5 月 26 日头版。

[241]《筑牢主流，摈弃"虚无主义"》，《人民日报》2015 年 8 月 10 日。

[242] 谢萍萍：《公交移动电视广告"魅力无极限"》，2007 年 3 月 26日，人民网（http：//media. people. com. cn/GB/22114/42328/80142/5521204. html）。

[243]《报告称：新媒体优势彰显车载电视成投资新宠》，2008 年 1 月 17日，记者之家（http：//www. jizhezhan. com/newhtml/81604. htm）。

[244] 《外媒关注"什锦八宝饭":网民衷心爱戴中国领导人》,2008年2月8日,中国新闻网(http://www.chinanews.com/gj/hwkzg/news/2008/09-08/1374566.shtml?qq-pf-to=pcqq.c2c)。

[245] 杨慧峰:《国家形象片〈角度篇〉在光明网首播》,2011年2月12日,光明网(http://politics.gmw.cn/2011-02/12/content_1603555.htm)。

[246] 李影:《成都城市形象片亮相纽约时报广场 延续"熊猫"元素》,2011年8月3日,新华网(http://news.xinhuanet.com/2011-08/03/c_121761461.htm)。

[247] 吴晓颖:《"五粮液"走进美国纽约时报广场》,2011年8月3日,经济参考报(http://jjckb.xinhuanet.com/2011-08/03/content_324771.htm)。

[248] 孙彬:《"华西村"亮相纽约"中国屏"》,2011年9月13日,新华网(http://www.js.xinhuanet.com/wuxi/2011-09/13/content_23688738.htm)。

[249] 白瀛:《文化部"十二五"时期文化改革发展规划发布 要树立"文化中国"新形象》,2012年5月10日,新华网(http://news.xinhuanet.com/politics/2012-05/10/c_111928401.htm)。

[250] 蔡名照:《讲好中国故事,传播好中国声音——深入学习贯彻习近平同志在全国宣传思想工作会议上的重要讲话精神》,2013年10月10日,人民网(http://politics.people.com.cn/n/2013/1010/c1001-23144775.html)。

[251] 《期刊基础常识——学术期刊影响力的评价指标/构成要素》,2014年7月1日,360医学网综合类期刊百科(http://www.yxqk360.com/old/baike/zonghe060343212013.html)。

[252] 景玥:《当代新闻工作者需要哪些素质,看习近平怎么说》,2015年1月8日,人民网—中国共产党新闻网(http://cpc.people.com.cn/xuexi/n/2015/0108/c385474-26347600.html)。

［253］ "互联网＋"，2015 年 4 月 18 日，百度百科（http//baike. baidu. com/link？url＝j1Lf69Jgyc VUUe8Qg Sqd Lk1OEIFLEN2 XGI＿ c KWn-Tas7t EZp Je By NTNJ9DALMfqv7q Yvs Yu5q Vn E4f Jgc9u M＿ a）。

［254］《响应式网页设计》，2015 年 4 月 18 日，百度百科（http//baike. baidu. com/link？url＝adc S8Ql＿ de BF＿ 7Y7nhoi7DXKmt 649x UGW＿ Daaq Gvy Cj-y M9d8Wo Nk NXt Mk Qh X＿ ja0F9n Mt LZB4hq89o83r Qy Yq）。

［255］《中国第三方手机浏览器用户调研报告 2014》，2015 年 9 月 18 日，易观智库（http//wenku. baidu. com/link？url＝Jnf VM79xjp Bbn2Z ckb7dj Cqf JFn XXY869ms IJGJ09Hmca Aipvby BIHL6l7MULt wz3i1 OPtpw Mu Mq2I5Jue6R0Zgh Kmvu SHXBy-j Uusk Ee Xu）。

［256］《复杂产品的响应式设计（流程篇）》，2015 年 9 月 18 日，淘宝网 UED 官方博客（http：//ued. taobao. org/blog/20，"期刊数字化与数字期刊——科技期刊数字出版发展趋势展望"）。

［257］《常用 px，pt，em 换算表》，2015 年 9 月 18 日，一路前行博客（http：//www. cnblogs. com/zhangpengshou/archive/2012/08/04/2623061. html）。

［258］ 中国互联网网信息中心：《第 38 次中国互联网络发展状况统计报告》，2016 年 8 月，中国互联网络信息中心（http：//www. cnnic. cn/gywm/xwzx/rdxw/2016/201608/t20160803＿ 54389. htm）。

后　记

　　本书作为"文化·技术·市场"系列丛书的重要组成部分，其编撰、出版过程得到了社会各界的大力支持和学校各级领导的高度重视。

　　西安工业大学新闻传播学科创办 15 年以来，长期坚持文化、技术、市场三位一体的格局导向进行人才培养，"文化·技术·市场"系列丛书，正体现了人文学院为积极落实西安工业大学"以工学为重点，突出军工特色，理工文管多学科协调发展"的学科专业发展布局规划，整体推进西安工业大学高水平大学的建设步伐，着力提升工科大学学生的人文素养而重点策划出版的一套丛书。丛书由西安工业大学人文学院统一策划，陕西传媒数字化赋能与创意文化协同创新研究中心（筹建）、文化与传播系、陕西地方文献与文化研究中心研究人员作为主要成员，共同承担并着力打造。西安工业大学党委副书记于孟晨担任本套丛书总主编。

　　本书以"文化·技术·市场"为主题，分为"'文化＋'：引领技术创新、驱动品牌创造""'互联网＋'：新媒体语境下文化与市场的颠覆融合""'品牌＋'：文化引领与技术创新下的市场策略"三个篇章，分别从国家与地域文化建设、广告等文化产业发展、高校媒体影响力提升等多个角度，阐释了在"一带一路"战略、"互联网＋"行动计划、"中国制造 2025"等国家宏观战略之下，文化、技术、市场的关系与相互影响，具有一定的社会意义与实践意义。同时，因诸多因素限制，研究深度仍存在一定不足，以期抛砖引玉，引起社会各界更广泛的关注。

本书由西安工业大学党委副书记于孟晨、西安工业大学人文学院副教授刘磊、陈红主编。编撰过程中，于孟晨负责整体的工作安排，对全书的创意、框架、编排提出高屋建瓴的指导；刘磊负责分工实施，初步筛选相关文章，并组织完成具体工作。

本书收录了多位学者就文化、技术、市场相关问题在不同领域、不同层面、不同角度的一些研究成果，体现出研究的科学性，具有理论价值与实践意义。收录的文章来自西安工业大学党委副书记于孟晨，石油大学副教授肖雪峰，西安外国语大学讲师王佳炜，西安工业大学人文学院敬晓庆副教授、刘磊副教授，西安工业大学教师陈红、李亦宁、程洁、王嘉等多位学者的研究成果，在此一并致谢。

在本书的编辑工作中，王嘉主要负责稿件的整理、编排等具体工作，特此感谢。

本书在编写过程中，参阅了专家学者的著作、论文，得到有关领导的大力支持和帮助，中国社会科学出版社为本书的出版付出了辛劳，在此一并表示诚挚的谢意！

2017 年 7 月